民法 親族・相続

第7版

松川正毅［著］

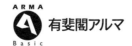

ARMA
有斐閣アルマ
Basic

第7版 はしがき

　第6版から第7版を刊行する2年余りの間の令和3年に，所有者不明土地問題に関連する民法の一部改正と不動産登記法の改正，相続土地国庫帰属法の制定という相続法に関連する重要な改正が行われた。

　わが国の国土の22パーセントが所有者不明土地であるというデータが示されており，その対応が喫緊の課題となり法改正された。このような土地は相続と絡んで問題になることが多く，例えば，改正では相続開始から10年を経過すれば，具体的相続分に基づかずに，法定相続分または指定相続分に基づいて遺産分割がされることになった（民法904条の3）。遺産分割がされずに，相続財産である土地が放置されることがないようにする配慮である。

　かつては不動産は重要な価値を有する財産であった。また先祖から受け継いだ守るべき財産であった。現在に至っては，土地によっては管理が大変で，維持費もかかり，土地所有を敬遠する傾向が窺われる。まさに社会が変わり，人々の価値観も変化していることを示している。

　親族法の領域に関しては，「生殖補助医療の提供等及びこれにより出生した子の親子関係に関する民法の特例に関する法律」が令和2年に制定されている。生殖補助医療に関しては，なかなか立法が進んでいなかったが，ようやく動き始めたように思う。しかし立法作業としては，一通りの完成まではまだまだ道半ばである。また加えて親子法の改正も間近に控えている。

　明治の頃，フランス法の影響を直接，間接的に受け，立法された

民法典ではあるが，120年以上を経過した今日では，その基本的な部分もかなり変容してしまっている。

　特に相続法においては，公証人によって実現されている相続財産の明確化を基礎に据えるフランス法とは異質の法になってしまった印象を持つ。

　親族法に関しては，人々や社会の意識がわが国とフランスで異なっている。男女の平等から子の権利の保護へ向かい，現在は性の多様性を反映し，同性婚を認め，さらに女性の権利が叫ばれている。「生殖年齢にある男女から子が生まれる」ということをベースにして立法していた生殖補助医療法制であるが，単身の女性や同性の女性カップルにも認めるに至った2021年のフランス民法改正は，社会の価値観，倫理観の推移，新たな権利の誕生を如実に示しており，驚きであった。

　親権に関しては，わが国では，その共同性がまだまだ実現できておらず，子の観点からは問題が山積している。また，「嫡出でない子」の制度は廃止され，フランス法では過去の遺物になってしまっている。これらは，社会の変遷の結果ではあるが，パリ第2大学のカルボニエ教授が述べていた法律の教育的役割により，立法で実際にフランス社会の意識が大きく変わっていったとも言われている。

　このように親族法の領域は，特にフランス法との比較法的な検討が興味深い。どの国の社会も同じような問題を抱えているが，立法による措置を行うのがフランスはかなり早いように思う。1983年から1986年の頃や，その後のフランス革命200年記念祭の頃に，フランスで学んでいた事柄が，今日の日本で立法の対象の問題として生じ，また生じようとしている。フランスなどの西洋の社会での，男女，親子そして性の多様性に関する権利意識や立法が，かなりの

時間は要するが，やがては東洋の一つの国である日本の社会意識や立法にも影響を及ぼしてくるものと思われる。

　本書は，2004 年に初版を刊行し，2022 年に第 7 版を刊行することができた。20 年の歳月とともに，比較法的な観点も加味しながら日本の親族相続法の重要な航路の軌跡が見えてきたように思う。この軌跡を辿れば，おぼろげながらも近い将来の日本の法律が見えてくる。

　第 7 版の刊行にあたって，有斐閣法律編集局書籍編集部長の藤本依子さんと京都支店長 栁澤雅俊さんの細やかな配慮と貴重な支援を得て，本書をお届けすることが可能となった。心からお礼申し上げたい。

　2022 年 2 月 21 日

松 川 正 毅

初版 はしがき

本書の執筆に入ってから，多くの年月が経過した。その間にも社会が変わり，人々の意識が変わり，法律が変わり，新しい判例も次から次へと現れ続けている。執筆を開始してはみたものの，書いては古くなってしまうことも多かった。また執筆に当たって，入門書としてはやや高度なものを目指したこともあり，実際はじめてみると書いておきたいと思うことも多く，草稿の量はこの2倍程度のものとなってしまった。その中から枝をはらい，幹を残し，作成した図や表を厳選し，大きな流れにのって法を伝えることを心がけながらまとめ上げたものが本書である。それでも当初目指したレベルは維持したつもりである。

親族編では，比較的自由に書いた。現行法の理解を前提にし，法の背後にある永い歴史的なつながり，価値観やものの考えかたにもできる限り注意をはらった。

相続編では，理解の困難な法律・判例の解説に力を注ぎ，比較法的な視点の記述は控え目にした。わかりにくい現在の相続法の道しるべとなるように心がけた。

このことが，将来的に読者諸君をより遠くより広大な法の世界へと導く原動力になると信じている。

大学での講義のテキスト，法科大学院の予習テキスト，各種国家試験の準備にも，本書が充分に役立つように配慮した。基礎知識の理解，整理が容易にでき，考える力が培われると思う。

本書では，全体的にわが民法の立法に大きな影響を与えたフランス法との対比を試みている。法は，その背後にある文化，気質と密接な関係にある。法を文化や社会とともに比較して考察することは，より大きな観点で日本法を理解することを可能にし，我々に重要な視点を提供してくれる。また，現代社会には，世界的に共通する問題も多い。日本でも問題とせざるをえないが我々が知らない事柄について，他の国の法律に解決のヒントが存在するこ

とも少なくない。

比較的な考察を通して世界的な大きな波を理解することもできる。この波はいずれ，わが国にも押し寄せてくるかもしれない。

本書の草稿段階で，川内晶子（慶応義塾大学法学部卒，現在，法律事務所勤務），益澤彩（京都大学大学院），冷水登紀代（大阪大学大学院），宮本誠子（大阪大学大学院。校正の手伝いもしていただいた）の諸君にモニターを依頼して，感想を求めた。この4名の優秀な方々は鋭い分析力・感性をもって細部にわたり深く読み込んでくれた。彼女らの指摘によって書き改めたり，書き加えたところも多い。ご協力にお礼申し上げたい。

この書物の計画を伝えてくれたのは，有斐閣の中條信義氏，亀井聡氏（現在　雑誌編集部）である。また有斐閣書籍編集部の山宮康弘氏（現在　電子メディア開発室），藤本依子氏には，本作りのすべてにわたってお世話になった。この二人の支援がなければ，本書はまだまだ，時の流れの中に埋没し続けていたと思う。感謝申し上げたい。

2003 年 11 月

パリにて

松 川 正 毅

目　次

はしがき

PART 1　　親　族　法

第2章　*親と子（子と親）*　100

第3章　*家族構成員の保護*　173

$$\boxed{\text{PART 2}} \quad 相　続　法$$

序　218

第1章	*法定相続——遺言のない場合の相続*　223

◆**課題学習**（文字を小さくして解説をしてある部分）

☕ *pause-café* ᭥᭥᭥᭥᭥᭥᭥᭥᭥᭥᭥᭥᭥᭥᭥᭥᭥᭥᭥᭥᭥᭥᭥᭥᭥᭥᭥᭥᭥

本書を読むために

◆法令の略記等

* （　）内での条文の引用について，法令名の表記のないものは，民法です。その他は原則として有斐閣六法全書「法令名略語」に従いました。フランス民法は「フ民」，ドイツ民法は「ド民」としました。

◆判例・雑誌名等の略記

**最判平成 12 年 3 月 10 日民集 54 巻 3 号 1040 頁＝最高裁判所平成 12 年 3 月 10 日判決，最高裁判所民事判例集 54 巻 3 号 1040 頁

《判　例》

大判(決)	大審院判決(決定)	高判(決)	高等裁判所判決(決定)
大連判(決)	大審院連合部判決(決定)	地判(決)	地方裁判所判決(決定)
最判(決)	最高裁判決(決定)	支判(決)	支部判決(決定)
最大判(決)	最高裁大法廷判決(決定)	家審	家庭裁判所審判

《判例集》

民録	大審院民事判決録	高民(刑)	高等裁判所民(刑)事判例集
刑録	大審院刑事判決録		
民集	大審院民事判例集または最高裁判所民事判例集	下民	下級裁判所民事裁判例集
		家月	家庭裁判月報
刑集	大審院刑事判例集または最高裁判所刑事判例集	労民	労働関係民事裁判例集
		判時	判例時報
新聞	法律新聞	判タ	判例タイムズ
裁判集民	最高裁判所裁判集民事	金法	金融法務事情

《書　籍》

一問一答	堂薗幹一郎＝野口宣大編著『一問一答 新しい相続法（第 2 版）』（商事法務，2020 年）

PART1

親 族 法

ANTONIO CANOVA(1757-1822)
Psyché ranimée par le baiser de l'Amour, 1787

Photo RMNIC. Jean/distributed by Sekai Bunka Photo

序

1 家族法とは何か

民法典の中での家族法
の位置づけ

わが国の民法典は、パンデクテン方式に従っており、親族・相続法は民法典の中でも、第4編、第5編という法典の最後の方におかれている。世界には、親族法が法典の前の方におかれている民法典を有する国（フランス）や、独立の親族法典を有している国もある（スウェーデン、デンマークなど）。

親族法に関して、本書では、男と女の法律、親と子の法律という観点から説明を行う。そしてその後に、民法典では原則として自立した一人の人間を想定してはいるが、未成年の子や老齢親のように一人では生きていけない人の問題である親権、後見、扶養について説明する。このように、親族法はいわゆる「家族」（事実的なものも含めて）構成員相互の法律関係を主として対象とする。

わが国では、相続法を含めて「家族法」と呼ばれることが多いが、厳密にいえば、本来は親族法のみを意味する。相続法には家族法に関連することがらが多いのは事実である。しかし、相続は死を契機とした財産の移転を対象とするものであり、家族構成員の関係を問題にする親族法とは異なる。たとえば、フランスでは、夫婦財産制と相続法を財産取得編に規定しており、財産法的色彩が比較的濃く、一般に家族法とは呼ばない。

家族とは何かという問題は難問である。家族法で対象とするのは，「家族」それ自体ではなくて，家族構成員相互の関係である。最終的には「個々の人」の問題に帰結する。

核家族化，（夫婦の平等，子の福祉などにかかわる）権利の確立に伴い，時代とともに親族法から消えていった権利もある（妻の財産に対する夫の管理権やいわゆる戸主権）。現在では「家族」には，核家族を念頭においてはいるが，事実上の関係（内縁），婚姻外の親子関係（嫡出でない子）なども含まれている。さらにそれにとどまらず，意識の変化や科学技術の発展に伴い，かつては家族法の対象とならなかった関係も対象とされつつある（同性婚の問題，提供精子によって生まれてきた子等）。

民法典ができたころと比較すれば，現在は一段と高齢化が進んでいる。このような変化が，扶養の問題や相続の問題に影響を与えないはずはない。長い老齢期を迎え，重くなりつつある介護の問題は無視できない。また対価型の相続意識の存在（よくしてくれた者に多くを残すとか，世話をしたので，当然多くを相続すべきであるという意識）が相続を複雑にしている。

かつて家族が担っていた役割も，核家族化や仕事の関係で分断され，充分な機能を果たさなくなりつつある。育児や介護についても，家族の手を離れ，それぞれを専門とする者の助力，助言を得るようになってきている。かつて，家族には，構成員の問題を聞き，一緒に考え助言をする者がいたが，もはやこのような人は，周りには少なくなってきている。

また家族や男女関係，親子関係に関する価値観も明らかに多様化してきた。明治，大正，昭和，平成，令和と，人々の考えや価値観

3

は異なっている。同棲する人，結婚しない人，子をもたない人，同性でカップルになろうとする人など，生き方は千差万別である。

さらに，インターネットが国境を越えて用いられるように，人々の家族に関する考え方は，世界の影響を受けやすくなってきている。異国の人との出会いも増え，国際結婚も増加している。愛情には国境がない。またそれにつれ紛争も国際性を帯びる。こういったことが，価値観や社会それ自体に変化をもたらすこともありうる。このようにして多様性に拍車がかかる。

つまり家族それ自体，まるで生き物のように社会の影響を受けつつ変化しており，家族法の対象も常に変化しているといえる。家族法を学ぶ上では，社会の変化や意識の変化にも注意を払い，視野を広くすることが必要なのである。常に社会の動きに目を開くことが，法のより深い理解に導いてくれる。

🔊 *pause-café* **家族とヴァカンス** 〰〰〰〰〰〰〰〰〰〰〰〰〰〰〰〰〰

フランスには，長期休暇がある。一般に夏と冬に分けて休暇をとる。ヴァカンスのシーズンには，ヴァカンス地は賑わう。長期の休暇は，家族のふれ合いの絶好の機会である。日常生活では，父も母も働き，子どもたちは学校に行き，互いに顔を合わせることが少ない。しかし，このヴァカンスの期間は，たっぷりふれ合いの機会がある。朝食から，昼食，夕飯まで家族でそろってとる日が続く。趣味の話から，音楽，絵画，学校，政治の話まで話題は尽きることがない。離婚した夫婦であれば，別れて暮らしている子に会って一緒に生活できるチャンスである。また，祖父母が子や孫たちと一緒に別荘でわいわいと過ごすことも多い。これは，祖父母の大きな楽しみのひとときである。ヴァカンスは，単なる休息のみならず，家族のふれあいにも貴重な機会を与えている。このようにヴァカンスには生きていく上で大切な要素がぎっしりと含まれており，フランス人達は何よりも大切な権利であると考えている。夏のヴァカン

スで，心も，体も休まり，新たな活力を蓄えて，秋からの仕事に挑むことになる。わが国では，なかなか理解されないが，「生きる」という観点からすばらしい制度の一つである。

〜〜〜〜〜〜〜〜〜〜〜〜〜〜〜〜〜〜〜〜〜〜〜〜〜〜〜〜〜〜〜〜〜〜〜〜

📖 **読書案内** 「プロヴァンス物語／マルセルの夏」映画。1990年フランス作品（原作：マルセル・パニョル，監督：イヴ・ロベール）。フランス語のタイトルは「父親の誇り（La gloire de mon père）」。フランスでヴァカンスが始まった頃の，家族と一緒に過ごしたヴァカンス地での出来事の話。
松川正毅「実践フランス法入門——ヴァカンス」国際商事法務 24 巻 7 号（1996 年）776 頁〜777 頁。

自由と秩序
　私的な家族に関する法律ではあるが，全く何もかも当事者の自由意思に任されているのではなくて，そこには，良し悪しは別として，ある種の「秩序」・「公序」が存在している。たとえば，配偶者を二人にするという合意や離婚しないという合意があったとしても，法的には認められない。婚姻に際して，相手方配偶者を助けないという約束も，婚姻の本質に反し認められないであろう。このように，家族法には，公の秩序が内在しており，それを完全に無視することはできない（ただし，それからの解放を求める動きは存在する。ただ，そのような場合でも，新たな秩序が形成されていくことも必要であり，全く当事者の意思のみに基づき何もかも自由であるということにはならないだろう⇒67 頁，68 頁等）。

　このように私的な領域でありながら，公序とのかかわりが強い。

民法典の編纂の歴史を要約すれば，わが国は，外国の法典をまずコピーすることを試み，次にオーダーメードすることを考え，最終的に自分達の手で修正を図ったと表現できよう。

　1870（明治3）年に，江藤新平が着手したのが民法編纂事業の始まりである。彼は，フランス民法典を翻訳して，それを日本の民法典としようとした。江藤は，箕作麟祥に対して「誤訳も亦妨げず，唯速訳せよ」と述べたといわれる。この江藤の有名な言葉は，当時のわが国の事情を如実に伝えている。しかし，翻訳による法典のみでは，裁判官や弁護士といった法の担い手を欠いており，それを運用することは困難であった。

　そこで，次に法典編纂事業は，司法省の御雇外国人であるフランス人のボアソナードを中心に行われていった（1880〔明治13〕年に民法編纂局が設けられた）。彼は，法典編纂のみならず，法律家の育成にも精力的に取り組んだ。彼の手になる民法典は，1890（明治23）年に公布され，1893（明治26）年1月1日から施行されることになっていた。これが「旧民法」と呼ばれるものである。法典中の親族・相続法に関する部分は，日本の慣行等を考慮する必要があるということで日本人委員によって起草された。熊野敏三（パリ大学に留学），磯部四郎（パリ大学に留学），井上正一（ディジョン大学に留学）等が親族・相続法の立法作業に取りかかった。彼らは，ボアソナードの弟子であり，フランスで勉学を深めている。草案は近代家族法の原理に基づくものであったが，後に，長子単独相続制度や戸主権など，家制度を強化する内容に変化していき，法典化された。しかしながら，穂積八束の有名な論文である「民法出でて忠孝亡ぶ」が公にされ，これがスローガンのように論争を引き起こし，結局，こ

のような旧民法は公布されはしたが，施行されずに終わった（1892
〔明治25〕年）。その論点は，民法典は，わが国の淳風美俗を無視し，
欽定憲法の精神に反するというものであった。この論争の評価，位
置づけはいろいろとなされているが，国粋主義的な要素も大きかっ
たことは否定できない。

　1893（明治26）年，法典調査会が設置され，穂積陳重（のぶしげ），富井政
章（まさあきら），梅謙次郎の三名が，民法典の編纂を担当した（ただし，旧民法
の修正作業として行われた。また，富井と梅はフランスのリヨン大学に留
学している）。ドイツ民法第一草案を参照し，民法典の編別はドイツ
型のパンデクテン方式が採用された。このようにしてできあがった
法典は，1896（明治29）年4月に財産法が，1898（明治31）年6月
に親族・相続法が公布され，いずれも1898（明治31）年7月から施
行された。このうち，財産法は現行法であるが，親族・相続法の分
野は，家制度に基づくものであり，民主主義の精神に反するという
ことで，第二次世界大戦の後，全面的改正がなされた。明治民法の
親族・相続編は，このような経緯から「旧法」と呼ばれる。

　その後も，親族・相続法の分野は改正がなされている。近年の
「特別養子制度」や「成年後見制度」は，戦後の大きな改正の一つ
であるといえる。しかし，ヨーロッパ諸国と比べれば，家族法領域
の法改正は遅々としている。

　かつて，わが国では，民法典の編纂は国民がそれを望み，欲した
から行われたのではなかった。黒船の到来以来，列強諸国との関係，
不平等条約の改正など，法典整備は外的な要素に起因することが
大きかった。法典のない国に行けば，そこで暮らしたり，取引した
りする異国の人は，不安であるということは，たやすく理解できよ
う。列強諸国が求めていた治外法権も，このようなことを考えれば，

ある意味ではもっともなことであった。また，社会それ自体がすでに，封建主義的な体制になじまなくなっていたとはいえ，第二次大戦後の改正も，敗戦による連合軍の存在に大きく起因していることは否定できない。このように，わが国の法典編纂，親族・相続法の改正は，外在的な要素に起因することが多く，国民自らがそれらを求めたという事実に乏しいといわざるをえない。

　現在の日本社会において，このような外在的な要素が家族法改正に直結することは少なくなった（間接にはありうる。国際条約の影響力が高まりつつある）。考えてみれば，今まで日本国民は，自ら進んで行う親族・相続法の改正の経験に乏しかった。しかしながら，人事訴訟手続法が廃止されて人事訴訟法が制定され，性同一性障害者の性別の取扱いの特例に関する法律が2003（平成15）年に成立した。また，生殖補助医療により出生した子に関する法律も検討され，2020（令和2）年には，「生殖補助医療の提供等及びこれにより出生した子の親子関係に関する民法の特例に関する法律」が公布された。また親子法に関しても改正が検討されており，2021（令和3）年には，民法（親子法制）等の改正に関する中間試案が公にされている。また相続法の領域では，2018（平成30）年に大改正が行われた。加えて2021（令和3）年に所有者不明土地の解消に向けた民法，不動産登記法の改正が行われ，相続法にも大きな改正がなされた。その他，民事訴訟法や民法の領域においても重要な改正が行われた。

　現在は明治，戦後に次ぐ立法の第三の波の印象すら抱く。このような中にあって，今，われわれは自らの手で親族・相続法を変えていくのだ，またそれが可能で必要だという意識が必要であろう。そのためには，人々がこの分野に関する正確な知識をもつことが何よりも必要であり，このことが立法に有効な影響力を与える。

家族法（立法）の質は，人々の知識や意識のレベルに比例する。このような時代にわれわれはいることを歴史は教えているといえよう。

　📖　**読書案内**　　穂積陳重・法窓夜話（有斐閣，1916 年）
　　星野英一・家族法（放送大学教育振興会，1994 年）
　　吉田克己「自己決定権と公序」瀬川信久編・私法学の再構築（北海道
　　　大学図書刊行会，1999 年）
　　大村敦志「民法と憲法の関係——フランス法の視点」同・法源・解
　　　釈・民法学（有斐閣，1995 年，初出 1994 年）351 頁以下。同「家
　　　族関係の変容とジェンダー」ジュリスト 1237 号（2003 年）108 頁。
　　　同「総論・家族法の変遷」法学教室 277 号（2003 年）65 頁
　　平井一雄＝村上一博編・磯部四郎研究（信山社，2007 年）

②　家事事件と家庭裁判所——審判・調停

　家庭裁判所　　家庭裁判所は，他の裁判所と比べれば，戦後生まれで比較的新しい。1947（昭和 22）年制定の家事審判法によって設置された「家事審判所」と，少年事件を扱う「少年審判所」が，1949（昭和 24）年に統合されて，現在の家庭裁判所が生まれた。このようにして，家事事件が家庭裁判所で扱われることになった。ここでは，審判，判決と調停がなされる。普通の民事手続では，公開原則，当事者が訴訟の進行のイニシアティブをとる当事者主義，対審を採用するが，家庭裁判所での審判手続は非訟手続であり，職権主義が採用され，簡易，迅速，秘密性が特色となっている。また，裁判官の他に，審判事件では参与員が立ち会い（家事 40 条），調停事件では調停委員が参加するのも特徴である（家事 247 条）。調停では，さらに社会学や心理学，教育学の知

識を身につけた調査官や医師（医務室技官）が参加し，専門的な観点からアドバイスを与えたり，カウンセリングを行ったり，重要な役割を果たしている。また，2003（平成15）年に人事訴訟手続法が廃止され，人事訴訟法が成立した。この法律により，人事訴訟事件が家庭裁判所の管轄となり（人訴4条以下），判決もなされることになった。国民にとって，利用しやすいようにという観点や，家庭裁判所の機能を充実させ，人事訴訟の充実・迅速化を図るための大きな改正である。また，参与員の参加の可能性を認めたことも改正の特徴の一つである。2011（平成23）年5月25日に家事事件手続法が公布され，2013（平成25）年1月1日から施行された。そして，家事事件手続法の施行に伴い，家事審判法は廃止された。

家事事件と手続

家事紛争の法的解決には，家庭裁判所が中心的な役割を担っている。

家事事件は手続という観点からは，大きく分類すれば，家事審判手続（審判・調停），人事訴訟手続，民事訴訟手続の3種類がある。審判事件は家事事件手続法が規定している。家事事件手続法39条において審判事項が別表第1と別表第2に分けて規定されている。

家事審判手続による事件は家庭裁判所での審判，調停で解決が図られる。

人事訴訟手続による事件は，二人が婚姻関係にあるかどうか，親子の関係にあるかどうかなどの身分関係の存否の確認を目的とする紛争を対象とする。婚姻事件（婚姻の無効および取消しの訴え，離婚の訴え，協議離婚の無効および取消しの訴え，ならびに婚姻関係の存否の確認の訴え。人訴2条1号），親子関係事件（嫡出否認の訴え，認知の訴え，認知の無効および取消しの訴え，父を定める訴え，ならびに実親子関係存

否確認の訴え。人訴2条2号)，養子縁組事件（養子縁組の無効および取消しの訴え，離縁の訴え，協議上の離縁の無効および取消しの訴え，ならびに養親子関係の存否確認の訴え。人訴2条3号）がある。

人事訴訟手続に基づく事件は，かつては，家庭裁判所での調停が不成立の場合に訴訟事件として地方裁判所で裁判がなされていたが，2003（平成15）年の人事訴訟法により，家庭裁判所の管轄になった（人訴4条・8条）。また，人事訴訟に関連する損害賠償請求も併合が可能であり，家庭裁判所自ら審理，裁判できる（人訴17条）。さらにたとえば，離婚の訴えが家庭裁判所に係属し，この離婚によって生じた損害賠償請求が地方裁判所で争われている場合には，地方裁判所は家庭裁判所に当該訴訟を移送することができ，家庭裁判所で口頭弁論の併合がなされる（人訴8条）。

家庭に関する民事訴訟手続による事件には，離婚・離縁の際の慰謝料請求や，内縁解消または婚姻予約不履行に伴う慰謝料請求，結納金返還請求などがある。

| 家事事件手続法からみた家事事件 | 家事事件を家事事件手続法の観点から分類すれば，審判事件と調停事件に分かれる。

(1) 審判事件　審判事項は家事事件手続法別表第1と別表第2に分かれる。

別表第1は紛争性がなく対立当事者を前提としない最も非訟的な事件である。訴訟も話合いによる解決も考えられず，調停がなされることはない（家事244条）。

これに対して，**別表第2**は紛争性があり，対立する当事者を前提とし，協議による解決が期待できる事件である。別表第2はこのような理由から調停が可能である（家事244条）。調停前置主義はとら

れていないが，家庭裁判所はいつでも，職権で別表第2の審判事件を調停に付することができる（付調停。家事274条1項）。この場合，調停が成立しなければ，新たに審判の申立てをする必要はなく，審判手続に移行する（家事272条4項）。

(2) **調停事件**　　調停事件は，さらに3種類に大きく分類することができる。家事事件手続法別表第2調停事件，一般調停事件，特殊調停事件である。

別表第2調停事件は，家事事件手続法別表第2に規定されている事件である（家事244条・274条）。これらは，家庭裁判所に専属管轄権がある事件であり，審判事項である。

一般調停事件は，家事事件手続法別表第1・同別表第2，および次に説明する特殊調停事件対象の事項を除いた家庭に関する紛争すべてを含む（親族関係を前提とするかぎり，民事訴訟事項に属するものが含まれる）。その本質は訴訟事項であり，調停前置主義（家事257条）がとられている。調停不成立の際には，訴訟で解決されることになる。たとえば，夫婦関係の調整，離婚，離縁，慰謝料請求，相続回復請求，遺留分侵害額請求などであり，すべて当事者の任意処分が許される事項である。人事訴訟に関する手続事項と一般の民事訴訟事項が含まれている。離婚と離縁は人事訴訟事項であるが，当事者の任意処分が許される事項であり，特殊調停事件ではなく，一般調停事件とされているのである。調停不成立の場合には，別表第2調停事件であれば，当然に審判手続に移行する。一般調停事件であれば，望むのであれば，新たに訴訟提起の手続をしなければならない。

これらの事件で，わずかな意見の相違などがあり調停で合意に至らない場合，「**調停に代わる審判**」が行われることがある（家事284条）。もしも当事者の異議の申立てがなければ，その内容で効力が

生じるが，異議が申し立てられたら審判は効力を失い，調停が不成立となった場合と同様の扱いになる。

特殊調停事件とは，家事事件手続法277条に規定されている事件である。つまり人事訴訟事件のうち離婚と離縁を除いた事件であり，調停前置主義（家事257条）がとられている。婚姻の無効・取消し，協議離婚の無効・取消し，養子縁組の無効・取消し，離縁の無効・取消し，父の確定，嫡出子の否認，認知，認知の無効・取消し，身分関係の存否確定がそれである。

これらは人事訴訟事項であるが，当事者の意のままにならず，いわゆる任意処分の認められないものである。このような事項を調停手続に基づき解決を図ろうとするものであり，人事訴訟の簡易手続といわれる。調停の可能性を認めたのは，当事者間で争いのない場合にまで，訴訟手続を求めるのは不経済だからである。ただ，たとえば認知にしても，公益性の強いものであり，当事者の合意のみで調停を成立させるのは望ましくなく，合意が成立した場合には，裁判所は必要な事実を調査し，調停委員の意見を聴き，正当と認めるときにはいわゆる「**合意に相当する審判**」をすることができる（家事277条。同条1項で，合意に相当する審判の対象について，「人事に関する訴え（離婚及び離縁の訴えを除く。）」について合意に相当する審判をすることができると規定している）。

図1

審判事件 ⎰ 別表第1審判事件
　　　　 ⎱ 別表第2審判事件

調停事件 ⎧ 別表第2調停事件
　　　　 ⎪
　　　　 ⎪ 一般調停事件　　家庭に関する全ての事件を対象とするが，除
　　　　 ⎪ 　　　　　　　　かれる事件は，別表第2調停事件と特殊調停
　　　　 ⎪ 　　　　　　　　事件（別表第1は当然に除かれている）
　　　　 ⎨ 　　　　　　　　離婚と離縁は一般調停事件であることに注意
　　　　 ⎪ 　　　　　　　　例：夫婦関係調整（離婚），離縁，慰謝料請求，
　　　　 ⎪ 　　　　　　　　離婚後の紛争，内縁，遺産に関する紛争調整
　　　　 ⎪ 　　　　　　　　（例えば，遺言の無効確認），遺留分侵害額請求。
　　　　 ⎪ 　　　　　　　　必ずしも法律的な要件を必要としていない。
　　　　 ⎪ 　　　　　　　　人間関係のもつれも対象となる。
　　　　 ⎩ 特殊調停事件　　人事訴訟法対象事件（離婚と離縁を除く）

図2　調停不成立の扱い

別表第2調停事件　　調停として申し立てられていえば，自動的に審判に移行
　　　　　　　　　　する。審判として申し立てられていれば，元の審判事件
　　　　　　　　　　を進めることになる。

一般調停事件　　　　改めて訴訟を提起する必要性あり

特殊調停事件　　　　改めて訴訟を提起する必要性あり

図3

合意に相当する審判　　家事事件手続法277条
　　　　　　　　　　　人事に関する訴え（離婚および離縁の訴えを除く）
　　　　　　　　　　　（つまり特殊調停事項）を提起することができる事項
　　　　　　　　　　　（1項）で合意に相当する審判が可能

調停に代わる審判　　　家事事件手続法284条
　　　　　　　　　　　「第277条第1項に規定する事項についての家事調停
　　　　　　　　　　　の手続においては，この限りでない」と規定されてい
　　　　　　　　　　　る。つまり，特殊調停事件以外の事件で可能。このこ
　　　　　　　　　　　とから，離婚および離縁は調停に代わる審判が可能。

3 親族・親系

> 親 族

親族とは6親等内の血族，配偶者，3親等内の姻族をいう（725条）。血族，配偶者，姻族の概念は以下の通りである。

①血族……出生による血のつながりのある者。ただし，民法727条で養親子関係は血族と同一の血のつながりありと擬制しているの

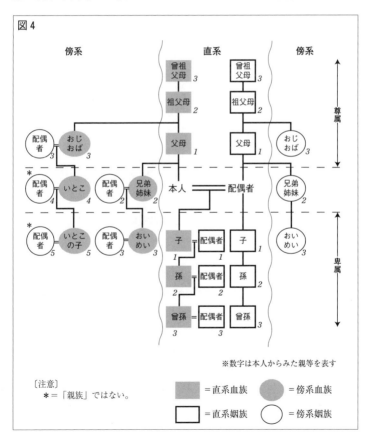

図4

※数字は本人からみた親等を表す

〔注意〕
＊＝「親族」ではない。

■ ＝直系血族　　　● ＝傍系血族
□ ＝直系姻族　　　○ ＝傍系姻族

15

で血族になる。

②配偶者……夫婦の一方からみた他方を意味する。

③姻族……婚姻を媒介とする配偶者の一方と他方配偶者の血族の関係である。また，自己と自己の配偶者の血族および自己と自己の血族の配偶者を表すと定義することも可能である。したがって，夫婦の親同士の関係や兄弟の配偶者同士の関係は姻族関係ではない。

| 親 系 |

①直系……血統が直上直下する形で連絡する関係。

傍系……血統が共同始祖から直下する者との関係。

本人からいえば，いとこは祖父母を共同始祖とする関係であり，傍系である。

②尊属……自分よりも前の世代にある血族。

卑属……自分よりも後の世代にある血族。

③親等……親族関係の遠近を示す単位である。親子一代を一単位とし（親等間の世数）（726条1項），本人と父母は1親等，本人と祖父母は2親等である。なお，本人と配偶者に親等はない。

📖 **読書案内** 我妻栄・親族法（有斐閣，1961年）

有地亨・フランスの親子・日本の親子（日本放送出版協会，1981年）

久貴忠彦・親族法（日本評論社，1984年）

稲本洋之助・フランスの家族法（東京大学出版会，1985年）

鈴木禄弥・親族法講義（創文社，1988年）

星野英一・家族法（放送大学教育振興会，1994年）

浅野素女・フランス家族事情（岩波書店，1995年）

野田愛子・現代家族法（夫妻・親子）（日本評論社，1996年）

泉久雄・親族法（有斐閣，1997年）

水野紀子「比較法的にみた現在の日本民法——家族法」広中俊雄＝星野英一編・民法典の百年(1)（有斐閣，1998年）

道垣内弘人＝大村敦志・民法解釈ゼミナール(5)（有斐閣，1999年）

松川正毅・変貌する現代の家族と法（大阪大学出版会，2001年）

大村敦志・フランスの社交と法（有斐閣，2002年）

内田貴・民法Ⅳ親族・相続（補訂版）（東京大学出版会，2004年）

遠藤浩ほか編・民法(8)親族（第4版増補補訂版）（有斐閣，2004年）

有地亨・家族法概論（新版補訂版）（法律文化社，2005年）

吉田邦彦・家族法（親族法相続法）講義録（信山社，2007年）

島津一郎＝松川正毅編・基本法コンメンタール親族（第5版）（日本評論社，2008年）

大村敦志・家族法（第3版）（有斐閣，2010年）

利谷信義・家族の法（第3版）（有斐閣，2010年）

中田裕康編・家族法改正（有斐閣，2010年）

佐藤義彦＝伊藤昌司＝右近健男・民法Ⅴ親族・相続（第4版）（有斐閣，2012年）

梶村太市＝岩志和一郎＝大塚正之＝榊原富士子＝棚村政行・家族法実務講義（有斐閣，2013年）

窪田充見＝佐久間毅＝沖野眞已編著・民法演習ノートⅢ 家族法21問（弘文堂，2013年）

松川正毅＝本間靖規＝西岡清一郎編・新基本法コンメンタール人事訴訟法・家事事件手続法（日本評論社，2013年）

内田貴＝水野紀子＝大村敦志＝道垣内弘人・民法判例集 親族・相続（有斐閣，2014年）

奥山恭子・家族の法 親族・相続（第2版）（信山社，2014年）

棚村政行＝水野紀子＝潮見佳男編・Law Practice民法Ⅲ 親族・相続編（商事法務，2015年）

梶村太市＝徳田和幸編著・家事事件手続法（第3版）（有斐閣，2016年）

窪田充見・家族法（第4版）（有斐閣，2019年）

二宮周平・家族法（第5版）（新世社，2019年）

前田陽一＝本山敦＝浦野由紀子・民法Ⅵ 親族・相続（第5版）（有斐閣, 2019年）

松川正毅＝窪田充見編・新基本法コンメンタール親族（第2版）（日本評論社, 2019年）

高橋朋子＝床谷文雄＝棚村政行・民法7 親族・相続（第6版）（有斐閣, 2020年）

常岡史子・家族法（新世社, 2020年）

床谷文雄＝神谷遊＝稲垣朋子＝且井佑佳＝幡野弘樹・新プリメール民法5（第2版）（法律文化社, 2020年）

犬伏由子＝石井美智子＝常岡史子＝松尾知子・親族・相続法（第3版）（弘文堂, 2020年）

青竹美佳＝渡邉泰彦＝鹿野菜穂子＝西希代子＝冷水登紀代＝宮本誠子・家族法（法律文化社, 2021年）

本山敦＝青竹美佳＝羽生香織＝水野貴浩・家族法（第3版）（日本評論社, 2021年）

男と女の出逢いを経て，男と女の親族法の話が始まる。ここでは，婚姻がその中心になる。それに加えて，その前段階の婚約，事実的な関係である内縁，婚姻を全く念頭におかない同棲や自由結合も法的な問題として考察する。さらに，同性の関係，性転換の問題が加わる。

出逢いがあれば，その一方で別れがある（死と離婚）。別れの問題では，離婚を中心に学ぶ。そして，多様な男女関係の別れの問題点についても考察は及んでいく。これらは，出逢いの逆バージョンである。

1 婚　約
●法的な男女関係のプレリュード

[1]　婚約とは

たとえ恋人同士であっても，親族法上の関係にはなく，互いに権利・義務は存在しない。他人である二人に，なんらかの親族法上の責任が生じうるのは，「婚約」からである。では，どのようにすれば婚約が成立するだろうか。

当事者の意思が重要　　当事者の意思の合致が，婚約の成立に重要な要件である。*法律の世界では，当事者が互いに将来婚姻しようという意思を有しているかどうかが重要である。二人は本当に愛しあっているかどうかは問題にならない。

渚のプロポーズは有効　　当事者間で婚約の合意がなされれば，婚約は成立する。誰かに伝えることも，なんらかの形式的な手続（届出や披露）も必要でない。婚約に「公然性」は要求されておらず（最判昭和38年9月5日民集17巻8号942頁），まさに，二人きりの海辺のプロポーズも有効である。

◆**婚姻障害がある場合の婚約は成立するのか**　民法の規定する婚姻障害（⇒26頁以下）がある場合でも，婚約としては成立するという見解もあるが，有力説によれば，婚姻時にも治癒されない婚姻障害を伴う婚約（近親婚等）は，不能を目的とするものであり無効と解している。婚姻成立時に障害の解消が確実であれば（年齢等），婚約は無効とはいえないことになる。

　たとえ婚約を有効と解しても，婚姻障害のある場合には婚姻は不可能である。それにもかかわらず婚約を有効と考える意味は，不当破棄の責任，贈与の清算などの可能性を明確にできるからである。

② 　婚約の効果——他人でなくなる意味

婚約破棄に責任をもつ　　婚約者は正当理由なきかぎり，破棄に責任を負う。正当理由かどうかは，ケースごと

＊当事者の意思に関係なく親同士で行う約束であるいわゆる許嫁（いいなずけ）関係は，ここにいう「婚約」にはあたらない。

に判断される。たとえば相手方が事実を曲げて伝えていた場合，行方不明になっている場合などでは，他方には破棄するにあたって，正当理由がある。これに対して，単なる気変わりなどは正当な理由にはならない。

　その責任の根拠を，婚約者の地位の侵害による不法行為責任（前掲最判昭和38年9月5日）とするものと，一種の契約違反としての債務不履行責任（最判昭和38年12月20日民集17巻12号1708頁）に求める考え方がある。現在では，一方のみが認められるのではなくて，両者が重複して認められると考えられている。また，損害賠償に関して，婚姻の準備に要した費用など物質的損害は当然のこと，精神的損害も賠償の対象となる（債務不履行責任，不法行為責任や損害賠償の範囲などは，債権法の教科書を参照）。

結納や婚約中の贈り物

結納は，婚約の成立のあかしとして，また近い将来の婚姻がうまく成立することを願って情誼を厚くする目的で品物や金員が渡される慣習である。

　現在では，結納という形式的な儀式を伴わなくても，指輪やプレゼントの交換を行うことが多い。これらは，婚姻成立に向けた目的的贈与または解除条件付贈与と考えられている。

　婚約が解消されたとき，これらを「返せ」といえるのだろうか。贈与は民法550条に従えば，履行の終わった部分は解除できないので，渡した「プレゼント」を，「返せ」といえないことになるのだろうか。

　判例・学説はこのようなケースで，合意によって婚約が解消した場合，目的が達成されなかったことになり，受け取った物は不当利得として互いに返還しあわなければならないとする（最判昭和39年

9月4日民集18巻7号1394頁）。また，婚姻の不成立につき責任のある者は，信義則また権利濫用の法理により返還請求はできず（奈良地判昭和29年4月13日下民5巻4号487頁），責任のある者が金品を受け取っていた場合には信義則に基づき返還しなければならないという（東京控判昭和6年7月14日新聞3314号5頁）。両方に責任がある場合には，責任の大きさを比較し，授与者の責任の方が軽い場合に返還を認め，重い場合には認めないと判示するものもある（福岡地小倉支判昭和48年2月26日判時713号108頁）。

　婚約が成立していない恋人のような男女関係であれば，プレゼントは原則として返却する必要はない。ところがこれとは異なり，結納や婚約中のプレゼントは，それらの返還が問題になりうる。

2 婚　　姻

1 婚姻とは何か

特定の男女を夫婦とする——宗教，習俗，法律

　婚姻[*]すれば，二人は法的にいろいろと責任や義務を負い，拘束される。ここでは，その内容について学ぶ。

　男女の関係について，人類は興味深い歴史を有している。原始雑交，群婚，一夫多妻，一妻多夫の存在が指摘されていたが，そもそも古い時代から特定の男性と特定の女性の関係が中心であったともいわれている。現在でも一夫多妻を認めている国もある。

＊民法では「結婚」という言葉は用いない。「婚姻」と表現する。

しかしながら，社会あるかぎり，当事者のみで勝手に「夫婦」になることができるという制度や慣習は，まず存在しなかったであろう。特定の二人を夫婦と認めるのに習俗，宗教が重要な役割を担っていた（たとえば，ヨーロッパではキリスト教）。

　ヨーロッパの歴史において，この宗教の直接的な影響から解放されて，法律が男女の関係を規律するようになったのは1789年のフランス革命を契機としてである。ただし，この革命によって，人々の意識が突然変わったのではなく，すでに教会婚はさまざまな矛盾を示しながら，変化していたのである。またそれと同時に，現在でもヨーロッパ諸国の婚姻法では，宗教の残滓を婚姻法のいたるところで窺うことができる（一夫一婦制や貞操義務，協力義務等）。わが国が直接的ではないにしろ影響を受けたフランスの婚姻法の根底には，まさにキリスト教的な婚姻秩序観が流れている。

　婚姻法の背後にあるこれらの考え方は，ヨーロッパの宗教的伝統であり，われわれにとってはその真の理解が困難であるともいえよう。法律は類似したものであっても，その運用や人々の意識には，文化の差を感じさせるものがあり興味深い。

　民法典は，このような伝統を受け継いでいるものの，ここ数年の間のフランスをはじめとするヨーロッパの国々における，男女の法的な関係の変化は目覚ましいものがある。フランスでは，契約による夫婦関係も認められ，また自由結合概念に同性カップルを組み入れる作業を経て，現在では同性も法的な夫婦として認められるに至っている。このような考え方は，生殖補助医療を受ける要件にも表れており，法的な夫婦のみならず，自由結合のカップルにも認められている。わが国では，医療の現場では，夫婦であることの証明まで求めていないと聞くが，法的な夫婦であることが求められていく

傾向があるのと対照的である。なお，最近のフランス法の改正で，独身の女性にも生殖補助医療が認められるに至った（フ民342条の10）。夫婦そして家族の伝統的な考え方は，現在まさにその様相を大きく変えつつあると言えよう（⇒70頁🔳参照）。

夫婦の機能と男女の価値観の多様化

社会に安定を与えているといわれている婚姻も現在では，一つの選択であるにすぎない。つまり，婚姻以外の男女関係を禁止し，排斥するものではなくなり，星野英一博士は婚姻の機能を次のように定義している。「かくて今日，性，愛，生殖，同棲は，分断可能となった。この見地からすると，法律制度である婚姻とはそれらを統合するという大きな意味を持つことが明らかになろう」（星野・後掲48頁）。

一夫一婦制の根拠

次に，なぜ一夫一婦制が，法律の原則になっているのか少し考えてみることにしよう。これはキリスト教に由来する。「人は父母を離れその妻と結ばれ，二人は一体となる」（マタイ19・5〜6）という教えが，一夫一婦制を説いているといわれる。また，フランスの民法典の立法者であるポルタリスの次の言葉には，一夫一婦制の根拠が，含蓄に富んだ美しい表現で説明されている。「愛せられる当の対象を除いては，一つの性は他の性に対して，も早何ものでもなくなるというのが愛のちからだからである」（ポルタリス＝野田訳・後掲39段〔35頁〕）。

最近は，一夫一婦制の二人をベースとする婚姻に加えて，複数の関係を前提にして夫婦をとらえようとする動きも見られる。第三者

の精子や卵子を用いた生殖補助医療をその傾向の一つとして位置づける理論である。二人で構成されるという夫婦の概念も必ずしも不変のものではなく，これもまた少しずつ変わりつつあるといえよう。

📖 **読書案内**　ポルタリス＝野田良之訳・民法典序論（日本評論社，1947 年）　家族法を学ぶ上での古典的名著。立法者の思索に触れて，法を考える喜びを知ることができる。
星野英一・家族法（放送大学教育振興会，1994 年）

> 明治民法下の家制度と現行民法

旧法上は，家制度が歴然と存在し，婚姻は配偶者の一方が実家を去って婚家に入ることを意味していた（明治民法 788 条）。そして家を去ることのできない地位にある戸主や法定推定家督相続人のような者のために，入夫婚姻や婿養子（明治民法 788 条 2 項）制度があった。婚姻の前提に，家と家の関係という考え方があり，社会全体に深く影響を与えていた。

明治民法によって，妾は認められなくなり，法律的に一夫一婦制が確立した。しかし，法的に妻は夫に完全に依存する存在であり（⇒48 頁），女性は結婚して妻となれば，「無能力者」になった（明治民法 14 条〜17 条）。夫権による妻の支配も認められていた。

このような歴史を経て，現行の日本国憲法では，個人の尊厳と平等に基づき，婚姻は両性の合意のみに基づいて成立し，夫婦が平等の権利を有することになった（憲 24 条）。「家制度」からの解放である。しかしながら，社会や法律の中にその名残をみつけることは，現在でもそれほど難しいことではない。前述の西洋の宗教的な考えの影響を知ることと同じく，このことを意識することは，家族法を

よりよく理解するために重要である。

② 婚姻の成立要件

　婚姻が成立するためには，法律の定める要件が必要である。民法では，婚姻を成立させるために，二人の間に**婚姻障害のないこと（消極的要件）**と，**婚姻意思と届出（積極的要件）**とを求めている。

　以下に述べるような事実があれば，婚姻することはできない。これは契約法における公序良俗に相当するものであるといえる。

婚姻障害①——婚姻年齢に達していないこと

　民法典は，男18歳以上，女16歳以上でなければ婚姻できないと定めていたが（731条），2022（令和4）年4月1日から成年年齢が18歳に引き下げられた（平成30法59）。この改正に伴い民法731条は「婚姻は，18歳にならなければ，することができない」として施行された。成年に達すれば婚姻が可能となる。規定上存していた男女の婚姻可能な年齢の差がこの改正によりなくなる。結果的に，女性の婚姻適齢が18歳に引き上げられた。

　🔌 *pause-café* **フランス法の婚姻適齢** ⌇⌇⌇⌇⌇⌇⌇⌇⌇⌇⌇⌇⌇⌇⌇⌇⌇⌇⌇⌇⌇⌇
　この点に関して，フランス法では，男性18歳，女性15歳であったが（成年は18歳），2006年4月に，男女ともに18歳とする改正を行った（フ民144条）。その年齢以下で妊娠し婚姻を望む場合，重大な事由があるとして，共和国検事に年齢の制限を免除するよう求めることができる。
⌇⌇

男性は離婚後直ちに再婚が可能であるが，
女性は再婚するには，6 カ月待たなければ
ならなかった（旧733条1項）。その理由は
嫡出推定（⇒101頁）が重複し，前婚の夫・後婚の夫のどちらが父親で
あるかわからなくなるおそれがあるからだといわれていた。したがっ
て，女性が離婚時に妊娠している場合には，出産後は直ちに再婚
できる（同条2項）。これは父性推定の混乱のおそれがないからである。

かつて戸籍実務では，父性推定の混乱の起こらない以下の事例で，
6 カ月待たなくても再婚することを認めていた。①離婚はしたが，
また同じ相手と再婚する場合（大正元年11月25日民708号回答），②
3 年以上生死が不明であることを理由として離婚した場合（770条1
項3号）（大正7年9月13日民1735号回答）など。なお，55歳以上の
女性の再婚の場合に，再婚禁止期間の適用はないとした先例がある
（戸籍先例。昭和39年5月27日民事甲1951号回答）。

これに対して，妊娠していない旨の医師の診断書（昭和8年5月
11日民甲668号回答）があっても，再婚禁止期間が適用され，再婚
禁止期間内の婚姻届は受理されていない（戸籍実務）。

このように男女間で差を設けるのは違憲ではないかが争われた。
最高裁は再婚禁止期間は立法目的に合理性があると判示していたが
（最判平成7年12月5日判時1563号81頁），最大判平成27年12月16
日民集69巻8号2427頁で，「100日超過部分については，民法772
条の定める父性の推定の重複を回避するために必要な期間というこ
とはできない」として，違憲判決がなされた。なお，1996（平成8）
年の民法の一部を改正する法律案要綱では，推定の重複しない100
日間の再婚禁止期間を設ける案を示していた（日数に関して，⇒101
頁以下）。この違憲判決の後に，民法733条は改正され，再婚禁止

期間は，100日になった。また，婚姻の解消または取消しの時に懐胎していなかった場合は再婚禁止期間は適用しないことが明示された（2項1号）。婚姻の解消または取消しの後に出産した場合には，再婚禁止期間は適用されない（2項2号）。

学説には，廃止案や生まれてくる子は後婚の子の可能性が実際上は高いのだから後婚の子と推定する案などが示されていた。

◆**再婚禁止期間の見直し（中間試案第3）**　民法（親子法制）等の改正に関する中間試案が令和3年2月に公にされており，この中間試案では，削除案が示されている（⇒112頁◆も参照）。

📖 *pause-café* **フランス法の再婚禁止期間** ∽∽∽∽∽∽∽∽∽∽∽∽∽∽∽
　参考までにフランス法をみてみよう。フランスでは300日間の再婚禁止期間を規定していた（フ民旧228条）。ただし，別居の判決や，破綻を原因とする離婚判決（6年以上同棲がないことが一つの前提になっていた。現行法では1年の別居を原因とする離婚が認められている。⇒74頁）のあった場合，妊娠していない旨の医者の証明書があれば，裁判官が300日以上，前の夫と同棲していないことを認めた場合などにはこの期間が免除される規定を設けていた（フ民旧228条）。わが国と比較すれば免除規定がより明確に規定されていた。しかし，一方的に女性にのみ制限を課すこの規定が男女の平等に反し，また必要とあれば科学的に親子関係が証明されるのであり，2004年5月26日の法律により，再婚禁止期間は完全に廃止された。

∽∽∽∽∽∽∽∽∽∽∽∽∽∽∽∽∽∽∽∽∽∽∽∽∽∽∽∽∽∽∽∽∽

婚姻障害③──同性　民法典に直接は規定されていないが，憲法24条から，異性であることが前提とされており，同性の婚姻は婚姻障害になると考えられる。

| 婚姻障害④——重婚 |

法律上の婚姻関係にある者は，その関係を解消（離婚，死亡）することなくしてさらに他の者と婚姻することはできない（732条）。実際には婚姻届を受理する戸籍吏が確認するので，婚姻関係にある者の婚姻届が重ねて受理されることはほとんどない。しかしながら，失踪宣告が取り消された場合や，協議離婚が無効，取り消される場合に，重婚が生じる可能性がある。

| 婚姻障害⑤——近親婚 |

民法734条以下では「近親婚」を認めていない。①直系血族間，②3親等内の傍系血族間（3親等を含む。おじ〔おば〕・めい〔おい〕間は婚姻できない。ただし例外がある），③直系姻族間，④養親子関係者間では婚姻できない。

なぜ近親婚は認められないのだろうか。現在では，遺伝的な危険性があると考える優生学上の理由，心理的・倫理的な要因，社会的要因等の理由があげられている。

法律によって，直系血族間の婚姻を近親婚に含めるのは多くの国で一致している。しかしながら，傍系，姻族（わが国では，かつて嫁と舅の関係にあった者は，永久に婚姻できない。735条参照），養子に関しては，それぞれの国で婚姻できない範囲に差がみられる。優生学上の理由だけでなく，他に各国の社会的，時代的な背景，国民感情，政策をも近親婚の禁止の規定の中に取り込んでいることが理解できる。

◆養親子関係と婚姻禁止　養子縁組をすることによって生じた直系血族間，および直系姻族間は婚姻できず，この婚姻禁止は離縁後もそのまま存続する（736条）。

736条にあてはまる養子の直系卑属とは，縁組後生まれた子を意味している。縁組前に生まれていた養子の子や離縁後に生まれた子は，親の縁組によっても養親との間には親族関係が発生しない（⇒144頁）ので，養親やその直系尊属と婚姻することができる。

　離縁によって養親子関係が終了した場合（729条），養親の配偶者との婚姻が問題となる。規定にはこの者は明記されておらず，規定の文言からは適用がないことになる。婚姻の自由を重んじる立場は，このような場合の婚姻を認めるが，養子の配偶者になった者との均衡を考慮し，類推適用すべきであるとする説も，主張されている。前者が妥当と考える。

　傍系血族である兄弟姉妹に関していえば，養子と養父母の実子とは傍系血族（兄弟）になるが，わが民法はこのような者の婚姻を認めている。いわゆる，婚姻時に相手方女性の親と養子縁組を結んだ上で婚姻する「婿養子」である（734条1項ただし書）。

積極的要件①
——婚姻の意思

　(1)　**当事者の意思の合致**　当事者に婚姻する意思の合致があること。これは，届出とともに婚姻の成立要件の中心をなす重要な要件である。求められているのは，「婚姻する」という意思の合致である。ところが，この「意思の合致」は一見わかりやすそうだが，難問を抱えている。

　(2)　**当事者である意味**　親達が，子の関与なしに子の縁談を進め，合意に達したとしても，これは，婚姻の成立要件にいう意思の合致にはならない。なぜならば，法律は「当事者」の意思の合致を求めているからである。当事者の意にそわぬ結婚を強要されないという意味で，婚姻は個人主義的な営みであり，親や権力者の圧力から当事者を守っているといえる。

　(3)　**婚姻の基本的効果を発生させる意思——婚姻意思の内容**　「結婚

しよう」といって合意に達したとしても、実は婚姻意思は存在しないと判断される場合がある。通説は、婚姻意思は精神的・肉体的結合を発生せしめようとする実質的な意思を意味し（実質的意思説）、ただ単に届出に向けられた意思をいう（形式的意思説）のではないと解している。法律婚から得られるなんらかの周辺的な効果の目的だけに婚姻届を出したような婚姻は、無効になる。

たとえば、便宜上夫婦となり、日本在留の資格を容易に取得したり（大阪地判昭和 59 年 12 月 24 日判タ 550 号 248 頁）、子に嫡出性を付与させるだけの目的でなされる婚姻（最判昭和 44 年 10 月 31 日民集 23 巻 10 号 1894 頁）は、たとえ婚姻の合意に達していたとしても、夫婦としての共同生活をする意思は存在しない。

最高裁は、このような婚姻は、夫婦関係の設定を欲する効果意思はなく、実質的な婚姻意思を欠き無効であると判示している（前掲最判昭和 44 年 10 月 31 日）。その結果、なんらかの目的達成のためになす便宜上の婚姻は無効になる。

ただ、この実質的意思説には限界がある。このように考えると、たとえば、臨終婚（最判昭和 44 年 4 月 3 日民集 23 巻 4 号 709 頁は有効とする）とか獄中（死刑囚との婚姻がなされた事例がある）の無期懲役が確定した者との婚姻は、当事者が夫婦になることを真に望んだとしても婚姻は無効とされることになる。

これらのことを考慮して、婚姻に求められている意思は、婚姻の義務の存在を認識するだけでよいという抽象的な意思であると主張されている。

(4)　意思の合致時と届出との時間差——届出時まで意思の合致は必要か

届書が受理されるまでは婚姻の意思表示の撤回は全く自由である。また届出を作成して相手方に渡していても、相手方に撤回の意思を

明確に伝えたり，戸籍役場に撤回を通告してある場合には，たとえ，後に届書が提出されてもその婚姻は無効である。かつて戸籍実務で通達により認められていたいわゆる届出の不受理申出制度が，2007（平成19）年に戸籍法27条の2第3項に規定された。婚姻のみならず，離婚，縁組，離縁，認知の届出が対象となる。

また，婚姻届作成時には婚姻意思があったが，届出時には昏睡状態にあって意識を失っており，届出の1時間後に死亡した事例で，最高裁は，届出受理までに意識を失っていたとしても受理前に翻意するなど特段の事情がないかぎり受理により有効に成立すると判示している（前掲最判昭和44年4月3日，最判昭和45年4月21日判時596号43頁。昭和44年判決は，内縁として共同生活の実態はすでに存在していた事例である。昭和45年判決は，同棲はしておらず，将来の婚姻を目的に性的な関係を継続していた事例である）。

(5)　**婚姻は無条件・無期限**　「結婚するけれど，3年たったら別れよう」といって婚姻しても，法律的には，婚姻意思は無条件・無期限であることが当然の前提になっている。したがって，このような期限は無効であり，無期限の婚姻になる。

(6)　**意思能力が必要**　最後に，能力について言及しよう。普通の財産行為であれば，行為能力が求められているが，婚姻の場合は意思能力の存在で足りる。婚姻は，当事者の意思に基づくものであり代理に親しまない。

成年被後見人は意思能力があるかぎり，自らの意思で婚姻することができる。成年後見人の同意も必要でない（738条）。かつては，意思能力の存在を証明する医師の診断書を添付することを求めていたが（旧戸籍法32条2項），1999（平成11）年の民法改正にあわせて削除された。

◆**未成年者の婚姻と父母の同意**　かつて未成年者の婚姻に父母の同意を求めるのは，未成年者の判断力，思慮の不足を補う趣旨と解されていた。しかし，たとえば，父母ともに知れない場合，ともに死亡した場合，ともに意思を表示できない場合には同意は不要と解されていた。この点からも，未成年者を保護するというには，規定の内容は乏しかった。また，父母の同意を欠く婚姻は，取消しの対象にもなっておらず（744条），不完全な規定であった。成年年齢が18歳に引き下げられたのに伴い，民法737条は削除され，上記の問題は解決が図られた。

◆**成年被後見人の意思能力と身分行為**　成年被後見人も意思能力があれば身分上の行為を自らなすことができる。後見人の同意も不要である。このような身分行為として，婚姻のほかに，離婚（764条），任意認知（780条），養子縁組（799条），離縁（812条）がある。このような身分行為は財産的な権利をもたらすこともあり，成年被後見人の保護の観点からは困難な問題が潜んでいる。相続の領域では，遺言能力と関連して，成年被後見人が事理弁識能力を一時回復し，医師二人以上の立会いのもとであれば，遺言の作成が可能である（973条）。

積極的要件②——届出　婚姻届は婚姻成立のための重要な要件である（届出婚主義。739条）。通説は，届出を成立要件と考えているが，効力発生要件であるとする説もある。

　届出には，婚姻届を当事者が作成する書面による届出と，口頭による届出の二通りがある。

　書面による届出には，当事者と，証人二人の署名，押印が求められているほか，夫婦が称する氏と法務省令で定める事項を記載して届け出る（戸74条）。ここにいう署名は本人がするのが原則であり，多数説は代署を認めないが，戸籍実務は，理由を付記すれば代署を認めている（昭和14年10月9日民甲1100号）。

　作成した婚姻届を当事者が直接提出してもよいし，郵送してもよ

い。またさらに，第三者に委託してもよい。郵送の場合には，郵送後に死亡したとしても届書は受理される（戸47条）。

届出は，本籍地か当事者の所在地の市役所または町村役場でなすことになっている（戸25条）。所在地とは，住所地のみならず，居所，さらに一時滞在地も含まれる。

また，口頭で行う届出に関していえば，当事者双方および証人二人以上が市役所または町村役場に出頭し，届書に記載すべき事項を陳述することによって行う（739条2項，戸37条）。

☠ *pause-café* **フランスの婚姻手続** ∞∞∞∞∞∞∞∞∞∞∞∞∞∞∞∞∞

　このようなわが国の届出に対して，フランス法では形式的要件は厳格である。まず婚姻に先立ち，戸籍吏に身分証明書と健康診断書を提出する。わが国ではこれらは入学や就職の際には求められるのに，婚姻の際には，当事者間の問題にしかならない。

　そして，異議のある者に申立ての機会を与えるために，婚姻挙式が行われる旨の公告を市役所の入口になす。挙式は，当事者，証人立会いの上で，住所地か1ヵ月以上滞在している地の市役所で行われる。挙式は公開で，戸籍吏が執り行う（市長や村長自ら行うことも稀ではない）。挙式の際に，戸籍吏は，民法典の夫婦の権利義務に関する条文を読み聞かせる。そして，互いに夫とし妻とする旨の申述を聞く。当事者の婚姻意思が確かであることを確認し，その上で婚姻が成立したことを宣言し，婚姻証書を作成する（フ民75条）。

　本人の確認，証人の確認，そして最も重要な意思の確認のために，戸籍吏である市長などが活躍している。

　フランス法では，形式的な手続の中で，意思の合致が確認され，婚姻が「成立する」。手続によって合意するという意識がある。わが国の届出は，機能的に単なる報告にすぎない。このような意思確認は期待できず，意思をめぐる紛争の生じる余地がある。形式的な手続のもつ意味が

根本的に異なっている。

＊＊＊＊＊＊＊＊＊＊＊＊＊＊＊＊＊＊＊＊＊＊＊＊＊＊＊＊＊＊＊＊＊＊

■ *pause-café* フランスの結婚披露宴 ＊＊＊＊＊＊＊＊＊＊＊＊＊＊＊＊＊

　フランスでは市庁舎での法的な挙式を終えた後に，教会でも式を挙げ
たい二人は教会へ行く。ミサの際に神父は，新郎新婦に当事者の確認
（人違いはないかどうか）や婚姻の意思の確認をなす。そして聖書の夫
婦の義務に関する箇所を読み聞かせる。合意は，神との約束でもあり，
当事者のみでは勝手に解消することはできないことが説明される。この
ように式が進み，婚姻が宣言される。

　披露宴は，夕方から始まる。城やレストランで行われることが多い。
6時頃に招待客が集まり始め，アペリティフを飲みながら，カナッペを
つまむ。新郎新婦や，いろいろな人と話を楽しむ。8時頃に，"à table
（席につけ！）"という声とともに，夕飯の席につく。挨拶も，スピーチ
もなく，それとなく食事が始まり，賑やかに進んでいく。最後のコー
ヒーやティザンヌ（ハーブティー）を飲むころは，11時近い。これで
お開きかなと思うころに，アコーデオンやヴァイオリンにのって，どこ
からとなく，音楽が聞こえてくる。そして，ワルツにあわせて，踊り出
す人の輪が増えてくる。12時半頃になれば，若者のリズムになる。若
者がロックンロールを踊っている。1時半頃になれば，こんどは，全員
が前の人の肩に両手をおき，汽車のように連結して，踊る新郎新婦の周

Louis Toffoli　　Le Mariage

りを，長い帯のように回って踊る。帰宅する人で帯は一旦切れ，またつ
ながって音楽にあわせてクルクルと新郎新婦の周りを回って行く。この
まま最後までつきあった友人達と新郎新婦が，へとへとになって床に座
り込むころ，夜があけてくる。披露宴参加には体力はいるが楽しい。

〜〜〜〜〜〜〜〜〜〜〜〜〜〜〜〜〜〜〜〜〜〜〜〜〜〜〜〜〜〜〜〜〜〜〜〜

📖 **読書案内** 道垣内弘人＝大村敦志・民法解釈ゼミナール(5)（有斐閣，
1999 年）1 頁以下〔大村〕

③ 婚姻の効力

　婚姻すれば，互いに相手方に対して権利・義務を負う。婚姻関係
になければ，このような関係にはならない。つまり婚姻の効力は特
別のものである。以下で，**人的な関係**と**財産的な関係**に分けて説明す
る。

人的な関係①
──夫婦同姓（氏）

婚姻の際に夫の氏か妻の氏のいずれかを称
する（750 条）。新たに第三の氏を称するこ
とはできない。条文の上では，いずれかを
選べばよいことになっているが，実際には，夫の氏を選ぶ夫婦は約
98％ であるといわれている。

　この夫婦同姓（氏）を規定する民法 750 条の憲法適合性が争われ
たが，最高裁は違憲ではないとの判断をしている（最大判平成 27 年
12 月 16 日民集 69 巻 8 号 2586 頁，最大決令和 3 年 6 月 23 日判タ 1488 号
94 頁）。

◆**夫婦別姓（氏）**　氏の変更は，身分の変更の本質ではなく，本来，両
者には必ずしも関連性がない。時代，国によって異なり，家族観，社会

の価値観，政策等から大きく影響を受けるものである。

　近年の女性の社会進出に伴い，氏の変更は，社会・経済生活に不都合をもたらすことや，氏は個人の人格権の象徴であり，その変更は，人格権の喪失にも等しいと主張され，別姓（氏）を求める動きが現れた。また，身分変動に連動して氏が変わる者にとっては，婚姻，離婚，再婚，というプライベートな出来事を，公にしているに等しい。

　一方で，夫婦の同姓を求める人がいる。他方で，夫婦の別姓を求める人もいる。法律が夫婦の同姓（氏）に固執する必要性はない。同姓によって家族としての一体感を感じる人，個人の立場をより尊重する人，そのそれぞれの価値観の多様性を尊重すべきであろう。1996（平成8）年の民法の一部を改正する法律案要綱では，望む者には，夫婦の姓がそれぞれもとのままで婚姻できるような法案が示されている（選択的夫婦別姓〔氏〕）。将来，個人の価値観を尊重する方向に向かうものと思われる。しかし，子どもの姓（氏）をどうするかは，より困難な問題である。改正要綱では，別姓夫婦は婚姻の際に子の姓を父または母のいずれにするかを定めるとされている（民法の一部を改正する法律案要綱第4参照）。

人的な関係②
——同居義務

　夫婦は同居する義務がある（752条）。同居は婚姻の本質であり，原則として合意で排除することはできない。正当理由のない同居拒否に対して，直接強制はもちろん間接強制をすることもできないが（大決昭和5年9月30日民集9巻926頁），同居の審判を求めることができる。同居義務違反については損害賠償請求が可能になり，また悪意の遺棄や婚姻を継続しがたい重大な事由として離婚原因になりうる（⇒79頁以下）。

　しかし，同居を拒否する正当理由のある場合には同居義務が免除され，同居する必要性がなくなることがある。相手方が愛人と生活を行っているとか暴力を振るう場合など婚姻の本質に反する義務違

反行為が存在する場合である。特に夫婦間の暴力から配偶者を守るためにDV法（配偶者からの暴力の防止及び被害者の保護等に関する法律）が2001（平成13）年10月に施行された。離婚に至る手続の中で，よく用いられている。この法律に基づく保護命令は実質上，法的に別居を認めることになる（同法10条）。

夫婦間が破綻している場合にも，同居義務を拒絶することができる（大阪高決昭和49年6月28日家月27巻4号56頁）。さらに，中には同居させない方が夫婦にとって望ましいと思われる場合もあり，そのような場合には別居を命じる審判の可能性もある（東京家審昭和44年8月20日家月22巻5号65頁）。しかしながら，別居という制度が民法典で規定されていない以上，権利・義務が必ずしも明瞭でなく，中途半端な状態であることは確かであろう。別居に相当する審判をなすには，離婚判決と同様の慎重さが必要であろう。

これに対して，事実上の別居は重要な問題の一つである。内縁や自由結合と同じく，事実上の関係である。その法的な分析は未だ十分にはなされていない。

◆別居の合意と同居義務　職業上の理由や子の教育等で当事者間で「一時的に別居でやっていこう」という合意がなされる場合がある。納得の上で別居がなされているかぎり同居義務違反にはならない。しかし，後にそれが嫌になった当事者が，同居を求めれば，相手方は拒否することはできない。

また，別居が婚姻時の約束である場合（たとえば週末婚のようなもの），この合意は法的には保護されない。同居義務は婚姻の本質であり，同居の拒否は義務違反として離婚原因になりうる。この意味において，このような別居は事実的なものにすぎない。

夫婦の一方の転勤で単身赴任を余儀なくされた場合，会社の配転命

が同居義務を侵害したといえるのだろうか。下級審判決には侵害したものではないとするものがある（大阪地判昭和37年8月10日労民13巻4号898頁）が，同居が婚姻の本質である以上，全く放置しておくことはできず，何らかの対応策が必要であろう（その他，最判昭和61年7月14日判時1198号149頁がある〔東亜ペイント事件〕）。

　また，同居義務から相手方配偶者の居住権の存在を主張する裁判例（東京地判平成3年3月6日判タ768号224頁）や学説がある。配偶者の居住権保護も重要な問題の一つである。2018（平成30）年相続法改正に際して，配偶者居住権（1028条以下）と配偶者短期居住権（1037条以下）が創設された。相続に際して相続人の財産に属した建物に居住していた配偶者を保護しているように見えるが，これは夫の死亡時に，夫からの相続財産として妻が継承するという考えに基づいており，婚姻中の自らの権利に基づく権利という位置づけではないことに注意しなければならない（使用貸借とする，最判平成8年12月17日民集50巻10号2778頁参照。⇒267頁以下）。

📖 **読書案内**　高橋朋子「夫婦の居住用不動産の処分制限に関する一考察」星野英一古稀祝賀・日本民法学の形成と課題（下）（有斐閣，1996年）1107頁

松川正毅「フランス法における同居義務と別居について」水野紀子編・家族——ジェンダーと自由と法（東北大学出版会，2006年）177頁

人的な関係③
——協力・扶助義務

夫婦になれば，二人の間には助け合う義務が法律的に生じる（752条）。協力義務は同居を前提とした手を差し伸べる義務である。たとえば，仕事を助けたり，病気の際の看病など身の回りの世話を意味する。むしろ協力義務はそれだけで履行が請求されることは稀であり，法的強制になじますず，抽象的，観念的，理想的，道徳的な

要素が強い。協力の具体的な内容が夫婦によって異なるのは当然であるが，この義務の重大な違反は，婚姻の義務に反し，離婚原因になる。

　扶助義務は，物質的，金銭的な扶養義務であり，その履行は強制しうる（生活費を渡さない場合など。実務上は「婚姻費用の分担の問題」〔⇒47頁〕とされることが多い）し，また義務違反は離婚原因にもなる（770条1項2号5号）。

　それではどの程度の援助を与えるべきであろうか。もしも今日が，給料日前で家にお金が全くなく，食べ物を買いに行くことができない状況であったとする。かろうじてどんぶり鉢に一杯分の米と漬物一切れをみつけたとする。夫婦であれば，その米と漬物を半分ずつにしなければならない。自分と同程度の生活を保障する義務があるからである（相手方の生活を自己自らの生活として保障する義務である。この義務の程度を，通説は生活保持義務として，生活扶助義務と対応させて説明する）。夫が，妻のことを考えずに，独り占めして食べてしまうようなことがあれば，夫婦の扶助義務違反になる。もしも他人であれば，自分の食べたい物を与える民法上の義務などない。夫婦の関係であればこそ，これらの義務があることがわかる。これは，婚姻の基礎をなす義務の一つである。

| 人的な関係④
――貞操義務 | 夫婦は互いに貞操義務を負う。配偶者以外の異性と性的な関係をもってはならないという意味である。民法典は条文を設けず， |

正面から規定はしていないが，不貞行為が離婚原因になることから（770条1項1号），配偶者間に互いに貞操義務があると説かれる。

◆**男女間での貞操義務の差**　明治民法時代，わが国では，貞操義務に男女間で差があった。特に男性の不貞には寛容な社会であった。妻の姦通は常に姦通罪となり，離婚原因となっていた。一方夫は姦通罪で刑に処せられた場合にのみ離婚原因になるとされていた。むしろ夫には貞操義務がないとまで意識されていたといわれている（大決大正15年7月20日刑集5巻318頁ではじめて夫の貞操義務が認められた）。貞操義務はキリスト教的な考え方ではあるが，そのような国にあっても，男女間で貞操義務に差があり，それが平等になっていったのは長い歴史の中では最近のことである（たとえば，フランスでは，1884年）。

なお，第三者（不貞行為の相手方）に対して不法行為責任を認めるのがわが国の判例である（最判昭和54年3月30日民集33巻2号303頁）。しかし，婚姻関係が破綻した後の不貞行為については，不法行為責任は負わない（最判平成8年3月26日民集50巻4号993頁）。

人的な関係⑤——
夫婦間の契約取消権

夫から，妻に対して婚姻中100万円やるとか，100万円のダイヤの指輪を買ってやるという約束をし，書面にしたとしても，夫はいつでも，「やめた」といえる。つまり，婚姻中は常に契約を取り消すことができる。これを，夫婦間の契約取消権という（754条。ただし，この権利の行使によって，第三者の権利を害することはできない）。

この取消権の根拠を立法者である梅謙次郎博士は以下のように説明する。夫婦間の契約は他人間の契約と同一視できない。その理由は，夫婦は愛情をもって成り立っており，愛に溺れて無謀な契約をしたり，夫の権力により服従させたりすることがあるから，十分な自由をもって契約が締結されたとはいえないからである。また，法的な強制を伴う可能性のある契約を婚姻関係に持ち込むのは好まし

くない（「法律は家庭に入らず」）と説明されることも多い。

しかし，この取消権が濫用される事例があり，判例は制限的解釈を示している。夫婦関係が破綻した後に締結された契約の取消権の行使を制限し（大判昭和19年10月5日民集23巻579頁，最判昭和33年3月6日民集12巻3号414頁），さらに，夫婦関係が良好であったころに締結された契約でも，関係が悪化した後は取り消すことができないとしている（最判昭和42年2月2日民集21巻1号88頁）。なお，取消権の規定を削除すべきという学説も多い。

> 📖 **読書案内**　婚姻の効力に関して，明治期の解説は，時代の流れを知る上で興味深い。梅謙次郎・民法要義巻之四親族編（初版，1899年，復刻版＝有斐閣，1984年）142頁以下

```
財産的な関係
```
　わが国の夫婦の財産関係は大きく二つに分かれる。夫婦財産契約と法定財産制である。財産に関する話合いを婚姻締結前にすることになじめず，わが国では夫婦財産契約を締結し，登記をすることは稀である（夫婦財産契約に関しては，755条以下参照）。しかしながら，登記がなされていなくても，当事者の約束は，当事者間では有効ではないかと指摘されている。特に経済的に配偶者双方が自立するにつれて，登記はなされてはいないが，当事者でなされた財産に関する約束をどのように考えるかは重要な問題になってくる。

以下では，法定財産制を中心に検討する。

財産の帰属に関する別産・別管理制（762条）（①），夫婦の財産の内部関係である婚姻費用分担（760条）（②），外部関係を規定する家事債務の連帯責任（761条）（③）から成り立っている。法定財産制

に関して，わが国では，単純なわずか3条の規定しかない。そして，この3条の中に，判例によって複雑な内容を多く込めているのが現状であり，わかりにくい領域になっている。[*]

📖 **読書案内** 道垣内弘人＝大村敦志・民法解釈ゼミナール(5)（有斐閣，1999年）14頁参照〔道垣内〕

財産的な関係①
——別産・別管理制

(1) 夫婦の財産の帰属——夫の所得は誰のものか ここでは，夫婦の財産の帰属について考えることにする。わが国では，夫婦財産制として，別産・別管理制を採用している（762条[**]）。

夫婦で生活する際には，家計という言葉に代表されるように，すべての財産が家のものであり夫婦のもののような印象をもつ。事実，夫婦間では時にお金が混じり，それでいて普通は日常生活はうまく営まれている。

民法762条によれば，婚姻前にその人の財産であったものは，婚姻後もその人のものである。婚姻中にもらったり，稼いだものはその稼いだ人のものである。どちらのものかわからない財産は共有である。この3種類の財産の帰属を，民法典は定めている。

---

[*] フランスでは，夫婦財産制に関する条文は，1387条から1581条まである。詳細な規定である。大学の講義でも，たっぷりと時間があてられている。重要な法律であるという意識は強い。

[**] 別産・別管理制は，個人主義的な考え方である。たとえばフランスでは，夫が実業家，妻が芸術家である夫婦とか，それぞれが経済的に自立している夫婦が契約によって採用する制度である。わが国の民法はこれを法定財産制として採用している。

妻の協力があって得られた所得だから妻と折半して確定申告したが、それが税務署で認められず、民法762条1項およびそれに基づく課税は憲法24条に違反するとして争われた事例がある。最高裁は、民法上は財産分与請求権、相続権、扶養請求権というかたちで調整されているから憲法違反でないと判示している（最大判昭和36年9月6日民集15巻8号2047頁）。

　このような制度のもとでは、夫が働き妻が専業主婦という場合（主婦婚）、夫の給料は、すべて夫のものということになってしまう。そこで、妻は家庭内でただ働きをしているのではないか、そうでないとしたら、専業主婦の家事労働をどう評価するのかという問題が生じる。しかし、民法の条文で、別産・別管理制を採用している以上、財産の帰属に関して、家事労働を評価するにはかなりの解釈上の努力をしなければならない。別産制のもとでは、一方のお金で買った物を相手方配偶者の物であるとか、または夫婦の共有物であるというには、理論的にはどうしても無理が生じ、日本の夫婦財産制をわかりにくくしている。

　家の中には一般にさまざまな財産があるが、これらの財産は夫のものか妻のものかについて考えてみよう。夫が勝手に処分したり、第三者が差し押えた場合に具体的に問題になる。

　(2)　**不動産の帰属**　　婚姻後、夫の給料で購入した居住のための土地と家は誰のものだろうか。

　上記最高裁判決（前掲最大判昭和36年9月6日）に従えば、夫の所有になる。さらに判例は、夫婦間で話し合い、合意の上で登記簿上の所有者を妻名義にしただけでは、妻の特有財産にならず、いずれが不動産取得にあたって対価を出したかによって帰属が決まると判示する（最判昭和34年7月14日民集13巻7号1023頁）。このような考

え方であれば，いわゆる内助の功はいっさい考慮されずに，婚姻中買った不動産は，贈与がなされないかぎり夫の物であるといわざるをえない。

これに対して，妻に何らかの収入がある場合（共働きの事例）には，なんらかの出資の可能性があり，夫婦の共有に属すると推定すると判示する下級審判決がある。さらに，夫の収入の方が多いにもかかわらず，2分の1の共有を認めた事例まである（札幌高判昭和61年6月19日判タ614号70頁）。

(3) 婚姻中購入した動産等の帰属

① 身の回り品　夫の給料で買った妻の服や化粧品や指輪等の装身具は一体誰の物であるか。夫のお金で買ったのだから，夫の物であるといえるとしたら，勝手に夫が妻の服や装身具を処分できることになり，問題であろう。この点は，学説の中には，身の回りの品は，その者の特有財産であると，特に理由をつけずに説明するものがある。

② 婚姻共同生活に必要な用品　次に，家の中にある料理のための道具，洗濯機，テレビ，掃除機等の家電製品，家具類，これらの帰属はどうか。民法典はこの点に関しても，何も述べていない。学説には，夫婦としての共同生活に必要な家財や家具類は名実ともに夫婦の共有になるとか，あるいは，762条の共有の推定に基づき誰のものかわからないという理由で共有となるとか，日常家事行為によって得られた財産は当然に共有になると主張するものもある。

③ その他　預金や株券などについては，共働きの場合や，やりくり上手の場合には準共有を認める裁判例が多い（共働きの事例，浦和地川越支判平成元年9月13日判時1348号124頁など，また，やりくり上手に関しては，東京地判平成4年8月26日判タ852号128頁。他に，

余剰金の貯金に関して東京地判昭和46年1月18日判タ261号313頁)。

　裁判例は，妻に収入があるかどうか（出資の可能性があるか），余剰金であったかどうか（妻のやりくり上手），金銭的な支援や協力があったかどうか等を根拠に共有の判断をする傾向がある。また学説の中には，形式上は一方名義だけれども，実質上は共有という類型を作り，妻の協力で得た夫名義の不動産や預金等の動産をこれに含め，夫婦間では共有として扱い，また同時に，対第三者との関係では名義人のみが所有者として扱われると主張するものもある。

　立法上，別産・別管理制を採用しながら，解釈で共有の要素を出す傾向が窺われるが，複雑でわかりにくい。むしろ所得共有制とか，余剰金は共有であるとか，婚姻後取得した財産は共有であるとか条文で明示する立法の方が，望ましいと思われる。

　(4)　**わが国の夫婦の財産の帰属の特徴**　　わが国の判例の考え方によれば，離婚に際しては財産分与請求権，死亡に際して相続権，また婚姻中は扶養請求権があり，配偶者の権利は確保されていることになる。しかし，平和な時こそ財産の帰属をどのように考えるかは重要である。別産・別管理制のもとでは，収入のない配偶者は常に経済的に収入のある相手方に依存しているといえる。婚姻中の夫婦の財産関係は潜在的持分などと称されて，離婚時にはそれが具体化されて財産分与となると解されている。いわゆる2分の1ルールと呼ばれているものである。夫婦である間の潜在的な共有では，第三者との関係でも権利主張することができず，共有物分割請求すら認められないと考えられている。

　また，わが国では，「夫婦の財産」の清算が，相続に先立って行われることなく，全体的に遺産として配偶者の一方から他方配偶者へ移転していくのが現状である。共有という意識は人々の間でも，

法解釈のレベルでもかなり薄い。

　夫婦の財産関係が明瞭であれば，離婚または死亡に際して，妻は，夫から「譲り受ける」のではなくて，自分の財産として取得することが可能になる。この意味の差は大きい。ヨーロッパ諸国，特にフランスで夫婦財産制の議論が盛んであり，立法がきわめて詳細なのは，平和時に配偶者の経済的な自立性を図ろうとする考えと，それぞれ独立した男女が財産を通じて一体となるという意識によることが大きい。

(5)　別産・別管理制を合意（夫婦財産契約）によって変更しうるのか

　婚姻前に，公正証書によって夫婦の財産関係の取決めをして，登記をしない場合もあると思われる。このような場合にも取決めは当事者間では有効であり，このような取決めがあれば，離婚時や相続時に影響を与えうることになる。このように，別産・別管理制を徹底させて，潜在的持分を否定したり，共有としたりすることは可能であると思われる。しかしながら，相続に際しては，登記がなければ様々な問題が生じうる可能性がある。研究が深められるべき領域であると思われる。

財産的な関係②
──婚姻費用分担

(1)　婚姻費用分担の意味　　数人集まり買い物をしたり，食事をしたりするような場合，支払に関して誰がどれだけ負担するかが問題になる。夫婦では，どのような割合で支払っているのであろうか。これが婚姻費用の分担の問題である。

　戦後の改正前の明治民法においては，婚姻費用分担の問題は生じ

─────────────────

＊わが国では，財産が夫婦の共有と主張されるのは，ほとんどが第三者が差し押えたり，夫の処分に対処するための事例においてである。

なかった。女性は婚姻すれば無能力者になり（明治民法14条～17条），妻の財産は夫の財産の管理下におかれることになっており（明治民法801条以下），婚姻費用はすべて夫が負担することになっていたからである（明治民法798条）。現行民法は，妻の無能力に関する規定を廃止し，別産・別管理制を法定財産制に採用し，同時に，資産，収入その他一切の事情を考慮して，婚姻から生じる費用を分担させた（760条）。

収入（労働による収入，賃料や利子等の資産収入）を基準として，資産は収入で不足する場合に考慮される。したがって，実収入額に応じて按分負担することになる。夫のみに収入があるときは，たとえ妻に資産があったとしても，夫の収入で充分であれば婚姻費用はすべて夫の負担になる。[*]

(2) **婚姻費用とは**　婚姻費用とは，夫婦が未成熟子[**]と家庭生活を営む上で必要な一切の費用をいう。たとえば，衣食住の費用の他，交際費，出産費，医療費，教育費（医大の学資の負担を医師である父に負わせた事例がある。広島高決昭和50年7月17日家月28巻4号92頁等），娯楽費等がある。これらの費用を夫婦で分担して支払うというのが，婚姻費用分担の意味である。

なお，婚姻共同体の一員として，扶養義務のない子（配偶者の「連れ子」）の養育費も婚姻費用に含めうるとする審判（東京家審昭和

---

[*]分担額は，夫婦の明示または黙示の合意で決定されるのが普通であるが，協議で決まらない場合には，家裁の調停，審判で決定する（家事別表第2の2項）。

[**] 独立して生計を営むことができない子。成年に達していても学生や入院加療のため親の世話になっている子を含む。未成年者であっても収入があり独立の生活を営んでいる者は未成熟子ではない。

35年1月18日家月12巻5号153頁等）や学説がある。しかし，むしろ扶養法で権利義務を考えるべき問題であろう（老親の生活費に関しても同じような問題が生じうる。大津家審昭和46年8月4日家月24巻11号47頁）。

(3) **婚姻費用の分担が現実に問題になるとき**　夫に対して，「生活費を渡せ」と婚姻費用の分担を求めるのは，生活費をよこさなくなった場合とか事実上の別居状態にある場合が多い。たとえ別々に住んでいても，婚姻関係にあるかぎり互いに婚姻費用は分担するので，衣食住の費用，養育費等の「婚姻費用」を相手方に請求できる。負担額に関して協議がまとまらなければ，家庭裁判所の調停，審判で決定する。[*]

◆**夫婦の別居と婚姻費用分担**　別居に関しては，わが国では，権利義務関係が必ずしも明確でない。互いの合意のもとでの別居，正当な理由がある別居の場合には，夫婦の婚姻関係における相互の義務は継続しており，婚姻費用は分担しなければならない。前者の場合には，婚姻費用分担請求に対していつでも別居の同意を撤回して同居を求めることができる。後者の場合には，同居を拒否できる正当な理由のある者は，同居に応じることなく，分担の請求が可能である。ただし，別居に正当な理由のない配偶者から請求がなされたり別居が長期にわたったりする場合には，共同の婚姻生活や夫婦の相互性がすでに崩壊しており，婚姻費用分担を求めえないことになろう。婚姻費用分担は原則として共同生活に根

---

[*] 婚姻費用の分担は，原則として現在および将来の問題である。しかし，家庭裁判所は審判時から過去に遡って婚姻費用分担の審判をすることができると解されており，婚姻費用の請求も認められている（最大決昭和40年6月30日民集19巻4号1114頁⇒208頁参照）。また，やや特殊な事例ではあるが，婚姻費用の分担請求権を被保全債権として詐害行為取消権も認められている（最判昭和46年9月21日民集25巻6号823頁）。

拠をおいているものであり，共同生活が全くありえない場合には，もはや義務はないと考えるべきであろう。このような場合には，むしろ別居とは関係なく残存する扶助義務の問題として考えるべきであり，そして程度の問題へとつながる。

　しかしながら，わが国の実務や通説は，婚姻費用分担請求のなかに扶養も含めて考える傾向があり（扶養義務の実現手段を婚姻費用分担と解する），別居中に婚姻費用分担義務があるのかどうかにはあまり注意を払っていない。

⑷　婚姻費用の分担は合意（夫婦財産契約）によって変更しうるのか

　婚姻費用の分担に関する 760 条は，夫婦の存在の基礎（程度の差はあるが）になる考え方である。本来，比較法的にみれば，夫婦財産契約で合意によって変更しうるものは，財産の帰属に関することがらである。婚姻費用の分担や連帯責任は当事者の合意で変更できない。

　しかしながら，わが国の民法は，755 条以下の規定の仕方によれば，760 条も任意規定としての位置づけになっていることは否定できない。そのことを考慮に入れて，合理的な理由のないかぎり変更できない規定であると解する説が主張されている。合理的な理由がないかぎり自由には変更できないものとして，任意規定の半強行規定化として説明する。常に一方のみが婚姻費用を負担するという契約や負担しあわないという契約は，合理的な理由がなく認められない。

　📖　**読書案内**　道垣内弘人＝大村敦志・民法解釈ゼミナール⑸（有斐閣，1999 年）14 頁参照〔道垣内〕

財産的な関係③——日常家事債務の連帯責任

(1) **連帯責任を負う意味** 妻が月末払いで依頼しているクリーニング屋さんが，集金に来たけれど，妻は外出中で家にいた夫が応対したとする。クリーニング屋さんに，夫は，「クリーニングを頼んでいるのは妻であり，私は何も頼んでいないから支払わない。頼んだ妻に請求してくれ」といえるのだろうか。契約をした者のみが責任を負うのが，民法の原則である。契約をしなかった者にも，責任を負わせるには，やはりそれなりの特別の規定が必要である。そこで民法761条で，日常家事債務に関して，相手方配偶者のなした行為に対して連帯責任を負わせた。

　日常家事債務の連帯責任と別産・別管理制とは密接な関係がある。明治民法のもとでは，夫が妻の財産の管理・収益権を有しており，日常の家事については妻は夫の代理人とされていた（明治民法804条）ので，妻のした買物等日常的な取引に関して法律上問題はなかった。現行法では，夫婦の財産につき別産・別管理制をとっており，もし債務も個々別々に帰属するということになれば，収入のない妻は取引行為ができなくなる。これでは，日常生活に支障をきたす。そこで連帯責任の規定が必要になった。また夫婦で責任をとるという意味において，第三者の保護の観点からも，日常家事債務の連帯責任の存在意義がある。

　しかし，実社会では，その反対の事例も多く存在する。収入のある夫のなした日常家事債務に属する取引行為の全責任を，収入のない妻が負わなければならなくなる場合もある。別産・別管理制により，夫の所得に対して，専業主婦の財産権が直接保護されていない状況のもとで，夫の日常家事に対する債務の責任だけはかかってくることにもなりかねない。夫婦の経済的な独立性を考慮すれば，日

常生活を営む上での必要な経費にかぎり連帯責任を負うというように，できるかぎり制限的に解すべきであろう。なお，第三者に対して，個別的に免責の予告をした場合には，連帯責任を排除することができる（761条ただし書）。

(2) **日常家事債務とは何か**　　日常家事債務とは，夫婦および未成熟子が日常の家庭生活を営む上で必要な経費の支払を意味する。たとえば，衣食住[*]の費用，家電製品や家具等の日用品，生活に必要な車，医療費，交際費，娯楽費，教育費，光熱費等がある。なお，不動産の処分は日常家事に入らない。

日常家事に含まれるかどうか（すなわち，相手方も債務を負うかどうか）は，まず第一に，夫婦の社会的地位，職業，資産，収入等によって異なり，各夫婦によって具体的に考慮されなければならないとされている（夫婦の内部事情の考慮）。そして第二に，法律行為の種類，性質を客観的に考慮する。第三者の保護の観点から，判例は客観的要素も加えるのである（最判昭和44年12月18日民集23巻12号2476頁，通説）。

(3) **他方を代理する権限はあるのか**　　上述の昭和44年の判例は，日常家事に関する法律行為について，夫婦は他方を互いに代理する権限を有することも認めている。判例に従えば，日常家事債務に入る行為であれば，個々に代理権の授与を行わなくても，配偶者は他方の代理人として法律行為が可能になる。わが国では，日常生活の中では，代理権の問題は曖昧に過ぎ去ることが多い。しかし，たと

＊住居に関しては，問題が指摘され始めている。住宅ローンを相手方配偶者が負うというのは，日常家事債務の本来の趣旨に反する。しかしながら，賃貸の場合の家賃であればどうだろうか。配偶者も，住んでいる以上，日常家事債務として連帯責任を負うべきであるといえよう。

えば勝手に妻名義の預金通帳を夫が引き出す場合を想定すれば、いかにこのことが夫婦の独立性を損なうかが理解できよう。連帯責任から、代理権を導く判例理論は、現代の夫婦を考える上で問題が多い。

◆日常家事債務に関する判例理論　たとえば、洗濯機を買い換える場合、電気店で妻は、自分の名で購入することもできる。そうすれば、妻は契約の当事者であり、責任を負う。それと同時に、妥当な値段の洗濯機の購入は日常家事債務の範囲内のものであるから（高額の電気製品の購入は日常家事債務に入らないと考える余地がある）、夫も連帯して債務を負うことになる。その結果、電気店は、妻にもまた夫にも代金を請求できることになる。

　また、妻が、買主名を夫の名にして購入することもありうる。この場合には妻に代理権があると考えられ（厳密には代理の顕名主義に反するが、代理人に代理意思が認められるかぎり、事実上可能であるとされている）、夫は妻の代理行為により代金の支払の責任を負う。また同時に、妻も連帯責任で代金を支払う義務を負うことになる。判例は、日常家事債務の連帯責任により代理権も付与されていると考えるのでこのような代理行為は有効となる。

　この結果、妻が自らの名で行為しようと夫の名で法律行為をしようと、どちらであれ日常家事債務の連帯責任の結果、妻も夫も責任を負うことになる。

　下記の財産が日常家事債務に入るかどうか考えてみよう。

　①高価なもの　不相応に高価な装飾品などの購入（ダイヤの指輪、何百万円もする時計、何千万円もする高価な車、ミンクのコート等）。

　②土地建物の処分　相手方配偶者名義の土地・建物等の特有財産の勝手な処分（売買、抵当権設定等）（前掲最判昭和44年12月18日）。

　③借財　借金である金銭消費貸借契約については見解が分かれる。明らかな基準は現在のところはない。裁判例の大きな傾向としては、金額の多少で判断しているといえるが、比較的低い金額を基準にしている

（横浜地判昭和57年12月22日判タ492号109頁。給料日までのつなぎに消費者金融から借りた12万円を範囲外とする）。夫婦の月収を超えている借財が日常家事債務に含まれることはない。ただ，その使用目的を考慮し，日常家事の債務としての支出に対しての借金に連帯責任を認める裁判例はある（高松高判昭和56年12月22日金法997号42頁。妻の借金150万円につき，子の医療費，台所修繕費等37万円を日常家事債務として認めている）。

　フランス民法典には，「割賦による購入や借金は夫婦の合意ある場合でなければ連帯責任を生じない。但し，共同生活の必需品のために必要な少額の借金は，相手方も責任を負う」という内容の条文が1985年に設けられた（フ民220条3項）。少額であるということ，日常家事のためであるということは重要な判断基準であることがわかり参考になる（3項に，借金の合計が通常の日常生活の範囲を超えることがあってはならないとする旨の規定を2014年に追加している）。

　④クレジット・カード　⇒56頁の読書案内記載の文献参照。

　⑤事業取引　最判昭和45年2月27日金法579号28頁参照。

(4)　**表見代理の成立の可能性**　　日常家事代理権を基礎として表見代理が成立するかに関して，広く一般に表見代理の成立を認めることは，夫婦の財産的独立を損なうおそれがあり相当でないが，相手方に「その行為が当該夫婦の日常の家事に関する法律行為の範囲内に属すると信ずるにつき正当の理由のあるときにかぎり，民法110条の趣旨を類推適用して，その第三者の保護をはかれば足りるものと解するのが相当」と最高裁は判示している（前掲最判昭和44年12月18日）。判例は，代理権の範囲外に責任を認めるために，表見代理の規定を適用するのではなくて，日常家事債務に入るかどうかの観点で判断している。まさに代理権の範囲を決めるのに110条を類推適用しているのである。

実際には買ってこいといわれていないのに（代理権授与がない），「夫から，私にプレゼントするから300万円の指輪を買っておいでといわれた」と妻が述べて，店で高価な指輪を買う行為を想定してみよう。このような高価な指輪の購入は，日常家事債務の範囲内かどうか，上述の夫婦の，「内部事情」や「法律行為の種類，性質から客観的に」考慮する。このような物の購入は日常家事債務の範囲外であるとすれば，夫の責任を問うことはできない。したがって，店は，夫に代金を請求できないことになる。

ところが，もしも店の人が，このような金額の買い物はこのお客さんにとって日常家事債務に入るものと信じ，その信じたことが正当であれば，日常家事代理権を基礎として表見代理の規定が類推適用され，夫に代金が請求される可能性が生じる（類推適用が認められた事例として，名古屋地判昭和55年11月11日判時1015号107頁等があるが，実際問題として，正当理由ありとして，このような類推適用が認められた裁判例は少ない）。

夫婦間で法定代理が成立すると考えることの問題点は指摘した（⇒52～53頁）。さらに，表見代理の規定を類推適用して，第三者の保護をはかる必要性もない。日常家事債務に含まれるかどうかの判断に，客観的な要素を加味することで充分であると考える。

なお，外観的に第三者に対して代理権の存在を信じさせるような場合で，第三者が妻に代理権があると信じるにつき正当な理由がある場合には，民法109条以下の規定に従い，表見代理が成立することがある。これは，日常家事債務の連帯責任とは異質のものである（前掲最判が適用ではなく類推適用としている意味を知ることは大切である）。

　　📖　**読書案内**　道垣内弘人＝大村敦志・民法解釈ゼミナール(5)（有斐閣, 1999 年）28 頁以下〔道垣内〕

[4]　婚姻の無効・取消し

```
┌─────────────┐
│    無　効    │
└─────────────┘
```
当事者に婚姻する意思のない場合は婚姻は無効である（742 条 1 号）。A, B 間の婚姻届を, A が勝手に作成して届け出たり, また第三者が勝手に届け出た場合には, 当事者である A, B には婚姻するという意思を欠き, 婚姻は無効になる。

　ただし, このような届出がなされた後に, それを知りつつ, 放置して A, B が共同生活を続けていた場合には,「追認」がなされたとされることがある。本来無効な行為には追認がありえないが（119 条）, 婚姻無効には判例によって追認の可能性が認められている（最判昭和 47 年 7 月 25 日民集 26 巻 6 号 1263 頁）。

　判例・通説は, 婚姻の無効を, 判決や審判がなくても当然に無効であると解し（最判昭和 34 年 7 月 3 日民集 13 巻 7 号 905 頁）, その結果, 婚姻無効に関する訴えは, 無効確認の訴えであるとしている。

　婚姻の無効の効果は遡及し, はじめから夫婦としての法律関係はいっさい生じていなかったということになる。その結果, その間に生まれた子は, 嫡出でない子になる。

```
┌─────────────┐
│    取 消 し   │
└─────────────┘
```
(1) 取消しの意味　婚姻障害がある場合には, 婚姻届は受理されない。にもかかわらず, 婚姻障害のある婚姻が生じる可能性がある。たとえば, 夫がこっそりと離婚届をなし, 再婚したが, 離婚が無効になった場合に重婚が生じうる。このような場合に, 民法は婚姻の取消しを認め

ている。民法が，婚姻を無効とはせずに，取り消しうるとした点に注意が必要である（近親婚も当然に無効になるのではなくて，取り消しうるのである）。

取消しが問題になるのは，いわゆる婚姻障害のある婚姻（①不適齢婚，②重婚，③近親婚，④再婚禁止期間内の婚姻⇒28頁◆参照），さらに⑤詐欺・強迫による婚姻である（743条以下参照）。

⑤の詐欺・強迫による婚姻の取消し（747条）は，個人の意思の問題であり，取り消すことができる者は，当事者に限られる（さらに，取消し可能時以降3ヵ月が経過するか追認した場合には取消権は消滅する。747条2項）。これに対して，公益にも関連する他の四つの場合には，当事者，その親族に加えて，検察官も取消権者になる。さらに重婚，再婚禁止期間については，当事者の配偶者または前配偶者も取消請求ができる[*]。

(2) **取消しは遡及しない**　婚姻の取消しは，訴えによってのみなしうる（744条1項）。そして，この取消しは遡及せずに，将来に向かってのみ効果を生じる（748条1項）。この結果，生まれた子は，婚姻が取り消されても嫡出子のままである。取消しの効果は離婚に近く，離婚の規定が準用されている（749条）。

なお，財産関係は不当利得の法理で清算されるが（748条2項・3項），財産分与の規定の準用（749条）との関係が問題になる。民法748条2項・3項を削除して，財産分与で考えるべきであると主張する学説もある。なお，人事訴訟法32条1項・2項は，財産分与を前提にした規定である。

---

[*] なお，不適齢婚，再婚禁止期間を無視した婚姻，詐欺・強迫による婚姻（前述）には提訴期間制限がある（745条2項・746条・747条2項）。

3 内　　縁

1　内縁の意義

内 縁 と は

男女が婚姻の手続をすることなく，事実上，共同生活に入ることがある。わが国では，婚姻の意思がありながら事実上夫婦としての共同生活をしている関係を「内縁」と呼び，「婚姻に準じた関係」として保護を与えてきた。

　男女関係（同性愛者の内縁の可能性も含めて）の多様性が問題になっている現在，わが国の内縁理論は柔軟に対応しえているのだろうか。内縁は古典的な問題であると同時に，現代のそして近未来の多くの困難な問題を孕んでいる。

内縁保護の方法
　——民法上の保護と社
会立法上の保護

一方的に関係が破棄された場合（不当破棄の問題）や相手方の事故死の場合の保護が，問題提起された。初期の頃には，婚姻予約という考え方が示され，後に，内縁を婚姻に近づけて考えようとする傾向が現れ，判例，通説となった。いわゆる準婚理論である。婚姻予約理論では，契約責任（大判大正4年1月26日民録21輯1巻49頁）に基づいて責任を問い，準婚理論では，契約責任のみならず，不法行為責任（最判昭和33年4月11日民集12巻5号789頁）も加えて，不当破棄された内縁配偶者を保護する。[*]

　準婚理論は，内縁の効果に関しても，たとえば，貞操義務，日常

家事債務の連帯責任など，婚姻に準じたものとして，婚姻の規定の準用を考えていくという傾向をもたらした。その結果，一つの内縁という定型化された概念を形成していき，最近までこの考え方が支配的であった。

　社会保障法や労働法等の特別法でも保護を図っている。「届出をしなくても，事実上婚姻と同様の関係にある者を含む」というような表現で，いわゆる内縁配偶者に受給資格が認められている（労働基準法施行規則42条1項，国家公務員災害補償法17条の2第1項2号，健康保険法3条7項1号，厚生年金保険法3条2項等参照）。なお，近年，国家公務員の死亡退職金受給権を，内縁の妻に認めた事例もある（大阪地判平成3年8月29日家月44巻12号95頁）。しかしながら，単に「配偶者」「相続人」と規定されている場合には，内縁配偶者は含まれていない（恩給法72条1項に規定されている配偶者は婚姻関係にあるものを意味すると解する判例がある。最判平成7年3月24日判タ875号68頁）。

内縁の発生原因

明治民法時代，婚姻関係に入りたくても，法律上の原因（家制度）で不可能もしくは困難である男女が存在した。たとえば，戸主または推定家督相続人同士の婚姻が禁止された（明治民法744条）。男30歳，女25歳まで戸主および父母の同意が必要であり（明治民法772条・750条），婚姻

＊内縁破棄と不法行為責任，契約責任

不法行為責任	共同生活の実態があることに重点がおかれる。破棄に明確な不当性が必要。
契約責任	当事者の意思が重要となる。不履行をした者が，正当性の証明をしなければ責任を負う。

ができない（困難な）関係があった。また，家にふさわしい女性かどうかを見極めるために，いわゆる籍を入れないで様子をみる慣習のある地方もあったといわれている。さらに中には，届出が必要であることを知らなかったり，日常生活の多忙さゆえ，届出ができない場合が，結構存在したともいわれている。

　かつてのように無知や法律が原因で事実的な関係にとどまる人は，現在ではほとんどいないであろう。法的な原因で婚姻できない者がいるとすれば，かつての原因とは根本的に異なっている（婚姻障害がある場合に可能性がある）。現在ではこのような内縁の発生原因はもはや例外的に存在するにすぎない。

　現代の婚姻によらない男女の共同生活は，必然的なものではなくて，むしろ当事者の意思によって，好んで選択されている点に特徴がある。当事者は婚姻ではないと明確に意識している。内縁の成立要件として求められている「婚姻の意思」や「内縁の効果」の点においても，人々の意識とでずれが生じている。

　しかしながら，伝統的な内縁もその存在理由は完全には消滅していない。婚姻に準じた関係として保護する必要性は皆無ではなかろう。

　事実婚の考え方は二通りある。最近の男女関係の多様性に対応すべき関係を，従来の内縁概念の中で，成立要件，効果に関して程度差を設けて，ゆるやかな関係を設けていくのも一つの方法であろう。また，内縁とは異なる関係という意味で，「自由結合」（⇒67頁以下）などの概念を設けるのも解決方法である。本書では，伝統的な内縁理論を残し，自由結合という新しい概念の，二つに分けて説明する。このようにすることによって，婚姻を念頭におかない離脱の自由な関係の位置づけがより明確になると考える。

📖 **読書案内** 大村敦志・家族法（第 3 版）（有斐閣，2010 年）229 頁
以下

2 内縁の成立要件

> 生活の事実と意思
> が必要

内縁の成立には，第一に生活の実体（共同
生活の存在）が存在することが求められて
いる。第二に，夫婦関係を存在せしめよう
とする意思（婚姻意思）が必要である。

　婚姻障害があれば婚姻は成立しえないが，内縁はどうであろうか。
重婚的内縁に関しては問題が多く，後に説明する。婚姻適齢，再婚
禁止期間，父母の同意に関しては，内縁として保護する判例がある
（大判大正 8 年 4 月 23 日民録 25 輯 693 頁等）。これに対して近親婚は，
時の経過によっても治癒されず，内縁としての保護は与えられない
とする学説がある。また，関係を存続・維持させる効果は与えない
で，解消するための効果を付与するために，内縁の成立要件を相対
的な効果という視点で考える学説もある。

　厚生年金保険法は内縁配偶者に受給資格を認めているが，婚姻障
害と内縁に関して，内縁関係にあった叔父の死亡による姪の遺族厚
生年金受給資格が争われた事例がある。最高裁（最判平成 19 年 3 月
8 日民集 61 巻 2 号 518 頁）は，受給資格は必ずしも民法上の配偶者の
概念と同一のものとしなければならないものではないが，厚生年金
は公的なものであり，民法の定める婚姻秩序に反するような内縁関
係（叔父と姪）にある者まで，一般的に遺族厚生年金の支給を受け
ることができる配偶者とすることはできないとしつつ，近親婚で婚
姻障害にあたる叔父と姪の内縁関係について，関係が形成された経
緯，子の有無，夫婦生活の安定性などに照らし，反倫理性，反公共

性が婚姻秩序から著しく低いと認められる場合には，遺族の生活の安定と福祉の向上に寄与するという法の目的を優先させるべき特段の事情があるものというべきであると判示している。このように，三親等の傍系血族間の内縁関係については，特段の事情でもって判断している。

裁判例は意思の要件を
緩和する傾向にある

下級審の判例には，従来の成立要件を緩和し，伝統的な内縁理論では内縁にあたらないカップルも，内縁に含めて，保護を図る傾向が窺われる。内縁理論がしだいにわかりにくくなってきている。

　たとえば，岐阜家審昭和57年9月14日家月36巻4号78頁では，婚姻意思には疑いがあったが，男性とともに経営していた喫茶店の経営への協力を考慮して，財産の清算のために，内縁関係を認め，男性が財産を独り占めすることにストップをかけた（財産分与の規定の準用）。その他，大阪地判平成3年8月29日家月44巻12号95頁では，居所を行き来する二人を内縁関係にあるとして，男性の死亡退職金の受給権者に認めた。

③　内縁の効果

婚姻の効果の準用
（類推適用）

婚姻に準じた関係と考えるのであるが，戸籍と結びつく婚姻の効果は準用（類推適用）されない。婚姻という身分関係に基づく効果は，内縁には付与されないのである。たとえば，相続権，同姓（氏）が認められず，生まれてきた子は嫡出でない子である。姻族関係も生じない。

　これに対して，内縁には同居・協力・扶助義務があり，またさら

に貞操義務もあるとされている。これらの義務を生じるという点が
まさに,「準婚理論」の特徴であり,わが国の特徴であるといえよ
う。

　財産的な効果として,別産・別管理制（帰属の明らかでない財産の
共有推定も含めて）がとられ,婚姻費用の分担義務,日常家事債務の
連帯責任を負うと解されている。また,関係を破棄する場合には財
産分与の規定の類推適用が考えられる（死亡解消に際しても準用可能
かについては,⇒64頁）。

内縁夫婦の子の
法的地位

　内縁夫婦の子には嫡出推定がはたらかない。
生まれた子は嫡出でない子になる。法的な
父子関係のためには認知が必要である。母
子関係は,「母の認知を俟たず,分娩の事実により当然発生する」
と考えるのが判例である（最判昭和37年4月27日民集16巻7号1247
頁）。

　共同生活をしている男女に子が生まれた場合,その相手方パート
ナーの子である蓋然性が経験則上高く,事実上の推定を行うことが
ある（最判昭和29年1月21日民集8巻1号87頁）。つまり,認知の訴
えの立証責任には772条が類推適用され,子が生まれた時に内縁関
係にあったことを証明すれば,父の方で自分の子でないことを証明
しなければならなくなる（認知の訴えに関して,⇒127頁以下）。

④　内縁の解消

死亡による解消

　(1)　相続権と特別縁故者　　内縁配偶者は
内縁の相手方の死亡に際して,相続権を有
さない。特別縁故者への相続財産の分与の可能性はあるが,相続人

の不存在のときに限る（958条の3）。

(2)　**死亡による解消と財産分与請求権**　相手方の死亡に際して，全く財産を得ることがないのかどうか，つまり清算は考える余地はないのかが問題になっている。

最高裁は，相続による財産承継の構造の中に異質の契機を持ち込むことになることを理由にして，「内縁の夫婦の一方の死亡により内縁関係が解消した場合に，法律上の夫婦の離婚に伴う財産分与に関する民法768条の規定を類推適用することはできないと解するのが相当である」と判示した（最決平成12年3月10日民集54巻3号1040頁）。

共働きのケースについては，生存内縁配偶者を共有持分権者であると認定し，その一方が死亡した後は他方が不動産を単独で無償で使用する旨の合意が成立していたものと推認して解決を図る判例があり（最判平成10年2月26日民集52巻1号255頁），注目される。しかしながら，専業的な内縁配偶者の保護をどう図るか，問題が依然として残されている。

(3)　**家屋居住権**　相続人がいない場合には，特別縁故者として相続財産の分与を受ける可能性がある（958条の3）。また，借地借家法は，内縁配偶者に借家権の承継を認めている（借地借家法36条参照）。

これに対して，相続人がいる場合には，家主の明渡請求に対して，

＊当事者の意思による内縁解消にあたって，準婚理論に基づき財産分与の規定を準用すると考えるのが，下級審裁判例（東京家審昭和31年7月25日家月9巻10号38頁などは，審判で財産分与を決めている），通説である。しかしながら，関係の破棄の場合も，財産分与よりは，むしろ共有理論で考えるべきではないかと思われる。

相続人の借家権を援用して，内縁配偶者の居住の保護を図っている（最判昭和42年2月21日民集21巻1号155頁）。また，相続人からの明渡請求に対しては，権利の濫用理論に基づいて，内縁配偶者を守っている（最判昭和39年10月13日民集18巻8号1578頁）。

相続人から生存する内縁配偶者に対してなされた賃料相当分の不当利得返還請求を認めなかった判例がある。内縁の夫婦の一方名義の不動産を居住または共同事業のために共同で使用してきた場合に，当該不動産が共有であったと認定し，両者の間において，一方が死亡した後は他方が単独で使用する旨の合意が成立していたものと推認するのが相当であるとし，居住兼事業のための不動産の無償使用を継続させることを最高裁は認め，しかも不当利得返還請求を否定した（前掲最判平成10年2月26日）。

(4) **事故死の場合の損害賠償請求**　内縁配偶者は，固有の権利として，扶養請求権の喪失または扶養利益の喪失を理由に損害賠償請求権や保険金受給権を取得する可能性がある（自動車損害賠償保障法71条以下に規定する政府保障事業にいう被害者に内縁配偶者が含まれるとされた。最判平成5年4月6日民集47巻6号4505頁）。

精神的損害に関しては，民法711条にいう「配偶者」に内縁配偶者を含めて解釈している（判例は，「父母，配偶者及び子」を社会的実態から解釈している。最判昭和49年12月17日民集28巻10号2040頁では，妻の死亡に際して夫の妹に慰謝料請求を認めている）。

当事者の意思による解消	(1) **合意による解消**　財産分与や共有財産の清算を合意により決める。

(2) **一方的な意思による解消**　財産分与請求に加えて，解消に際しての正当理由の有無に従い，損害賠償請

求をなしうる。いわゆる，不当破棄に関して，内縁配偶者の地位の侵害という構成で不法行為責任を認めたり（最判昭和33年4月11日民集12巻5号789頁），また，婚姻予約の不履行という理由で，債務不履行責任を負わせたりしている（最判昭和38年12月20日民集17巻12号1708頁）。なお，不当性の判断には，離婚原因に関する規定をも参考にする傾向がある（⇒78頁）。

⑤ 重婚的内縁

重婚的内縁とは，婚姻上の配偶者がいるにもかかわらず，他の異性と内縁関係を形成している状態を意味する。判例・実務は，法律婚が夫婦としての実体を失って形骸化してしまい，事実上の離婚状態にある場合に，内縁配偶者の保護を図っている（東京地判昭和43年12月10日家月21巻6号88頁等）。

社会保障の受給資格をめぐって，戸籍上の妻と内縁配偶者とが争う事例が，重婚的内縁の困難な問題である。ここでも，法律婚が形骸化している場合には，内縁配偶者が受給資格を有するとされている（最判昭和58年4月14日民集37巻3号270頁）。

しかし，このような戸籍上の妻か内縁配偶者か，二者択一的な解決方法に対して，損害賠償請求や遺族年金などは，生活の実質や保護の必要の度合いに応じて，法律上の配偶者と分配するという説も有力である。

　📖　**読書案内**　二宮周平・事実婚の現代的課題（日本評論社，1990年）186頁以下，同・家族法（第5版）（新世社，2019年）150頁以下

4 自由結合

　婚姻の意思を有さず，法的な拘束の少ない共同生活の方法を選択するカップルは，自分達の関係を婚姻とは考えておらず，むしろ婚姻とは異なる関係であるとの意識をもっている。欧米諸国と比較すれば，拘束性の少ない自由結合は，未だ多くはないが，確実に増加の傾向を窺うことができる。

　このような関係を，法的にどのように考えていくかは困難な問題である。婚姻に準じた関係である「内縁」とは異なるという意味で，欧米型の自由結合として理論化を試みる必要性があろう。ヨーロッパ諸国，特にフランス法が婚姻外の関係として理論化してきたものは，実はこのような男女関係である。わが国の内縁理論にみられる二人を拘束する婚姻を想定した考え方は，原則として存在しない。

　婚姻でない以上，二人の間には貞操義務はなく，同居・協力・扶助義務もない。貞操義務は当事者で定めていても，強制できず，また不履行の責任を問うこともできない。さらに扶養する義務もない。したがって，破棄に対して，原則として債務不履行責任や不法行為責任を負うこともない。つまり，二人の関係は，婚姻やそれに準ずるものとは根本的に異なり，拘束されておらず，その結果，存続保障はなく，二人の関係からの離脱は全く自由である。

　財産関係は少なくとも，財産法上の理論（たとえば共有理論）を用いて個々に判断することが可能であろう（すでに述べた最判平成10年2月26日民集52巻1号255頁は，この意味においても興味深い）。その他，組合類似の契約，委任等も考えうる。いずれにしろ，考究すべき問

題が多く残されている。理論的に考えれば，全くの他人であるので，原則として婚姻費用の分担や連帯責任も負わないことになろう。

社会保障は，事実上の生活を根拠に認められる可能性があり，内縁と同様に考えることが可能であろう。相手方の事故死の場合にも，固有の権利構成で，損害賠償請求が可能である。居住権の保護も，内縁と同様に，借地借家法等の規定，共有理論などで権利構成が可能である。

子は，嫡出でない子になる。父子関係の成立のためには，認知が必要である。

自由結合では，当事者の合意がどこまで法的に認められるのだろうか。この問いは解決すべき重要な問題として残されている。しかしながら，たとえ合意が可能であるとしても，このような合意は，関係の解消が自由である以上，将来にわたり二人を拘束するものではない点に特徴を有する。

いわゆるパートナーの関係解消と不法行為責任に関する興味深い判決がある。共同生活はなく，互いの家を行き来する特別のパートナーとしての関係で，子ども二人をもうけた男女であったが，当該男性と他の女性との婚姻を契機にパートナー関係が解消された。そこで女性から男性に対して，不法行為に基づく損害賠償請求がなされた。最高裁は，二人は意図的に婚姻を回避しており，婚姻およびこれに準ずるものとして同棲の存続保障を認める余地はないとして，不法行為責任を認めなかった（最判平成16年11月18日判時1881号83頁）。共同生活を前提としていない点で例外的な事例ではあるが，拘束しあわない関係という点では自由結合の考え方に近いものと思われる。

　📖　**読書案内**　大村敦志・家族法（第 3 版）（有斐閣，2010 年）233 頁以下

5　性転換・同性婚

1　性　転　換

　性同一性障害という病の治療として，性転換手術が行われたことは広く新聞で報道された（朝日新聞 1998 年 10 月 16 日夕刊，17 日朝刊）。また，生まれたときには外形から性別を判断できない，いわゆる間性の問題もある（間性に関しては性別記載の変更に関して，裁判所の判断が分かれている）。

　性同一性障害の事例に関して，戸籍の性別変更はながらく裁判上否定されていた。しかし，2003（平成 15）年に，性同一性障害者の性別の取扱いの特例に関する法律が成立し，戸籍の性別変更が可能となった。性同一性障害の治療としての性転換がなされた場合，18 歳以上であること，現に婚姻をしていないこと，現に未成年の子がいないこと等五つの事柄を要件に，性別の取扱いの変更の審判を求めることができる（同法 2 条・3 条参照。これらの要件が憲法 14 条 1 項の法の下の平等に違反しないかどうか争われた即時抗告事件があり，憲法に反しないと判断されている〔東京高決平成 17 年 5 月 17 日家月 57 巻 10 号 99 頁〕）。さらに，この審判を受けた者について新戸籍が編纂されることになる（戸 20 条の 4）。

② 同 性 婚

わが国では，同性婚は法的に認められていない。準婚とする内縁で考えれば，認めることは困難であろう。しかし，いわゆる欧米型の自由結合（⇒67頁）と考えれば将来は認められていく可能性があるかもしれない。

☛ *pause-café* **パックスと同性婚について** ᔕᔕᔕᔕᔕᔕᔕᔕᔕᔕᔕᔕᔕᔕ

　フランス法では，これまで男女の婚姻に重要な価値を認めていたが，ここ数年の間に様相は大きく変化している。

　一つは，自由結合関係である。自由結合の関係も，長く判例は同性による関係を否定していたが，民法典でその可能性が法律的に認められた（フ民515条の8）。さらに，フランスで，婚姻とは異なるが，契約つまり連帯に基づく民事契約（pacte civil de solidarité 略して pacs）を締結すれば，同性でも夫婦のような関係が形成されうることになった（1999年11月15日の法律によって，民法515条の1以下が設けられた）。

　パックス（pacs）は，二人に共同生活を営むことを認める契約である。このようにして，契約を締結したカップルは，相続権などは認められていないが，税法上，社会法上の利点を有する。民法典では，パートナー間の人的な関係，財産的な関係などが規定されている。

　また，2013年5月17日の法律により，民法典の143条を改正し，「婚姻は，異性または同性の二人によって締結される」と規定し，同性婚を認めるに至った。

ᔕᔕᔕᔕᔕᔕᔕᔕᔕᔕᔕᔕᔕᔕᔕᔕᔕᔕᔕᔕᔕᔕᔕᔕᔕᔕᔕᔕᔕᔕᔕᔕᔕ

📖 **読書案内**　松川正毅・変貌する現代の家族と法（大阪大学出版会，2001年）39頁以下

6 離　婚

1　婚姻の解消

　婚姻の解消には離婚と死亡がある。そのそれぞれで効果が異なる。まず，その整理をしておこう（⇒72 頁**表 1-1**）。

2　離婚の制度

日本の離婚制度

　わが国では，701 年の大宝律令が離婚制度を規定している。ヨーロッパ諸国の離婚法と異なり宗教の影響による婚姻不解消主義という考え方は存在していなかった。

　その後の鎌倉の武士の時代には，夫から妻へ「去り状」を与えて離別する手続が存在した。室町時代ではそれを「暇の印（いとま しるし）」と呼んでいた。これがあれば，女性は再婚が可能となった。江戸時代になると，庶民は，「三行半（みくだりはん）」と呼ばれる離縁状を，夫から妻へ渡して離婚をする方法があった。原則として，離婚は夫の専権であった。これに対して，女性は，いわゆる「縁切寺」と呼ばれる駆込み寺に逃れ，3 年在住すれば，夫婦の縁が切れ，夫からの離縁状を取得することができたといわれている。

　女性に離婚請求権が認められたのは，1873（明治 6）年太政官布告によってである。旧民法（1890〔明治 23〕年公布）では，協議離婚と裁判離婚が定められている。明治民法においても，この二つの方法が定められていた。フランスで離婚法が人々を解放しようと努力

表 1-1

	死 亡	離 婚
① 氏 の 問 題	当然には元の氏に復さないが，もしも婚姻前の氏に復したければ届出によって可能（751条1項，戸95条）。	氏を改めた夫または妻は，離婚によって婚姻前の氏に復する（767条1項・771条）。ただし，離婚の日から3ヵ月以内に届け出ることにより，離婚の際に称していた氏を称することができる（767条2項・771条）。そして婚氏を継続した者が再婚する場合には，その婚氏かまたは相手方の氏の選択になる。
② 姻族関係	当然には終了しないが，生存配偶者が姻族関係を終了させる意思表示を届け出ることにより，終了させることができる（728条2項，戸96条）。姻族関係の終了は復氏とは関係がない。	当然に終了する（728条1項）。
③ 祭祀財産承継の問題	婚姻によって氏を改めた生存配偶者が，死亡配偶者の先祖の祭祀財産承継をした後に，復氏や姻族関係終了の意思表示をした場合，祭祀財産の承継者を定めなければならない（751条2項・769条）。	祭祀承継をした後に離婚すれば，769条により，権利を承継する者を定めなおすことになる。
④ 財産の問題	882条以下の相続の問題	768条の財産分与の問題

していた時代に，離婚の法律が一方で夫による妻の追い出しを制限し，他方で女性に離婚の請求権を付与していく事実は，同じような離婚法であれ，社会によってその機能が異なってくることを示しており興味深い。

その後，わが国では第二次大戦後に民法改正が行われ，離婚法が改正され，協議離婚，調停離婚，裁判離婚，審判離婚の四つの制度が，家庭裁判所の創設とともに設けられている。また，2003（平成15）年に，人事訴訟手続法が廃止され，新たに人事訴訟法が成立し，

人事訴訟が家庭裁判所の管轄になった。この法律は，国民が民事裁判を利用しやすいようにし，家庭裁判所の機能の拡充による人事訴訟の充実および迅速化等を図るために制定された。この法律により，新たに和解離婚の可能性が認められた（人訴37条1項・2項）。また同時に，離婚訴訟において，被告が原告の主張を全面的に受け入れる場合には，認諾離婚の可能性がある。この場合には，親権や財産分与などの付随する問題を含めずに，単に離婚成立のみを求めることが必要である（人訴37条1項・3項）。

　社会の変化は目覚ましく，配偶者の保護，未成年の子の保護の観点から，現行の離婚法が充分に対応しえているのかどうか検討しなければならない問題は多く残されている。

まとめ

協議離婚（763条）……当事者の話合い（裁判所は離婚にあたって全く関与せず）

調停離婚（家事244条・268条）……家庭裁判所　　調停前置主義（家事257条）

審判離婚（家事284条以下）……家庭裁判所　　　調停に代わる審判

裁判離婚（770条）……家庭裁判所　　第一審（人訴2条1号・4条）
　　　　　　　　　　　　高等裁判所　　控訴審
　　　　　　　　　　　　最高裁判所　　上告審

和解離婚（人訴37条）……第一審であれば，家庭裁判所

認諾離婚（人訴37条）……第一審であれば，家庭裁判所

　離婚の種類別利用率は以下の通りである。87.2％が協議離婚，10.0％が調停離婚，1.6％が和解離婚，0％が認諾離婚，1.0％が裁判離婚，0.3％が審判離婚。2016年人口動態調査。

☕ *pause-café*　**フランスの離婚制度と親権**　∿∿∿∿∿∿∿∿∿∿∿∿∿

　フランスの離婚制度の歴史では，カトリックの婚姻を「秘蹟」とする婚姻不解消主義からの脱却にかなりの年月を要した。本格的な離婚法への歩みは，パリ第二大学のカルボニエの手による1975年法からといえ

よう。破綻主義離婚を理念とし，合意による離婚，別居を理由とする離婚など，社会の要請に対応した多様な離婚の方法を定めて，近代的な離婚法を整備するに至った。

　さらにフランスは2004年にも重要な改正を行っている。離婚手続に要する期間の短縮を図り，「平穏な別れ」の重要性が認識された改正がなされ，2年の別居により離婚を可能とした（フ民238条）。ここには，離婚後の親権の行使をスムーズにできるようにという配慮が窺われる。破綻を理由とする離婚の際の別居期間は，2019年にさらに改正が行われて，1年の別居期間で離婚が可能になった（同条1項）。また，他の理由も根拠として離婚の訴えを提起している際には，破綻を理由とする離婚は，別居期間を考慮することなく認められうることとしている（同条3項）。

　また，2016年には，伝統的に求められていた裁判官の積極的な関与を緩和し，公証人と弁護士によって，いわゆる同意離婚が可能なように改正されている（フ民229条の1〜229条の4）。

　離婚法の改正と並行して，親権に関する改正も行われている。1987年に親権の共同行使の可能性が認められ，1993年には，離婚後の共同親権行使の原則を定めている（フ民372条以下）。ここに至り，一方で離婚は男女の生き方の自由を尊重し，他方で子に対してはその影響を最小限にとどめ，離婚以前の状態のような親としての共同性を維持しようとしている。離婚後の親権の問題も親権の章に移され，親の生き方に影響を受けない親権の共同行使という考え方が，その後の2002年の親権法の改正からも伝わってくる。

　フランス家族法の改正は，2002年の親権法の改正，2004年の離婚法の改正，嫡出子，非嫡出子という区別を廃止した2005年の親子法改正と次第に充実度を増している（親権の共同行使に関してのフランス法の新しい流れに関しては，75頁の読書案内に記したユーグ・フルシロンの論文を参考にされたい）。改正はその後も続いており，権利義務のさらなる明確化が図られている。

　　📖 **読書案内**　三行半に関する興味深い研究として，高木侃・三くだり半──江戸の離婚と女性たち（平凡社，1987 年）参照。離縁状を丹念に調べ，江戸の女性は離婚にあたって，むしろ離縁状を夫に書かせていたという，したたかな側面があるということを明らかにし，熟談離婚の存在を示した興味深い書物。

　　149 回法典調査会議事速記録 82 丁表裏参照。協議離婚は，わが国の従来の慣習にはなかったとする穂積陳重の法典調査会での説明が興味深い。

　　松川正毅「フランス法における同居義務と別居について」水野紀子編・家族──ジェンダーと自由と法（東北大学出版会，2006 年）。

　　ユーグ・フルシロン（松川正毅訳）「フランスにおける別居後の親権の共同行使」戸籍時報 758 号（2017 年）10 頁以下。これは，フランス法の考え方と現状を伝える，興味深い講演原稿である。わが国では，離婚後の親権の共同行使として問題になりうる事柄である。

③　協 議 離 婚

> **成立要件──意思の合致と届出**

わが国の協議離婚の制度は世界でも類をみない単純な制度である。離婚しようという当事者の意思の合致と届出があれば，離婚が成立する（763 条以下）。当事者の話合いだけでスピーディーに離婚できるのは，経済的な観点からも魅力的であるが，当事者の権利が守られているかどうかはわからない。その意味で，法律の専門家の関与が必要と思われる場合がある。

　届出が，本人の意思に反して，受理されることがないように，離婚届不受理申出制度がある（戸 27 条の 2 第 3 項）。

　債権者の強制執行を免れるための協議離婚（大判昭和 16 年 2 月 3 日民集 20 巻 70 頁），氏の変更のための協議離婚（最判昭和 38 年 11 月 28 日民集 17 巻 11 号 1469 頁），生活扶助を受けるための協議離婚（最

判昭和 57 年 3 月 26 日判時 1041 号 66 頁) などの偽装離婚の問題に関して，判例は，届出の意思があればよいと考えている。つまり，このような偽装の離婚も有効として扱われている。

無効・取消し

　協議離婚は，当事者の意思に依拠しており，無効・取消しの可能性がある。当事者の意思に基づかない離婚は，当然に無効である。たとえば，妻の知らない間に夫が勝手に離婚届を出した場合には，このような離婚は無効である。無効の訴えに先立って，調停がなされ（家事 257 条），合意が成立すれば「合意に相当する審判」が可能である（家事 277 条）。

　詐欺や強迫により，離婚を行った場合，その離婚を取り消すことができる（764 条による 747 条準用）。婚姻の取消しとは異なり，離婚の取消しには遡及効があり，婚姻は継続していたことになる。なお，取消しは，訴えによって行う（764 条による 747 条準用，人訴 2 条）。詐欺を発見したり，強迫を免れた後 3 カ月を経過したり，離婚を追

認したりすれば取消権は消滅する。

◆婚姻・離婚の無効・取消しと遡及効
1 無 効

	婚　姻	協議離婚
効　果	はじめから婚姻なし	はじめから離婚なし
追　認	無断で出された婚姻届に関して，この事実を知りながら共同生活を続けた場合には，追認によって届出の当初に遡って有効になると，民法116条を類推適用して判示している（最判昭和47年7月25日民集26巻6号1263頁）。この場合には，民法119条は適用されないと考えられている。	無断で出された離婚届に関して，ながらく別居しており，調停でそれを認めることを前提として慰謝料などの話合いがなされた場合には，追認を正当としている（最判昭42年12月8日家月20巻3号55頁）。遡及的効果が認められている。

注意　民法119条は，無効行為の追認を新しい行為をしたものとし，遡及効を認めていない。しかしながら届出に関しては，それに従った事実関係が生じていることに留意し，遡及的な効果が付与されると考えられている（遡及的追認）。

2 取消し

	婚　姻	協議離婚
効　果	遡及効なし（748条1項）	届出時に遡及する（764条が748条を準用していない）

（⇒56頁以下）

4　調 停 離 婚

　当事者間で，話がまとまらない場合，家庭裁判所で直ちに裁判がはじまるのではなくて，まず，調停が試みられる（調停前置主義）。そして，当事者間で合意が成立すれば，調書が作成され，それによって離婚は成立する。調書への記載は確定判決と同一の効力を有する（家事268条。調停に関して，⇒12頁）。

　協議離婚の場合とは異なり，調停が成立して当事者がなす離婚の届出は，すでに離婚が成立しており，報告的なものである。これは，

裁判離婚の場合の届出においても同様である（戸77条1項・63条）。

　なお，離婚の合意は代理になじまないので，生死不明者，強度の精神病にかかっている者等，調停が不可能な事例もある。

⑤　審　判　離　婚

　調停が不成立になった場合において，家裁が相当と認めれば，一切の事情をみて，職権で，当事者双方の申立ての趣旨に反しない限度で，離婚の審判をなすことができる（これを，調停に代わる審判という。家事284条⇒12頁）。

　ほんの少しの意見の食い違いがあるために話がまとまらない場合などになされる。しかし，2週間以内に家裁に対して，異議の申立てをすれば，それだけで審判は効力を失ってしまう（家事286条5項）。その結果，審判は確定判決と同一の効力を有するとはいえ（家事287条），結果的に審判の効力は弱く，審判離婚は少ない。

⑥　裁　判　離　婚

> 離婚原因

裁判離婚では，当事者間に合意がなくても（一方が拒否していても）離婚が成立するのであり，この意味において，もっとも強力な手段である。またそれだからこそ，民法は裁判離婚に原因を求めている。

　民法は，770条1項で，不貞行為，悪意の遺棄，3年以上の生死不明という三つの有責離婚原因を定めている。さらに，回復の見込みのない強度の精神病という無責の離婚原因（破綻原因）を定めている。この四つは，具体的な離婚原因と呼ばれている。またそれらに加えて，その他婚姻を継続しがたい重大な事由をあげており，これは抽象的な離婚原因（一般的な破綻条項）である。四つの具体的な

離婚原因は，抽象的な離婚原因の例示であると考えられている。

　しかしながら，この具体的な四つの離婚理由がある場合といえども，婚姻を継続しがたい程度に至っていない場合には，裁判所は離婚の請求を棄却することができる（770条2項）。2項は，「離婚阻却条項」と呼ばれ，離婚を阻止する方向で用いられるが，裁量権の濫用ではないかと問題になることがあり，廃止案も示されている。

　以下で，それぞれの離婚原因（770条）について説明する。

　(1)　**不貞行為（1号）**　　異性と自由な意思に基づき性関係をもつことである。異性との過度の親密さを不貞行為に入れる国もある（たとえばフランス法。わが国では5号で考える）。しかしわが国では，もっぱら性的な関係を有することと，不貞行為の意味を理解している。

　明治民法では，不貞を許した場合（宥恕）や，不貞を知ってから1年経過すれば，離婚請求はできないことになっていた（明治民法814条2項・816条）。

　(2)　**悪意の遺棄（2号）**　　2号にいう悪意は，ある事実を知っているという意味での「悪意」ではない。単に同居・協力・扶助を拒否するのではなくて，さらに，夫婦生活を破壊するかもしれないという害意をもつこと（新潟地判昭和36年4月24日下民12巻4号857頁参照）が，ここにいう悪意の意味である。

　(3)　**3年以上の生死不明（3号）**　　最後の音信より3年以上生死不明であれば，それを理由に離婚請求ができる。訴えは，公示送達（民訴110条・111条）の手段による。

　失踪宣告（30条）を得て行う婚姻の解消では，失踪者を死亡したものとして扱い，相続も問題になる。失踪者が後にふたたび現れるようなことがあれば，離婚を行う場合と失踪宣告を行う場合とで扱

いが異なる。

(4) **回復の見込みのない強度の精神病（4号）**　戦後の民法改正で、相手方が無責である精神病を離婚原因として採用した（破綻主義離婚）。回復の見込みのない強度の精神病により、夫婦の共同生活が不可能な状態にあることは、離婚原因になる。回復の見込みがないとは、相当の期間治療を継続しているが回復の見込みのない場合と解されている。離婚原因としての、回復の見込みのない強度の精神病にはあたらないと判断されても、精神的交流に支障がある場合には、5号の婚姻を継続しがたい重大な事由にあたりうる。

判例は離婚に際して、病人の療養看護につき**具体的方途**を講ずることを条件としている。相手方が回復の見込みのない精神病にかかったというだけでは直ちに離婚できない（最判昭和33年7月25日民集12巻12号1823頁等）。この具体的方途を求める考え方に、破綻主義の立場から批判が強い。また、判例も、療養費を誠実に支払っているという事情や将来に可能な範囲で支払うという原告の意思表明（最判昭和45年11月24日民集24巻12号1943頁）を認め、国費による入院の可能性などから、緩和の傾向が窺われる。

手続的には、精神上の障害は後見開始原因になる（7条）。このような場合には成年後見人を選任しなければならないが、1999（平成11）年の改正で、他方の配偶者が当然に後見人になる必要性はなくなった。もしも配偶者が成年後見人に選定されていれば、離婚の訴えに際しては、成年後見監督人を選任しなければならない（849条・851条）。

📖　**読書案内**　久貴忠彦「判例精神病離婚法」太田武男編・現代の離婚問題（有斐閣，1970年）281頁

◆**被後見人の離婚に関する調停，審判，訴え**　被後見人は行為能力が制限されているが，基本的に身分行為に関しては，意思能力ある限り，意思が尊重され，自ら単独で身分行為をすることができる。身分行為，たとえば離婚について，被後見人は，意思能力ある限り，協議離婚において自ら単独で判断することができる。調停（家事252条1項）も訴えも，意思能力ある限り自ら手続行為が可能である（人訴13条1項）。

　後見人は，被後見人が申し立てていない以上，代理して離婚の調停の申立てを行うことはできない（家事18条但書。同条では，親権を行う者または後見人が申立てをすることができる場合に限り，被後見人が自ら手続行為ができる場合でも後見人は代理して手続行為ができることが規定されている。人訴14条との関係に注意）。また，後見人は，このような事件の調停において，調停を成立させる合意などをすることができない（家事252条2項。夫婦間の協力扶助に関する処分の審判事件や子の監護に関する処分の審判手続についても調停と同じである。家事151条・118条）。上記は，もっぱら身分行為に関する事柄であり，離婚に伴う財産上の給付（財産分与や養育費など）が問題になる場合には，被後見人は単独で手続を進めることはできない。

　身分行為である離婚に関しては，訴訟も被後見人の単独手続が可能である（人訴13条1項）。この際に，必要とあれば，裁判長は弁護士を訴訟代理人に選任することができる（2項以下）。なお，このような場合でも，後見人は，訴えの提起や応訴が可能である（人訴14条。⇒33頁◆成年被後見人の意思能力と身分行為，183頁⑥参照）。

(5)　**その他婚姻を継続しがたい重大な事由（5号）**　これは抽象的な離婚原因であり，破綻主義離婚原因の一般条項である。夫婦の一方のなんらかの原因で，他方配偶者が婚姻を継続することはできないと考えた場合や，双方ともに婚姻の意思を失っており，夫婦生活が破綻してしまっている場合等が考えられる。婚姻を継続しがたい事由にあたるかどうかの判断は，裁判官の裁量にゆだねられている。

具体的な例として裁判で問題になったものを列挙しておく。①性格の不一致，②愛情喪失，③人生観の相違等，④配偶者の処刑，⑤配偶者による虐待（暴力），⑥侮辱，⑦性生活の異常・拒否，⑧性交不能，⑨親族との不和，⑩浪費癖，⑪不貞にまでは至らない男女関係，⑫同性愛，⑬悪意の遺棄に至らない同居・協力・扶助義務違反，⑭回復の見込のない強度の精神病に至らない精神病，⑮病（アルツハイマー病，脊髄小脳変性症，性病，アルコール中毒。脊髄小脳変性症に関しては，第一審では離婚が認められたが，第二審では離婚請求は棄却された。名古屋高判平成 3 年 5 月 30 日判時 1398 号 75 頁），⑯過度の宗教活動等がある。

特に，病のケースは相手方が助けを必要としている場合の問題であり，困難な問題を引き起こす。

◆770 条 1 項 1 号から 5 号までの訴訟法上の関係　5 号が破綻主義の原則を示し，1 号から 4 号までがその例示であると位置付ける考え方と，具体的な独立した離婚原因であると位置付ける考え方が対立している。後者の考え方であれば，4 号までの具体的な離婚原因では示しえない場合には，さらに加えて 5 号の要件を満たせば，離婚が可能となる解釈が導かれうる。

後者の考え方であれば，裁判において，1 号から 4 号の具体的な離婚原因に加えて，5 号に基づく主張を行っていなければ，5 号に基づく裁判は行われない。またこのような場合に，請求が棄却されたときには，5 号に基づいて新たに裁判を行うことはできないことになる（最判昭和 36 年 4 月 25 日民集 15 巻 4 号 891 頁。なお，人訴 25 条参照）。訴訟において，5 号による主張も併せて行っておくことが必要となる。

有責配偶者からの
離婚請求

自ら離婚の原因を作った者（たとえば，愛
人を作って家を出た）から離婚請求できるだ
ろうか。古くは，このような配偶者のなす
離婚請求は認められていなかった（最判昭和27年2月19日民集6巻2
号110頁）。その後，有責性の比較や，婚姻破綻後の配偶者以外の者
との同棲は有責にはあたらないなどの理由で，緩和の傾向が示され
てはいたが，有責配偶者からの離婚請求は認められないという基本
的な考え方は依然として維持されていた（最判昭和54年12月13日判
時956号49頁）。しかしながら学説の中で，永年にわたり，形骸化
された婚姻にこだわり，新しい生活の足かせとなるよりは，むしろ
破綻した婚姻を清算させる方が望ましいのではないかと主張される
ようになった。

　その後，最高裁は昭和62年に大法廷判決で，有責配偶者からの
請求であるとの一事をもって離婚が許されないものではないと判示
し，有責配偶者からの離婚請求を認めた（最大判昭和62年9月2日民
集41巻6号1423頁）。ただし，信義則による制約があるとして，①
両当事者の年齢，同居期間の対比から相当長期の別居であること，
②未成熟子がいないこと，③相手方配偶者が離婚によって精神的・
社会的・経済的に極めて苛酷な状況におかれる等，離婚請求を認容
することが著しく社会正義に反するといえるような特段の事情がな
いこと，という三つの要件を求めている。

　昭和62年の事例は，夫婦の別居期間は，36年に及ぶものであっ
た。しかし，この別居の期間は，しだいに短縮されていき，近年は
約6年の事例で，相当の期間と認定し離婚請求を認めているものも
ある（東京高判平成14年6月26日判時1801号80頁。最判平成2年11月
8日家月43巻3号72頁は8年の別居で認めた。8年で認められなかったも

6　離　婚　83

のとして最判平成元年3月28日判タ699号178頁）。しかし，妻以外の女性と20年間同棲生活をしていても，婚姻は破綻していないと認定し離婚請求が棄却された事例もある（東京高判平成9年2月20日判時1602号95頁）。なお，別居が13年におよび，間もなく高校を卒業する未成熟子がいる事例で，離婚請求が認められている（最判平成6年2月8日家月46巻9号59頁）。このように，昭和62年の大法廷判決が示した三つの要件は，具体的な事例において諸般の事情を考慮した上で総合的に考慮されうるといえよう。

5年の別居による離婚
の可能性

1996（平成8）年の民法改正要綱では「夫婦が5年以上継続して婚姻の本旨に反する別居をしているとき」を離婚原因の一つにしている（第7の1の㈡）。

そして，第7の2で，「配偶者又は子に著しい生活の困窮又は耐え難い苦痛をもたらすとき」（いわゆる**苛酷条項**）と「離婚の請求をしている者が配偶者に対する協力及び扶助を著しく怠っていることによりその請求が信義に反すると認められるとき」（いわゆる**信義則条項**）には裁判所は離婚の請求を棄却することができるとして，制限を設けている。

有責配偶者の離婚請求の判決にみられる破綻主義の傾向などから，将来的には，この別居を原因とする離婚が注目を引くであろう。別居は婚姻の本質的な義務に反することであり，何よりも婚姻の破綻を示しているといえるからである。別居という事実があれば破綻の証明は不要であり，有責性を持ち出す必要性は原則としてない。互いに責任を追及し，攻撃しあう必要性もなくなる。将来の子の問題（養育，また立法論として共同親権の可能性）などを考えれば，離婚後

も親同士が話し合うことができる関係を維持することは重要である。別居を理由に，それほど事を荒立てないで離婚しうる方法には，それなりの魅力がある（改正要綱では上述のごとく「信義則条項」が定められているが，これを問題にする過程で，互いのプライバシーや感情を荒立てる結果になってしまうおそれがあり，問題である）。フランスでは6年の別居があれば，離婚請求ができ（フ民旧237条），苛酷条項も同時に規定していた（フ民旧240条）。しかし，2004年5月26日の法律により，2年の別居で離婚が可能となり，苛酷条項に関する規定も廃止された。2年の別居があれば婚姻関係の決定的な悪化を推定できるとされたからである。さらに，2019年3月23日の法律により238条が改正され，1年の別居期間で離婚が可能が可能となった（フ民238条⇒73頁■）。

わが国では，人事訴訟法が成立し，離婚訴訟が家庭裁判所で裁判され，調査官の関与が可能となった（人訴2条・34条）。また離婚訴訟と，附帯事項として裁判可能な財産分与に関する処分（人訴32条）をより関連づけさせることも可能となった。

7 和解離婚と認諾離婚（人事訴訟法37条）

2003（平成15）年の人事訴訟法で，新たに設けられた。訴訟中，当事者間で協議が成立し，調書を作成したときは，その記載は確定判決と同一の効力を有する（民訴267条）。これが，訴訟上の和解離婚であり，裁判離婚の一種であるといえる。和解の成立には，当事者が出頭することを前提としているので，民事訴訟法264条や，前もって裁判官作成の条項に従うという申立てを前提とする民事訴訟法265条は適用されない（人訴37条2項）。また，離婚訴訟において，原告の主張を全面的に受け入れる場合には，認諾離婚の可能性

がある（人訴 37 条 1 項・3 項⇒73 頁参照）。

8　離婚の効果

　離婚すれば，今まで夫婦として生活していた二人が，別々の生活を営むことになる。このことは法律の上では，婚姻に課せられていた同居・協力義務がなくなることを意味する。また，財産上の効果（たとえば連帯責任，婚姻費用の分担）もなくなる。このような意味で，二人は他人に戻ることになる。ただ，たとえばフランス法でみられる補償給付（フ民 270 条 2 項。2004 年 5 月 26 日の法律により，271 条で，婚姻の期間，当事者の年齢や健康状態などが，額決定に際して考慮されることになった。この規定も，2010 年 11 月 9 日の法律で若干改正されている）や，共同親権のように，離婚後に完全には他人になってしまわないという考え方があることに注意しなければならない。なお，2004 年の改正で夫婦間の扶助義務は離婚によって終了するが，補償給付の可能性を残している（フ民 270 条 1 項・2 項）。

　離婚の際に，一方において夫婦の財産の清算の問題がある。わが国の民法では，原則として別産・別管理制を採用している以上（潜在的共有と考えることは可能であるが），財産は収入のある配偶者（一般的には夫）に帰属することになる可能性が大きく，清算は重要な問題になる。また他方で，未成年の子や未成熟子がいれば，子どもの親権，扶養が問題になる。これらの二つは，まさに離婚の効果の核心をなす重要な問題である。

9　家族法上の人的な関係に関する効果——離婚の効果①

　婚姻によって生じていた身分上の効果はすべて消滅する。同居・協力義務や貞操義務はなくなる。しかしながら，扶助義務は，離婚

後も相当な期間，存続し，相手方が困窮すれば救済すべきと主張する説もあり，位置づけが困難である（⇒95頁）。

　人的な関係に関する効果をまとめておこう。①再婚が自由になる。②氏に関しては，原則として婚姻前の氏に戻る。③姻族関係が終了する。

10　子に関する効果——離婚の効果②

親権と監護権

（1）**親権者は一人になる**　　離婚に際して父母の一方を親権者に定めなければならないとしている（819条）。子どもにとっては，今まで二人いた親権者が，離婚という親の事情により一人になってしまう。

　協議離婚の場合には親権者を協議で定め，協議が不可能な場合には，家裁が協議に代わる審判を行う（819条5項）。裁判離婚の場合には裁判所が定める（819条2項，人訴32条3項）。

　（2）**身上監護と親権**　　離婚の際に，親権の内容の一つである身上監護権を親権から分離させることができる。父が親権者になったが，子が幼少であり，親権者でない母親の監護（養育等）が必要な場合などが考えられる。このように，親権者と別に監護者を定める例は，最近少なくなってきている。母親の権利意識の高揚，経済的自立，母子関係の強さ，また家制度的な考え方（明治民法では，離婚後も常に夫が親権者になった。明治民法877条・明治民法812条）の希薄化などのために，現在では母親が親権者になるケースが多い。なかには第三者が監護者になることもありうる（児童福祉施設長など）。

　（3）**監護に関することがらの決定**　　父母が協議離婚するときには，子の監護をなす者その他必要な事項を協議で定める（766条1項）。協議ができない場合には，家庭裁判所が定める（同条2項）。裁判離

婚の場合は裁判所が定める（771条，人訴32条1項。離婚の訴えの附帯処分として認められている）。

その他監護に必要な事項としては，監護の程度，方法，費用，面会交流等である。

監護費用（養育費）の支払が監護に必要な事項の中で最も重要である（⇒203頁）。父母が婚姻中の子の養育費は，婚姻費用の分担（760条）や夫婦間の扶助請求（752条）を根拠とし（通説），また同時に親権もその根拠である。離婚にあたっては（親権や監護権の帰属とは関係なく），扶養料を決める必要性があるが（766条1項），協議離婚に際しては明確な約束をしない事例も多い。この点に関して，法律的なチェックが入るわけでもない。

民事執行法が2003（平成15）年（民執151条の2），2004（平成16）年（民執167条の15・167条の16）に改正されて，強制執行がやや容易になったが，取立てに効率的な制度的な保障はなく，その履行は長期にわたることもあり，取立てには困難を極めることが少なくないと思われた。そこで，2019（令和元）年にも民事執行法は改正されて，債務者以外の第三者から情報を取得する手続が新たに設けられた。たとえば，金融機関から預金債権などに関する情報を取得することができるようになった（民執207条。その他，205条・206条参照）。また加えて，財産開示手続を利用しやすいように改正がなされた（民執197条・213条）。現在では，扶養料の取立てになんらかの特別の手続や処置が設けられている国が多い。

なお，離婚前（別居後離婚まで）の過去の監護費用（養育費）も，離婚後の将来の監護費用（養育費）（いずれも審判事項）と一括して，離婚訴訟に附帯して裁判することが認められている。離婚訴訟において，財産分与と同じく，監護費用も，附帯処分が認められており，

申立てがあれば，訴訟で監護費用の支払を命ずることができる（人訴 32 条。離婚前に関して最判平成 9 年 4 月 10 日民集 51 巻 4 号 1972 頁，離婚後に関して最判平成元年 12 月 11 日民集 43 巻 12 号 1763 頁）。なお，過去の監護費用に関しては，離婚後の子の監護に関する規定である民法 766 条が，離婚前の別居の段階に類推適用されている点に注意を要する。

　子自身も親に対して扶養を請求する権利を有している。これは，民法 877 条以下の扶養請求権に基づくという考え方が通説であるが，820 条の監護権を根拠とする説も有力である。

　家庭裁判所は子の利益のため必要があると判断したときは，子の監護者の変更，その他監護について相当の処分をなすことができる（766 条 3 項）。

　なお，家庭裁判所は，親子，親権または未成年後見に関する家事審判などでは，子の意思を把握するように努め，審判をするにあたり，子の年齢および発達の程度に応じて，その意思を尊重しなければならないとしている（家事 65 条）。そして，この一般的な規定に加えて，特に，子の監護に関する処分の審判をする場合には，子が 15 歳以上であれば，家庭裁判所はその子の陳述を聴かなければならない（家事 152 条 2 項）。このことは，離婚訴訟にあたって，裁判所が子の監護者の指定その他子の監護に関する処分（附帯処分）についての裁判をする場合も同様であり，15 歳以上の子の陳述を聴かなければならない（人訴 32 条 4 項）。

　判例に従えば，親子関係に関して，自然的血縁関係がなくても法的に嫡出子とされる場合がある（⇒108 頁，133 頁図 6）。婚姻中に妻が夫以外の男性との間にもうけた子に対しての離婚後の監護費用の請求が，権利の濫用として認められなかった事例がある（最判平成

23年3月18日家月63巻9号58頁）。本来は，負担すべきことを前提
とした判例である点に注意を要する。

◆扶養料の取立て　わが国の協議離婚において，扶養料が書面にて明確
に定められることは多くない（離婚届にはこのような欄はない）。扶養
料を明確に定める国であっても，その履行は困難を伴うのが現状である。
そこで，いろいろな取立ての手段が考えられている。フランスでは，比
較的取り立てる制度が備わっている。以下で，フランスの法的手段を列
挙しておこう。

　①扶養料の支払義務者の有する債権や給与の差押えを簡易に行う方法，
②公の機関が取立てを代行する方法，③社会保障として先に一部を支払
い，その機関が，義務者に求償を求める方法，④医療費等の費用を直接
義務者に請求する方法等がある。養育費の履行を確保するためにさまざ
まな公の支援がなされていることが理解できよう。

　わが国でも，扶養料に関して，定期金債権を有する（定期的に支払わ
れる）場合において，その一部に不履行があるときには，期限が到来し
ていない定期金についても，一括して支払義務者の有する将来の給料な
どの債権に対して，強制執行を開始することが可能である（民執151条
の2）。また，このような強制執行において，給料債権等の差押禁止の
範囲が4分の3から2分の1に縮減された（民執152条3項）ので，よ
り多くの差押えが可能となった。

面会交流

面会交流とは，離婚後に，親権者にならな
かった親や，現実に子を監護していない親
が，未成年である子と直接会ったり，親子の交流をもったりするこ
とをいう。多くの国で立法により認められてきている。わが国も，
2011（平成23）年の民法の一部改正により，766条が改正され，1
項に「面会及びその他の交流」として，条文上，認められるに至っ
た。

面会交流の法的性質に関しては説が分かれている。離婚しても，子にとって父であり，母であることには変わりがないのであり，親子である以上本来的な権利であるとして自然権ととらえる説や，潜在的な親権ととらえる説，子の権利としてとらえる説等があり，見解は一致していない。

1964（昭和 39）年に面会交流を認める審判が公にされ（東京家審昭和 39 年 12 月 14 日家月 17 巻 4 号 55 頁），最高裁は，別居状態の事例で，民法旧 766 条を類推適用し，家事審判法 9 条 1 項乙類 4 号（＝家事別表第 2 の 3 項。子の監護者の指定その他子の監護に関する処分）により，面会交流について相当な処分を命ずることができると判示していた（最判平成 12 年 5 月 1 日民集 54 巻 5 号 1607 頁）。そして，2011 年の改正で 766 条 1 項において面会交流を監護に関する事項として位置づけて規定している。

夫婦の別れ方によっては，面会交流の実現が困難になる場合がある。夫婦間にわだかまりがある場合には，面会交流が実現できるように家裁のサポートが必要になろう。その際には，子の利益に配慮する必要性がある。親の関係がよくないと，面会交流も実現することが困難になり，養育費の支払にも悪い影響を与えることがある。

合意された面会交流には，その内容が具体的に特定されているときには，審判時とは異なる状況が生じていないかぎり，間接強制が認められている（最決平成 25 年 3 月 28 日民集 67 巻 3 号 864 頁）。

🐾 *pause-café* **フランスの離婚後の共同親権と面会交流** 〰〰〰〰〰

　フランスでは離婚後の共同親権の原則が 1993 年に取り入れられ，その後，2019 年にさらに改正された。親の別居は親権の帰属に関して影響を与えない旨の規定を設けた（フ民 373 条の 2）。かつて，子の主た

る住居を父母の住居のいずれにするかを合意で決めていたが，より共同親権が機能するように，交互居所の可能性などが認められた。親権の単独行使は，子の利益を考慮して，例外的に裁判所によって認められることがある（フ民373条の2の1）。このような場合でも，重大な事由がなければ，面会交流を拒絶することはできないとされている（フ民373条の2の1第2項）。

　共同親権を実現するためには，夫婦は互いに憎しみあうことなく，いわば静かに別れることが理想となる。離婚後も子の養育・監護に関して話し合ったり，協力しあったりしなければならないからである。子どもにとってはかけがえのない母であり，父だからである。

　ヴァカンスの時などは，子が父の別荘に行ったり，母のいる別荘に行ったりする。離婚や再婚を経て血縁のない子も一緒に住むことになる複合家族の典型的な生活の一面をみることもできる。

❦❦❦❦❦❦❦❦❦❦❦❦❦❦❦❦❦❦❦❦❦❦❦❦❦❦❦❦❦❦❦❦❦❦❦❦❦

📻　*pause-café*　**祖父母の孫に会う権利の変遷**　❦❦❦❦❦❦❦❦❦❦❦❦❦❦

　わが国では，祖父母の孫に会いたいという望みが考慮されることは少なく，法的な権利とさえ意識されていない。このことは子どもの離婚により，相手方が親権者になり孫が去って行くときに，より現実性を帯び，子の奪い合いが夫婦間で激しく争われる原因になっている。かつて，フランス民法371条の4第1項は以下のように規定していた。「父母は，重大な理由がある場合を除き，子とその祖父母との個人的な交流を妨げることができない。当事者間に合意がない場合には，裁判所がその態様を定める」。

　しかし，これは，2002年3月に改正されて，「子は，尊属と人的な関係を維持する権利を有する。ただし，重大な事由のある場合には，この権利は制限される」と改正された。この条文は2007年にさらに改正されて，面会交流が制限される場合として，「子の利益のみが，この権利の行使を制限しうる」とされている。面会交流の，子の権利として位置づけがより明確になった。またさらに，1993年以来制限はあるものの，おじ，おば，事実上の親，身分関係を証明することができない親などの

第三者に対しても子は面会交流の機会が与えられている（2項）。

〰〰〰〰〰〰〰〰〰〰〰〰〰〰〰〰〰〰〰〰〰〰〰〰〰〰〰

📖 **読書案内**　栗林佳代・子の利益のための面会交流（法律文化社，2011年）がある。
　フランス法における共同親権と面会交流に関しては，前掲（⇒75頁）のユーグ・フルシロン（松川正毅訳）の講演が，フランス法における子の利益の観点から面会交流の考え方，その実現方法にまで触れており，興味深い。

11　財産上の効果——離婚の効果③

離婚と財産上の給付

　離婚によって夫婦財産関係は消滅する。
　財産の帰属に関して，別産・別管理制
（⇒43頁）をとるわが民法のもとでは，離婚にあたって，収入のある者（多くは夫）名義に集中した財産の中に収入のない者（多くは妻）の潜在化した財産が含まれており，財産の清算を行う必要性がある。

　しかしながら，このことは戦後になってはじめて条文上で明らかになった（768条・771条。民法親族編中改正ノ要綱〔1925（大正14）年〕第17参照）。それまでは，財産的な給付は，手切金という慣行があったが，これは法的な義務ではなかった。ただ単に配偶者の不法行為を原因とする損害賠償請求（慰謝料請求）の可能性が存在していたにすぎない。

財産分与とは何か

　財産分与とは，離婚に際して，夫婦の一方から他方に対してなされる財産上の給付をいう。このような財産上の給付には，夫婦の財産の清算がまず考え

られる。わが国の民法では，このような清算を夫婦財産の清算として解決せずに，「財産分与」として解決している[*]。また，扶養の要素もそこに含める。さらに損害賠償請求の要素をも含めることもある。調停や審判で明確さが図られるよう努力がなされてはいるが，まさにわが国の財産分与は，ふろしきで全体を包み込んだものと表現することができよう（離婚訴訟に附帯してなされる財産分与に，子の監護費用も含めて考えられている〔最判昭和53年11月14日民集32巻8号1529頁〕）。

　フランスでは，夫婦財産の共有制を採用しており，離婚の際にはまずこの清算を行う。これは，夫婦の財産制の問題の中での解決であり，二人の財産が共同生活の中で共有になるものも多く，またわからなくなるものもあり，別れるにあたって清算がなされる。離婚後なされる給付は，それとは別のものであり，いわゆる衡平を念頭においた補償的なものである（補償給付）。また，不法行為があれば，損害賠償が問題になる。わが国のように，総額が妥当かどうかという観点から，ふろしき包みのように諸要素を取り込む解決方法をとるのと対照的である。

　以下，わが国の財産分与について，三つの要素にわけて説明する。

(1)　**清算的な要素**　　別産・別管理制のもとで，いわゆる潜在的持分の評価に基づき，婚姻中夫婦の協力で得た財産の清算を行う。この協力の程度の評価は困難である。民法改正要綱では，「……当事者双方がその協力により財産を取得し，又は維持するについての各当事者の寄与の程度は，その異なることが明らかでないときは，相等しいものとする」（第6の2の3）として，協力評価を平等と推

---

　[*] 相続に際しても同様であり，わが国では夫婦財産の清算が行われるという考えが乏しい。

定する案が示されている。つまり清算の対象（婚姻中夫婦の協力で得た財産）に，この寄与の割合をかけて分与額が決まることになる。

　婚姻中夫婦の協力で得た財産として，たとえば，居住用の不動産，預金等が典型例であろう。不動産に関しては，金銭評価により，金銭で分与する方法，不動産を与え，差額を金銭にて支払わせる方法，住居を利用する権利を与える方法，共有を認める方法等がある。過去に支給された退職金や年金も，対象とされる。さらに，将来の払われるべき退職金は清算の対象となりうると解されている（名古屋高判平成12年12月20日判タ1095号233頁）。退職を近くに控えている場合で支給される蓋然性が高い場合には，退職金は分与の対象とされる可能性がある。年金に関しては，離婚にあたって，分割請求できることになった（⇒99頁）。

　(2)　**扶養的要素**　　財産分与の扶養的要素に関しても，判例・通説が認めている。ただ，離婚後にも，扶養義務が継続しているのかどうか問題になる。国家による補償が充分でなく，次善的に元の配偶者による私的扶養によっているという説，離婚後も扶養の効果は残存するという説などがある。その他，夫婦間の衡平から考え，離婚による生活条件の不均衡を解消し，婚姻によって失った機会を回復するための自立への支援と理解する補償給付説があり，有力である。

　破綻離婚において，扶養的要素をどのようにとらえるかは重要な問題である。特に清算すべき婚姻中夫婦の協力で得た財産が充分でなく，生活に困窮するおそれのある場合に意義をもち，このような場合に給付の中心的なものとなりうる。

　(3)　**損害賠償的要素**　　相手方の有責な行為があり離婚に至った場合，精神的苦痛の賠償のために不法行為責任を求めることが可能で

ある。このような精神的な苦痛は，暴行や不貞といった有責な行為それ自体から生じる場合がある。また，それらが原因となって，離婚に至ったという離婚そのものに対する精神的苦痛がありうる（最判昭和31年2月21日民集10巻2号124頁参照）。これらを区別して考える学説があるが，一般的には区別することなく損害賠償として扱われている。

この損害賠償請求と財産分与の関係につき，慰謝料は財産分与に吸収されたとして財産分与に含まれると考える包括説と，別々のものであり財産分与に含まれないとする限定説がある。学説では包括説に基づく説が主流であるように思われるが，損害賠償は清算・扶養とは異なるとして限定説を主張する学説も有力である。

判例は，慰謝料を含めて分与の額・方法が定められている場合には，重ねて慰謝料を請求することはできないが，財産分与がなされても，慰謝料が含まれていないか，含まれていても充分だと認められない場合には，別個に不法行為を理由として慰謝料を請求することは可能と判示している（最判昭和46年7月23日民集25巻5号805頁）。

財産分与は家事事件であり（家事別表第2の4の項），慰謝料請求は訴訟事件であり，裁判管轄を異にしている。前者は2年の除斥期間（768条2項ただし書），後者は3年の時効期間（724条）が定められている。

裁判所は，附帯処分としての申立てにより，離婚訴訟において財産分与に関する処分について裁判しなければならない（人訴32条）。また離婚請求と損害賠償請求を家庭裁判所で併合することも可能であるし，すでに，離婚訴訟が係属している家庭裁判所に，損害賠償に関する訴えを提起することもできる（人訴17条。なお移送に関する

8 条も参照）。

◆**破綻それ自体が不法行為になりうるか**　責任の所在を問題としない破綻を原因とする離婚で，離婚それ自体に精神的苦痛を受けたとして，慰謝料請求が可能か問題提起し（破綻慰謝料の問題），このような慰謝料請求も認めるべきと主張する学説もある。しかしながら，破綻による離婚が認められる以上，それ自体は不法行為にはならないと解すべきであろう。離婚自体に慰謝料を認めるべきでないという見解も有力に主張されている。

📖　**読書案内**　惣脇美奈子「財産分与と住宅ローン」判例タイムズ
　　1100 号（2002 年）56 頁
　　菱山泰男「財産分与と慰謝料請求」判例タイムズ 1100 号（2002 年）
　　46 頁
　　蓮井俊治「財産分与に関する覚書」ケース研究 329 号（2017 年）104
　　頁
　　松本哲泓・離婚に伴う財産分与——裁判官の視点にみる分与の実務
　　（新日本法規，2019 年）

夫婦の財産関係と
財産分与

わが国では，夫婦の財産に関して共有制が採用されていない。婚姻中得た財産に潜在的な持分を有するという説明がなされることがあっても，正面からは必ずしも法的に共有としては扱われてはいない。

　財産分与請求権は，あくまでも，多くの場合に財産を収入の多い者（夫）から収入の少ない者（妻）が分与してもらうという方法をとる。共有であれば，持分に関しては自分のものであり，その分割を請求することになる。つまり，潜在的な持分は，当事者間の財産

分与の請求を正当化するための理由にすぎないといえよう。

　たとえば，財産分与請求権は，それが協議・審判によって具体化するまでは，債権者代位権の被保全債権にならない（最判昭和55年7月11日民集34巻4号628頁）。また，相手方配偶者が破産した場合には，取戻権も認められていない（最判平成2年9月27日家月43巻3号64頁）。さらに，租税法上も，共有分割を前提とするのではなくて，財産分与者に譲渡所得税が課せられている（最判平成元年9月14日家月41巻11号75頁）。あくまで，一方から他方へ「与えられる」ものであり，共有（自分のもの）を分割する解釈ではない。

　このことは，共有制を採用しているフランス法の解決方法とは異なる。共有制のもとでは，自分の物であるという意識があり，自分の物を持ち出すような感覚で，夫婦財産の清算を行っている。わが国では，死亡にあたっては相続財産を夫からもらい，離婚にあたっては，夫から分けてもらうという構図になっているといえる。

| 財産分与と詐害行為取消し |

　分与者の債権者が，詐害行為を理由に財産分与を取り消すことができるかが，判例上問題になっている。分与者がたとえ債務超過になっていても，財産分与として，不相当に過大でないかぎり，取消しの対象とならないと判示されている（最判昭和58年12月19日民集37巻10号1532頁）。また同時に，相当な額を超える部分について，その限度で詐害行為として取り消されうるとしている（最判平成12年3月9日民集54巻3号1013頁）。財産分与が相当であるかどうかを，詐害行為の正否の判断基準にしている。通説もこの考え方を支持している。

| 離婚時年金分割制度 |

2007（平成19）年4月1日から，離婚時における厚生年金の分割が実施された。基礎年金たる国民年金と異なり，厚生年金や共済年金は，専業主婦の家庭では，もっぱら就労している夫のみが加入しており，離婚後の年金受給額に差が生じるという問題があった。そこで，これらの格差を是正するために，当事者の合意に基づき，これらの年金を分割することが可能となった。分割割合は当事者の合意で定める。合意が得られない場合には家庭裁判所が定める。このようにして分割がなされると，一定年齢に達すれば，分割後の保険料納付実績を基礎として算定された額の年金を受給することになる（厚生年金78条の2）。

なお，2008（平成20）年4月1日からは，厚生年金や共済年金にたとえば夫が加入し，妻が第3号被保険者（第2号被保険者である民間サラリーマンや公務員の被扶養配偶者を意味する。国民年金7条1項2号3号）である場合，2008年4月1日以降の期間（2008年4月1日前の期間については，上記のように，当事者の合意に基づいて分割割合を定める）については，当事者の一方の請求に基づき当然に2分の1の割合で分割することができる（3号分割という。2008年4月1日前の第3号被保険者期間は，当然には2分の1の割合で分割することはできない）。年金分割に関しては，日本年金機構のホームページにわかりやすい解説がある（http://www.nenkin.go.jp/service/jukyu/kyotsu/jukyu-yoken/20140421-04.html）。

📖 **読書案内** 水野紀子「離婚給付の系譜的考察(1)，(2・完)」法学協会雑誌100巻9号1624頁，12号2151頁（1983年）

鈴木眞次・離婚給付の決定基準（弘文堂，1992年）

本沢巳代子・離婚給付の研究（一粒社，1998年）

第2章　親と子（子と親）

実子（実親子関係）と養子（養親子関係）を学び，生殖補助医療の問題点を知ることが目的である。

実親子関係で，生物学上の真実とは異なる親子関係が生じてしまう可能性がある。このような関係は，否定されるのだろうか。また，守られるのだろうか。生物学上の真理とは異なる，法律が守るべきもう一つの真実が存在するのだろうか。

　民法典では親子に関する法律として，実子と養子を規定している。実子は，男女の自然の交わりの結果生まれてきた子である。自然の血のつながりが問題になる。これに対して，養子は親子になろうという意思を中心にして，すでに生まれている他人の子と親子関係を法律的に作ることである。民法 727 条で，養親子関係は血のつながりありと擬制されており，実子も養子もともに血族である。

　また，最近は，生殖補助医療技術が発展し，法律上の親子関係にも大きな問題を投げかけている。現行法のもとでは，実子か養子かで説明をすることになるが，本書では，その問題の重要性を考慮し，実子と養子という伝統的な上記の二つの親子関係に加えて，生殖補助医療で生まれてきた子も特別に分類して説明する。

1 実　子

実子は，両親が婚姻関係にあるかどうかで，嫡出子と嫡出でない子に分かれる。

1 嫡　出　子

| 嫡　出　推　定 | 「妻が婚姻中に懐胎した子は，夫の子と推定する」（772条1項）。つまり，婚姻後に |

夫婦間で関係があって懐胎した子を夫の子と推定している。このようにいつ懐胎したか（いつ関係したか）を問題にはしているが，2項によって，「婚姻の成立の日から200日を経過した後又は婚姻の解消若しくは取消しの日から300日以内に生まれた子は，婚姻中に懐胎したものと推定」している。すなわち二重の推定を行うことによって，子がいつ生まれたかという事実を問題にし，夫の子と推定している。*

つまり，離婚後に女性が再婚をする事例でも，婚姻解消後300日以内に子が生まれた場合には，前婚の夫の子と推定されるのが原則である。しかしながら，このような事例では，後婚の子であること

---

* 2004（平成16）年に772条2項で，「200日後」とされていた規定を，「200日を経過した後」に改正している。200日目は含まれないことは明確になった。それゆえ，201日以後に生まれた子と解される。

起点である「から」については，通説は140条に従い，初日不算入で考えている。しかし，年齢計算ニ関スル法律の即日起算主義を理由に婚姻の成立の日を起算点とする説もある。

が現実には多く，2007（平成19）年5月に法務省民事局は通達により，医師の作成した証明書を提出することによって，婚姻解消または取消し後の懐胎であることを証明することができる事案について，民法772条の推定を及ぼさずに，後婚の子として出生届が受理されることになった。解消前の懐胎の場合には，以前と同様，前婚の夫の子と推定され，この推定を覆すために，調停または裁判が必要である（⇒113頁以下）。この通達は懐胎の時期を問題としており，これによっては救済されない事例も多いと思われる。

　なお，裁判所のホームページによれば，子から実父を相手とする「認知調停」の可能性が記されている（http://www.courts.go.jp/saiban/syurui_kazi/kazi_07_18/）。夫の子であるとの推定を受けないことが必要であるので，判例の考え方に忠実に従えば，別居等，妻が夫の子を妊娠する可能性がないことが客観的に明白である場合に限られることになる（外観説⇒106頁参照）。このような事情のないかぎり，DNA鑑定を用いることは困難と思われるが，実務上，この扱いが異なりうる。300日問題に関する認知調停は，無戸籍状態を前提としている以上，不自然なことを助長することにもなりかねず，子の利益にも反し，やはり，根本的な解決には立法が必要と考える（⇒105頁，112頁以下参照）。

　◆婚姻と父子関係　父子関係を婚姻と絡める考え方は，法律的なテクニックであり，その起源は古い。ローマの法諺にも次のような表現がみられる。「Pater is est, quem nuptiae demonstrant. （父は婚姻が指示する者なり）」これは，父子関係を100％証明することは不可能であった時代を考えれば，人間の知恵であるといえよう。

　なお，200日，300日という日数は，懐胎から分娩に至る最短期間を200日，最長期間を300日とする統計に基づく立法当時の医学上の説に

基づいているとされている。婚姻との関連で，なるべく嫡出推定をはたらかせようという姿勢が 200 日と 300 日という期間の差にみられる。

☛ *pause-café* **父親の名の表示** ෴෴෴෴෴෴෴෴෴෴෴෴෴

　わが国の父子関係の推定規定には硬直的な印象を受ける。フランス法であれば，子の出生証書に父として夫の表示がない場合には，父子関係の推定は，はたらかない（フ民 313 条）。なお，このようにして父子関係の推定が排除された場合でも，子が夫と身分占有を有し，子が第三者との間で確定した父子関係を有しない場合には，当然に推定は回復する（314 条）。このように，子の利益が考慮された立法になっていると言える。これは子の出生の真実を最もよく知っている女性の意思も尊重した興味深い立法である。

෴෴෴෴෴෴෴෴෴෴෴෴෴෴෴෴෴෴෴෴෴෴෴෴෴෴෴෴෴෴

📖 **読書案内**　和田于一・親子法論（大同書院，1927 年）19 頁

嫡出性の拡張
——200 日以内に生まれた嫡出子

婚姻成立の日から 200 日以内という推定のはたらく期間外で生まれてきた子にも嫡出推定の考え方を拡張するのが望ましい事例

がある。

> A 君と B さんは婚姻届に先立って 4 年間ほど自由結合関係にあった。婚姻届を提出した翌日に B さんは C を生んだ。この子は，婚姻成立から 200 日以内に生まれているが，AB 夫婦の嫡出子になるか。

　子は，婚姻成立の日から 200 日以内に生まれており，まずは嫡出でない子となり，準正（⇒132 頁）によって嫡出子になると考えるのだろうか。判例は見解が分かれていたが，大連判昭和 15 年 1 月 23 日民集 19 巻 54 頁は，認知を待たずに当然に嫡出子の身分を取

得すると判示した。したがって，嫡出でない子として届けられていた場合には，職権（昭和34年8月28日民事甲1827号民事局長通達）または利害関係人の申請で戸籍が訂正される（戸113条）。

　ただし，このように200日以内に生まれた子の身分を争うには，「嫡出否認の訴え」ではなくて**親子関係不存在確認の訴え**による（大判昭和15年9月20日民集19巻1596頁等）。内縁期間を考慮して，嫡出推定の規定が類推適用されるのではない（最判昭和41年2月15日民集20巻2号202頁）。

> 　前例とは異なり，A君とBさんは共同生活を行う（自由結合関係）というほどの関係にはなかったが，婚姻前に幾度か交渉があり，その結果，妊娠した。それを知った二人が，婚姻を決心し，100日目にCが生まれた場合には，CはA君とBさんの嫡出子になるのだろうか。いわゆる「できちゃった結婚」の場合の問題である。

＊推定されない嫡出子とか推定を受けない嫡出子と呼ばれている。
　200日以内に生まれた子を「嫡出子」であるとすることは，親子関係を婚姻と関連づける考え方に基礎をおいている。本来，婚姻の存在を前提として推定を受けなければ嫡出子になりえない。200日以内に生まれたとしても，婚姻中に生まれたのであり，この意味において，嫡出推定の考え方が拡張されて推定を受けているといえる。「推定を受けない」「推定されない」というネーミングは混乱を招きやすい。
　しかしながら，このような嫡出子は，父母の貞操義務のないときに懐胎した子であり，特別の訴え（親子関係不存在確認の訴え）で，父子関係を争える。このように，父子関係を否定する方法が異なるだけである。
　「推定を受けない嫡出子（推定されない嫡出子）」というネーミングは，立証責任の観点からも問題があり，しかも紛らわしく，むしろ端的に「200日以内に生まれた嫡出子」と呼ぶ方がわかりやすい。

戸籍を受理する戸籍事務管掌官には，A君とBさんがどのような関係であったかを審査する権限がないので，自由結合関係（または内縁関係）があったかどうかにかかわらず，戸籍実務上，出生と同時に嫡出子として扱われている（昭和15年8月24日民事甲1087号民事局長回答，昭和30年7月15日民事甲1487号民事局長回答等）。したがって，A君との婚前の交渉の結果Bさんが妊娠し，婚姻を決意した事例でも，子は出生と同時に嫡出子の身分を取得することになる。ただし，前例と同じように，200日以内に生まれた子の身分を争うには，嫡出否認の訴えでなく，親子関係不存在確認の訴えによる点に注意を要する。

嫡出推定の制限
——推定の及ばない子*

嫡出推定がはたらく期間内に生まれた子ではあるが，生物学上の父子関係が存在しないと思われる事例がある。

A君とBさんは2年半にわたり別居し，事実上離婚状態であった。A君との離婚が成立した後137日目にCが生まれた。このような場合，Cは，A君のなす嫡出否認の訴えがなくても，直接真実の父に対して認知の訴えを提起することは可能か？　また，BさんはCはA君の子でないと主張できるか？（最判昭和44年5月29日民集23巻6号1064頁より）

(1)　推定は必ずしも自動的に作動するとは限らない　たとえ婚姻成立200日を経過した後，解消後300日以内に生まれても，当該夫婦の間に子が生まれる客観的な可能性のない場合，たとえば，夫が長

　＊推定の及ばない嫡出子とも呼ばれるが，嫡出子でありえないことを前提としており，「推定の及ばない子」という用語の方が適している。

期間不在であったとか，服役中であった場合等には嫡出推定は及ばない。

　設例の場合，最高裁は事実上の離婚（別居）状態の期間に懐胎した子は，嫡出推定が及ばないと判示し（最判昭和44年5月29日民集23巻6号1064頁），子から真実の親に対して，戸籍を訂正することなく認知の訴えができるとしている（⇒122頁図5）。もしも，嫡出推定がはたらくのであれば，父が否定しないかぎり，このようなことは不可能である（認知に関して，⇒119頁以下）。

　「推定の及ばない子」の考え方は，嫡出推定の規定を形式的に適用するのではなくて，真実に近づけるために，推定を制限する可能性のあることを示している。親子関係を否定するために，厳格な嫡出否認の手続によることなく，要件のゆるやかな，法律関係の不存在確認の訴訟（**親子関係不存在確認の訴え**）を提起することが可能である（訴えについては，⇒113頁以下）。

　(2)　どのような場合に推定が制限されるのか

　①　外観的に夫婦の子でありえない場合　　たとえば，夫の行方不明，海外在住，服役中（那覇家審昭和51年2月3日家月29巻2号130頁では嫡出推定を否定している），長期にわたる事実上の離婚状態（別居）（前掲最判昭和44年5月29日，大阪高判昭和43年7月30日家月21巻10号101頁）など，妻が夫の子を産むことがありえない外観的な状況のもとで，妻が子を産んだときは，その子は「推定の及ばない子」になる。この考え方は**外観説**と呼ばれている。このような事例では，嫡出推定を制限することを，判例・学説ともに認めている。なお，子との間で人種の異なる場合，外観上明らかにわかれば，これに入れてよいだろう（学説には外観に入れないものが多い。審判例として，日本人夫婦から，黒人との間の子が生まれた事例である福岡家審昭

和44年12月11日家月22巻6号93頁がある。この審判では，推定は受けないと解している〔推定の及ばない子の意味で用いられている〕）。

② 外観的な事情のみでは夫婦の子でないことがわからない場合

これに対して，夫の生殖不能（嫡出推定を否定した事例，新潟地判昭和32年10月30日下民8巻10号2002頁），血液型の不一致（推定を否定した事例，大阪高判昭和51年9月21日下民27巻9〜12号583頁）の場合等，二人の生活状態などの外観だけでは母親が夫の子を生むことがありえないということが明らかでない場合には，見解が分かれている。

ふとしたことで生物学上の父子関係のないことが明らかになってしまった場合，この科学的な真実（生物学上の真実）に基づき親子関係を否定することができるのかの問題でもある。

純粋に外観説をとれば，別居などとは異なり血液型の不一致は，夫婦の生活を外観的に考察するかぎり不明なものであり，不一致を持ち出して嫡出推定を否定することはできない。たとえ生物学上の真実がわかっても，別居等，夫の子でありえない外観が存在しないかぎり，親子関係は争えないことになる。これに対して，このような場合にも，推定は及ばないと解し，親子関係の否定をしやすくする学説がある。これを**実質説**（真実尊重説，血縁説）という。より真実を重視する考え方であるといえる。また，当事者間で合意があれば，親子関係を否定することができるという考え方もある（**意思説**）。実際上，親子関係を否定し，真実にあわせようとする場合には，関係当事者間で合意が形成されて，戸籍の変更がなされることが多かった。しかし，戸籍変更の手段として，合意により嫡出推定を安易に回避することができるのか問題が指摘された。この説に至っては，嫡出推定による嫡出否認の訴えという構造は完全に形骸化されてし

まっている。さらに，家庭に平和があるかどうかを根拠にして，親子関係を争えるかどうか判断する説もある（**家庭平和説**）。

　なお，当事者の別居等で性的な関係の不存在が明らかであると思われる場合で，当事者間で合意が成立し，合意に相当する審判がなされるときには，DNA鑑定という科学的な根拠に基づき，推定の及ばない子として親子関係不存在確認が認められ，父子関係が否定されうる。科学的な証拠を合意のもとで用いており，これは実務の傾向である。

　(3)　**嫡出推定の有名無実化と新しい判例の流れ**　　裁判例は，外観のみに限定しておらず，実質説に基づくものや，守るべき家庭の平和がもはやないこと（津家四日市支審昭和59年7月18日家月37巻5号63頁等），さらに，当事者が推定の排除を望んでいること（大阪地判昭和58年12月26日判タ552号265頁）をも加味して判断する傾向が現れていた。しかしながら，最高裁は，**外観説**に基づいて判断し（最判平成10年8月31日家月51巻4号33頁，最判平成10年8月31日家月51巻4号75頁，特に前者の判決参照），嫡出推定の規定のこのような空洞化に歯止めをかけた。嫡出推定を否定する訴え（訴えに関しては，⇒113頁以下）は1年以内の提起が求められているが，それを重要視して判断する判例の傾向が窺われる。妻が子を懐胎すべき時期に，すでに夫婦が事実上の離婚をして夫婦の実態が失われ，または遠隔地に居住して，夫婦間に性関係をもつ機会がなかったことが明らかであるなどの事情が存する場合には推定の及ばない子になりうるが，そうでないかぎりは，嫡出推定の規定が適用され，子の身分関係の法的安定を保持する必要性がなくなるものではないというのが最高裁の考え方である（最判平成12年3月14日家月52巻9号85頁）。

妻が夫に対し，夫との間に法律上の親子関係はあるが，婚姻中に夫以外の男性との間にもうけた子につき，離婚後の監護費用の分担を求めることが相当であるかどうかが問題になった判例がある。本来であればこのような夫には，子に対して責任があることを前提にして，これ以上の負担を負わせることが相当であるかどうかを考慮し，諸事情を総合すると権利の濫用にあたると判示している（最判平成23年3月18日家月63巻9号58頁）。その事情として，夫には，もはや親子関係を否定する法的手段は残されていないこと，夫は婚姻中，養育・監護のための充分な費用を分担してきたこと，さらに妻は相当額の財産分与を受けることになり，離婚後の当該子の監護費用をもっぱら妻において分担することができないような事情は窺われないことが示されている。

　妻が婚姻中に夫以外の男性と関係し，出産した子について，嫡出否認の出訴期間の経過後は，たとえ，DNA鑑定で親子関係がないことが確かであり，しかも真の父親と母親と子とが一緒に生活していても，子の身分関係の法的安定を保持する必要性が当然になくなるものではないから，親子関係不存在確認の訴えで当該父子関係の存否を争うことはできないとする最高裁判決がある（最判平成26年7月17日民集68巻6号547頁。最判平成26年7月17日には，父子関係に関する3つの事件の判決がある。札幌高裁の事件の最高裁判決が民集に登載されている。判時2235号21頁に掲載されているのが大阪高裁の事件であり，その他，高松高裁の事件がある）。「民法772条2項所定の期間内に妻が出産した子について，妻がその子を懐胎すべき時期に，既に夫婦が事実上の離婚をして夫婦の実態が失われ，又は遠隔地に居住して，夫婦間に性的関係を持つ機会がなかったことが明らかであるなどの事情が存在する場合には，上記子は実質的には同条の推定

を受けない嫡出子に当たるということができるから，同法774条以下の規定にかかわらず，親子関係不存在確認の訴えをもって夫と上記子との間の父子関係の存否を争うことができると解するのが相当である……。しかしながら，本件においては，妻が被上告人を懐胎した時期に上記のような事情があったとは認められ」ないとしている。ここでも前述の最判平成12年判決と同じ理論が示されている。

この平成12年，平成26年の判例には，もはや親子の生活の実態が失われてしまった親子関係に，強制的に閉じこもらせることになりはしないか疑問を感じる。父子関係の実態にも注意を払うべきであろう（⇒111頁🔖）。

📖 **読書案内**　伊藤昌司「実親子法解釈学への疑問」法政研究61巻3＝4号（1995年）591頁，同「実親子関係と守旧的法理論」判例タイムズ1039号（2000年）72頁

水野紀子「実親子関係と血縁主義に関する一考察」星野英一古稀祝賀・日本民法学の形成と課題（下）（有斐閣，1996年）1131頁

◆**嫡出否認の訴えと親子関係不存在確認の訴え**　子の出生を知って1年以内に，親子関係を争う場合には，嫡出否認の訴えかそれとも親子関係不存在確認の訴えか。

判例にいう完全なる別居で，性的な関係をもつことがありえないことが外観上明らかである場合には，「推定の及ばない子」であり，親子関係不存在確認の訴えが問題になる。これに対して，外観上明らかでない場合には，嫡出否認の訴えが問題になる。前述の判例理論から考えれば，別居などしていないかぎり，出生を知った後1年経過すれば，もはや身分は事実如何にかかわらず争えなくなってしまう可能性がある。この意味において，判例は外観説に傾いているといえる。

(1)　現在では，DNA鑑定を行えば，100％に近い確率で，親子関係の存否がわかる。科学的な真実を直視すれば，真実に反する親子関係はすべて否定できる可能性がある。このような中にあって，フランス法は現実に営まれている生活の実態に，より一層配慮した改正を行っている。フランスの親子法は，2005年に嫡出でない子（自然子）の制度を廃止したこととも関連するが，伝統的な親子法から一新している。概略を述べておこうと思う。

親子関係は3通りの方法によって確定する（フ民310条の1）。第一に，法律に基づくものとして，母子関係は出生証書への母親がなす指示，父子関係は推定がある（311条の25）。婚姻中に懐胎しまたは出生した子の父親を夫と推定している（312条）。この推定が排除される場合についても規定されている（313条）。第二に，これらに基づくことができない場合には，任意認知によって親子関係が確定される（316条）。第三に，身分証書に基づく確定である（317条。第二，第三に関しては，⇒120頁▆参照）。

親子関係を求める訴えは，母子関係に関しては，身分占有がない場合に，母子関係の捜索が認められている（325条）。しかし，匿名出産であれば，秘密が守られる（326条）。父子関係であれば，父の捜索の訴えが可能である（327条）。

親子関係の争い方は，かつては嫡出否認があったが廃止され，身分占有に基づき規定されている。母が子を出産していないという証拠に基づいて母子関係を争ったり，夫や認知をした者が，父でないことを証明して争うことができる（332条）。身分占有があるときには，子，父または母，真の親であると称する者のみが争うことができる。この場合には，身分占有が中断しまたは身分を争われている者が死亡したのち5年経過すれば争えない（333条1項）。また身分占有が，出生または認知から5年ある場合には何人も争えない（同条2項）。身分占有を有しない場合には，321条の期間（10年）は，利害関係を有する者は争うことができる（334条）。

身分占有の基礎となる実際の生活の事実には，親子として扱われてき

たこと，子の養育・自立に資したこと，社会から親子として認められていること，公権力が親子とみなしていること，氏を称していることがあげられる（フ民311条の1第2項）。身分証書に合致する生活を営む者達への守りの理論である。逆に親子としての生活の実態がなければ，利害関係を有する者ならば誰でも父子関係を争える（フ民334条）。このように親子関係の否定を実生活の有無にかからしめているのである（⇒130頁◆）。

わが国の判例が，もっぱら懐胎時期の客観的な状況を問題にしているのと比較すれば，営まれている生活（訴権の時効消滅も興味深い）にも着目し，より現実に即した妥当な解決方法であるといえよう。

科学技術の発展（DNA鑑定など）で真実の把握がより容易になった今日では，虚偽の親子関係は比較的早くわかるものであり，社会は次第に法の虚偽性を許さなくなりつつある。同時に社会には，親子関係の安定性の要求もある。立法者はこれらを考慮して改正を行ったと言われている（P. Malaurie et H. Fulchiron, Droit de la famille, 5e. éd., 582, 2015）。嫡出でない子（自然子）の概念が民法から廃止された後の親子法の一つの立法の姿を示しており示唆するところが多い。法が守るべき親子関係があるということと，実態のない親子関係を法で強制しても意味がないということ——親子関係の二面性——をフランス法は教えている。

(2) フランス法では，親子関係の争いの場合には，裁判官の命令に基づかなければDNA鑑定が実施されることはなく，当事者が勝手に行うことは許されていない（フ民16条の11）。科学技術は真実の名のもとに，細やかな幸せを崩壊させてしまうこともあるからである。DNA鑑定は，用い方によっては，家族の平和を根底から覆すことにもなり，害もあることを知るべきであろう。

⚘⚘⚘⚘⚘⚘⚘⚘⚘⚘⚘⚘⚘⚘⚘⚘⚘⚘⚘⚘⚘⚘⚘⚘⚘⚘⚘

◆嫡出の推定の見直し等（中間試案第2, 第3） 民法（親子法制）等の改正に関する中間試案で，嫡出推定に関して，以下の案が示されている。

妻が婚姻中に懐胎した子は，夫の子であると推定するという考え方を維持しつつ，妻が婚姻前に懐胎した子であっても，婚姻の成立した後に

出産した子であるときは，夫の子と推定する（第2）。

　婚姻解消後の300日以内に生まれた子は，現行法通り，婚姻中に懐胎したものと推定（元夫の子であると推定）しつつ，母が元夫以外の男性と再婚した後に生まれた子は，再婚後の夫の子と推定する。

　この案と同時に，再婚禁止期間の廃止も案として示されている（第3）。

訴 え

　実親子関係を否定する訴えは，二つある。要件の厳格な嫡出否認の訴えと，要件のゆるやかな親子関係不存在確認の訴えである。上記二つの訴えとは性質を異にするが，父を定める訴えもここで説明する。

(1) 嫡出否認の訴え（774条以下）

嫡出推定の結果，夫の嫡出子と推定された場合に，その推定を破るためには，嫡出否認の訴えを提起しなければならない。この訴えによってのみ，推定を受ける嫡出子との親子関係を否定することができる。

　民法の条文によれば，夫のみが，子の出生を知った時すなわち妻が分娩した事実を知った時から1年以内に訴えなければならない（774条・777条）。母親は事情をよく知っているはずであるが，否認権はない。1年が経過したり，夫が子の出生後に，嫡出であることを承認したときには，その否認権を失う（776条）。子の出生届を出すことは義務であるので，ここにいう承認にはあたらない。

　このような厳格な規定は，第三者から勝手に認知されたり，姦通の結果の子であると第三者が主張し出すと，夫婦間の平和を錯乱することになりかねないと考えたから設けられたと説明されている。また，第三者による訴えを認めなかったのは，推定が正しいものであるかどうかは，夫婦のみが知っており，さらに子による訴えを認めなかったのは，母の姦通を立証させることになる弊害からである

と立法当時説明されている（修正案理由書100頁）。結果的に，わが国の民法典は，フランスの嫡出否認の制度を採用した。フランスでは，ローマ法の伝統で，嫡出否認を夫に限定していた。このように否認権を夫に限定することはつまり，母の不貞を暴くのは，その夫のみであることを意味していた。[*]

◆嫡出の承認の制度の見直しに関する検討（中間試案第7の1） 否認権者の範囲を拡大する改正に伴い，子の身分関係の安定を図る観点から，776条の嫡出の承認を実効化するための方策を設けることが検討されることになっている。

◆嫡出否認と調停 家庭裁判所は，人事に関する訴訟事件その他家庭に関する事件について調停を行う（家事244条）。このように調停を行うことができる事件について訴えを提起しようとする者は，まず家庭裁判所に調停の申立てをしなければならない（家事257条。調停前置主義）。このために，嫡出否認の訴えを提起しようとする者は，まず家裁に調停の申立てをしなければならない。

　もしも，この調停で合意に達すれば，家庭裁判所は，必要な事実を調査（場合によっては，親子鑑定）し，家事調停委員の意見を聞き，正当と認めるときは，「合意に相当する審判」をなすことができる（家事277条。嫡出否認の審判である）。つまり，親子関係に関する争いを，「当事者の合意」を基礎にして解決することが可能である。合意に達しない場合には，家庭裁判所に訴えを提起する（家事272条，人訴2条2号・4条）。

---

*フランス法では，このような夫に限定する伝統的な考え方を，1972年に改正し，母親も要件を満たせば嫡出父子関係の否認を可能としていた。しかしながら，2005年の親子法の改正によって，嫡出子，嫡出でない子という子の出生時の親の関係による区別を廃止したのに伴い，嫡出否認という考え方も民法典からなくなった（⇒111頁🐾）。

なお，父のみが訴えが可能であるが，実務では，子や母親の調停申立てを有効なものとして扱っている（札幌家審昭和41年8月30日家月19巻3号80頁，先例では昭和26年8月17日民事甲1684号民事局長回答）。

　(2)　**親子関係不存在確認の訴え（判例理論）**　　子が，「200日以内に生まれた嫡出子」（推定を受けない嫡出子）であったり，「推定の及ばない子」である場合には，親子関係不存在確認の訴えが提起できる（大判昭和15年9月20日民集19巻1596頁）。この訴えは，判例によって認められ，人事訴訟法に規定された（人訴2条2号）。出訴期間に制限がなく，利害関係を有する者ならば誰でも提起することができる。しかし，親子としての生活の実態が長期にわたって存在していた虚偽の出生届に関する事例（いわゆる藁の上からの養子の事例）で，不存在を確定することが，諸般の事情を考慮すれば，著しく不当な結果をもたらす場合には，確認訴訟は権利の濫用にあたり，許されないと判示する判例（最判平成18年7月7日民集60巻6号2307頁）があることに注意しなければならない（⇒108頁，142頁）。

　この訴えも，嫡出否認の場合と同様，調停がまず家庭裁判所で試みられ，調停が成立すれば「合意に相当する審判」（家事277条）がなされる。

　なお，「200日以内に生まれた嫡出子」「推定の及ばない子」については，嫡出否認の訴え提起が可能な期間であっても嫡出否認の訴えによるべきではなく，もっぱら親子関係不存在確認の訴えによるべきであるとするのが実務の傾向である（前掲大判昭和15年9月20日）。

　親子関係が否定されるまで，自然的な親子関係がない子のために

まとめ①

父子関係	訴 え
嫡出子	嫡出否認の訴え
200日以内に生まれた嫡出子（推定を受けない嫡出子）	親子関係不存在確認の訴え
推定の及ばない子	親子関係不存在確認の訴え

まとめ②

	訴えの対象となる子	誰が（訴えを提起しうる者）	誰を（訴えの相手方）	いつまで（出訴期間）
嫡出否認の訴え	嫡出子	父のみ（否認権者）	子または親権を行う母に対して	夫が子の出生を知った時から1年以内
親子関係不存在確認の訴え	200日以内に生まれた嫡出子 推定の及ばない子	利害関係を有するものならば誰でも	人事訴訟法12条参照	制限なし

支払った養育費について，不当利得返還請求が可能かどうかが争われている（東京高判平成21年12月21日判時2100号43頁）。親子関係のない者を扶養したことをどのように理解するか（法律上の原因の有無など）が問題となっている。

　(3)　**父を定める訴え**　　上記二つの訴えとは性質が異なるが，再婚禁止期間に違反して婚姻した場合（773条）や重婚状態にある場合（先例，通説）に嫡出推定が重複することがある。このような場合に，裁判所が父は前の夫か後の夫かを決定する。実務上は稀にしか起こらない。訴えの当事者は，人事訴訟法43条が規定する。

◆嫡出否認制度の見直し（中間試案第4，第5，第6）　まず，777条の規定で1年とされている提訴期間を3年または5年にする案が示されている。

現行法では，出訴権者は夫に限られているが，子が未成年の間に，子と母にも否認権を認めるかどうかが検討されて，子については認める案が示されている。これに対して，母の否認権を認めるかどうかについては2案が示されている。

また，婚姻解消後300日以内に生まれた子で，母が再婚した場合には，再婚した夫の子と推定する改正案（⇒112頁◆参照）に基づき，再婚後の夫の子と推定される子について，前の夫に否認権を新設する案も示されている（第4）。

なお，成年等に達した子の否認権について，認めないとする案と認めるとする案（成年または25歳に達した日から3年，5年を経過するまでの期間に認める案）が示されて，検討課題とされている（第5）。なお，25歳とされているのは，特別養子縁組で養親となることのできる年齢を考慮している。父子関係の消滅という決断をするためには，相当程度成熟していることが必要であるとして，25歳案が示されている（中間試案補足説明67頁）。

父子関係の当事者の一方が死亡した場合の規律の見直しも検討されている。否認権者として子も認められることになれば，子が死亡した場合の否認権に関する規律を検討する必要性がある。否認権者が死亡した場合と，否認権を行使する父子関係の他方当事者が死亡した場合とに分けて検討されている。たとえば，父の死亡の場合には，人事訴訟法41条の規定を維持し，一身専属権ではあるが，一定の範囲の親族に原告適格を認めることを基本に考える案と，承継を認めない案が示されている（第6）。

| 嫡出子の地位 |

未成年の嫡出子は父母の共同親権に服する。親権は親子関係の重要な権利義務ではあるが，そのすべてではない（⇒173頁以下）。他に，相続権，第三者に

よる父母の生命侵害に対する慰謝料請求権（711条）を有し，父母の氏を称する（790条1項）。

② 嫡出でない子

婚姻関係にない男女から生まれてきた子は，嫡出でない子となる。このような子には父と母の婚姻による嫡出推定がはたらかず，父子関係は自動的には証明されない。嫡出でない子の親子関係の証明は認知によってなされる。たとえ，生物学上の親子であっても認知がない以上，法的な父子関係はない。

> 母子関係は？
> 父子関係は？

一般に母子関係は，分娩という事実によって外観的にわかるので，認知は必要でない（最判昭和37年4月27日民集16巻7号1247頁は分娩の事実によって当然に発生するとする）。妻の姦通の結果生まれてきた子は，嫡出推定により，その女性の夫の子と扱われる。しかし，嫡出否認または親子関係不存在確認の訴えによって，父子関係が否定されると，その子は，母親の嫡出でない子になる。例外的に母子関係が不明である場合（棄児等）に，母のなす認知の可能性がある。

父子関係は，外形上母子関係のように明確ではなく，常に認知が必要である。

◆「嫡出でない子」という言葉　現在，民法典の条文の上では，「嫡出でない子」という言葉が用いられている。

　旧法のもとでは，私生子という言葉と庶子という言葉があり，認知されない子を母との関係で「私生子」と呼び，認知された子を父との関係で「庶子」と呼んだ。庶子の男子は，家督相続の順位に関して，嫡出の

女子に優先していた（旧法 970 条）。昭和 17 年に私生子の呼び名が廃止され，「嫡出ニ非ザル子」になった。「庶子」という言葉は，家制度の廃止とともに，戦後，民法典から消え，「嫡出でない子」で統一された。しかしながら，嫡出子，嫡出でない子で差がなくなれば，嫡出性にこだわる意味は薄れ，ただ，親子関係の証明の問題が残るだけである。このように，嫡出でない子という概念それ自体も，果たして必要なのか検討される時が来よう。

　フランスでは 2002 年ごろから，将来的には，嫡出という考え方がなくなり，父子関係，母子関係という考え方で親子関係をとらえることになると指摘され始め，ついに，2005 年に親子法を全面的に改正し，嫡出子，嫡出でない子（自然子）の区別は完全に廃止された。この改正は，わが国の親子法にも影響を与えるものと思われる（⇒111 頁 ☛）。

2013（平成 25）年 9 月 4 日に，嫡出でない子の相続分に関して，最高裁大法廷で違憲の決定が公にされ（⇒256 頁参照），嫡出子と相続分が同じとなった。しかし，民法典の中から嫡出でない子という概念が消え去ったわけではない（779 条・790 条参照）。

| 認知とは |

認知には，父自らなす任意認知と，父の意思に反してでも強制的に認知を行うことになる認知の訴えがある。

　認知に関して，父親の意思を重視する**意思主義**と，生物学上の父子関係の事実を尊重する**事実主義**がある。

　前者では，もっぱら父の意思を中心に考え，父が認知をしない場合に認知の訴え（父の捜索，強制認知）を認めていく。これに対して，親子関係の真実を重視し，親子関係を確定させ，父の意思を問題としない考え方が生物学上の事実主義である。意思主義に徹すれば，嫡出でない子の認知はすべて父の意思のみにかかっていることにな

り，これに対して生物学上の事実主義に徹すれば，父の意思の要素は消える。

意思主義から事実主義へ移行しつつあるといえるが，認知において意思の要素を完全に消し去ることはできない（後述の認知の訴え⇒127頁以下）。

● *pause-café* **フランス法における認知と推定** ⌘⌘⌘⌘⌘⌘⌘⌘⌘⌘

　かつて，フランス法では，自然父子関係について，意思に基づく任意認知と，訴えによる父の捜索と呼ばれるもののほかに，1982年に生活の事実を考慮し身分占有に基づく自然父子関係の推定の制度が設けられていた（フ民旧334条の8。フランス民法典では嫡出ではない子を自然子といった）。フランス法では2005年の改正により，嫡出でない子（自然子）の制度を廃止し，「嫡出でない子（自然子）の認知」という考え方もなくなった（⇒128頁●）。親子関係で問題になるのは立証であり，立証の方法は法律による場合と，認知による場合と，身分占有による場合の3種類が定められた（フ民311条の25以下参照。⇒111頁●）。

　法律による場合の他，認知（フ民316条以下）と身分占有（フ民317条）で証明がなされる。このように認知は，2005年法では親子関係を証明する一つの手段という位置づけになった。また加えて親子関係を求めて争われる場合として，父子関係の捜索の訴えが規定されている（フ民327条）。

　また，父子関係は身分占有を確認する公知証書によっても証明される。公証人に身分占有の証明の公知証書（acte de notoriété）を作成してもらうと，出生証書の余白に身分占有によって立証された親子関係が記載される（フ民317条）。生物学上の事実と意思との間に，生活上の事実を尊重する考え方が存在している。このような立法は親子関係を考える上で，もう一つの重要な視点を提供してくれる。

　なお，わが国では，認知は必要であるが，共同生活の事実で認知の証明を緩和し，事実上の推定を行うことは認められている（最判昭和29年1月21日民集8巻1号87頁）。また，死後認知に関しては，共同生

活の事実があり，父子関係が推定されうる場合であっても，3年以内に提訴しなければならない（787条参照。最判昭和44年11月27日民集23巻11号2290頁）。

〜〜〜〜〜〜〜〜〜〜〜〜〜〜〜〜〜〜〜〜〜〜〜〜〜〜〜〜〜〜〜〜〜〜〜

> 任 意 認 知

(1) **任意認知とは？**　任意認知は，父自らの意思で認知を行うことを決意し，認知届を出すことによって行う（781条）。父子関係の確定に父の意思が重要な役割を果たしている。自白に相当するといえる。また届出を受理する戸籍事務管掌官には親子関係に関する実質審査権はないので，真実の親子関係の存在とは関係なく，認知がなされる可能性がある（このような認知は無効である。786条）。

(2) **認知の要件**

① **認知能力**

> 婚姻していない17歳であるＡは，Ｂが生んだＣを認知しようとしている。Ａ一人で認知は可能か。それとも親の同意が必要か。また，そもそもＡの親がＡに代わって行うのか？

財産法上の行為とは異なり，父（または母）たる者が，未成年者または成年被後見人であるときであっても，任意認知をなすには法定代理人の同意を要しない（780条。なお833条参照。認知の訴えに関して，⇒129頁参照）。意思能力があれば自ら認知が可能であり，自らこれを届けなければならない（戸32条）。ただし，意思能力がない者は，認知を行うことができず，そのような者がなした認知は無効である。なお，被保佐人は，認知をなすにあたって保佐人の同意

図5

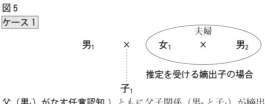

ケース1

男₁　　×　　女₁　×　　男₂（夫婦）

推定を受ける嫡出子の場合

子₁

父（男₁）がなす任意認知　　　ともに父子関係（男₂と子₁）が嫡出否認の訴えにより
子₁のなす認知の訴え　　　　　否定されてからしか認知できない。

ケース2

男₁　　×　　女₁　×　　男₂（夫婦）

推定の及ばない子の場合

子₁

父（男₁）がなす任意認知：男₂と子₁の親子関係を不存在確認の訴えで否定し，女₁
　　　　　　　　　　　　　　の嫡出でない子にした上で可能。
子₁のなす認知の訴え　　　：戸籍を訂正するまでもなく，直接訴えることができる
　　　　　　　　　　　　　　（最判昭和44年5月29日民集23巻6号1064頁）。
　☆戸籍実務では実質的審査ができないことを理由とする。任意認知は届けるだけ
　　である。

ケース3

男₁　　×　　女₁　　　　男₂　×　　女₂（夫婦）

子₁　　　　　　　男₁女₁の子であるにもかかわらず
　　　　　　　　　男₂女₂の嫡出子として届け出た場合

父（男₁）がなす認知：戸籍を訂正せずに認知できる（大判昭和7年12月14日民
　　　　　　　　　　　集11巻2323頁）。
子₁からの認知の訴え：直接可能（最判昭和49年10月11日家月27巻7号46頁）。
　☆戸籍の記載で法的に身分が確定することはないから。

を要しない（13条）（認知の訴えと比較されたい。⇒127頁以下）。

　②　認知に承諾の必要な場合　　父は原則として，子の意思にか
かわらず一方的に認知をなしうるが，民法典は三つの場合に例外を
設けて，当事者の「承諾」を求めている。第一に，成年の子を認知
する際には，その子の承諾が必要である（782条）。第二に，胎児を

認知するには，母の承諾が必要である（783条1項）（母の名誉を確保するためといわれている）。第三に，死亡した子に直系卑属がいる場合には，その直系卑属が成年者であれば，その承諾を必要とする（783条2項）。場合によっては，扶養を求めるだけの関係になるおそれが存在するからである（第一，第三の場合の理由）。

③　被認知者　認知を受けていない嫡出でない子が被認知者になりうる。自分の婚外子であっても，すでに第三者によって認知されていたり，親子関係が772条によって推定されている場合には，真の父親は直ちに認知をすることはできない。

嫡出否認，親子関係不存在確認や認知無効の判決を得て戸籍を訂正してはじめて，真の父親は任意認知が可能である。ただし，全く他人（父母でない者）の嫡出子として届けられている場合には，戸籍の記載は意味がなく戸籍訂正をすることなく認知が可能である（大判昭和7年12月14日民集11巻2323頁⇒図5）。

◆被認知者と認知の訴え　任意認知の場合と認知の訴えでは，被認知者に関して異なる点がある。

子は「推定を受ける嫡出子」であれば，嫡出否認によって父子関係を否定して，嫡出でない子にならなければ任意認知や認知の訴えの提起はできない。

これに対して，「推定の及ばない子」の場合には，戸籍を訂正することなく，直接，真の父親に対して訴えを提起できると判示している（最判昭和44年5月29日民集23巻6号1064頁）。訴えでは実質審査が可能であり，この点は，任意認知と異なる（⇒122頁図5）。

また父母でない全くの他人の子として届けられている場合，つまり，A，Bの子がC，Dの嫡出子として戸籍に記載されている場合には，戸籍の記載には意味がなく，戸籍の訂正を経ることなく子はいわゆる父親に対して，直接認知の訴えを提起することができる（最判昭和49年10

月 11 日家月 27 巻 7 号 46 頁⇒122 頁図 5)。

④　認知の方式　　認知届か遺言でなす（781 条，戸 64 条）。しか
しながら，認知届によらなくても，認知の効力が付与される場合が
ある。

◆認知届以外の手続による認知の可能性　まず第一に，婚姻前に出生し
た子を，父母が婚姻後に嫡出子として届けた場合にも，その届出は認知
の効力を有している（戸 62 条）（**嫡出子出生届が認知の効力を有する事
例**）。
　第二に，父が妻以外の女性と関係し生まれた子を妻との嫡出子として
出生届をなした場合，このような嫡出子出生届は無効である。しかし，
認知届としての効力は有すると解されている（最判昭和 53 年 2 月 24 日
民集 32 巻 1 号 110 頁）（**虚偽の嫡出子出生届が認知の効力を有する事
例**）。自己の子であることを申告している意思の表示が含まれているこ
とを判例は理由としている。
　第三に，夫 A が妻 B 以外の女性 C と関係し生まれた子 D を，他人夫
婦（E，F）の嫡出子として届け出て，後にこの戸籍上の父母（E，F）
の代諾により，A，B 夫婦の養子として届けられたとする。このような
「戸籍上の父母」による代諾養子縁組は無効であり，また認知の効力も
認められない（大判昭和 4 年 7 月 4 日民集 8 巻 686 頁。なお参考までに
述べれば，無効な代諾養子縁組について，養子が 15 歳に達し，追認す
れば縁組は有効となると判示するものとして最判昭和 27 年 10 月 3 日民
集 6 巻 9 号 753 頁⇒137 頁，147 頁◆）（**虚偽の嫡出子出生届がなされ，
代諾で縁組をなした事例**）。養子縁組と認知はその方式，要件が異なる
ことを理由にしている。前述の昭和 53 年の最判との関連でこの判例を
批判する学説は多い（⇒137 頁，141 頁参照）。
　なお参考までに述べれば，虚偽の認知届を行っても，養子縁組として
認められていない（(3)を参照）。また，他人の子を自分の子として嫡出
子として届けても，養子縁組届と認められない（⇒142 頁）。

(3)　認知の無効

> A 男は，自分の子でない C を任意認知した。このような認知は有効
> か？　また，A 男は C を自分の子であると思い認知したが，実は D 男
> の子であった場合，A 男のなした認知の効力はどうなるか？

　人の意思で，認知がなされる以上，無効の可能性がある。意思能
力を欠く場合，認知届が他人によって偽造された場合（いずれも意
思を欠く），自己の子でない者を認知した場合（虚偽の認知。真実に反
する。786 条参照），このような認知は無効である。自己の子でない
者を認知した者自ら無効を主張することができる（最判平成 26 年 1
月 14 日民集 68 巻 1 号 1 頁）。

　無効の性質に関しては，判例（大判大正 11 年 3 月 27 日民集 1 巻 137
頁）は形成無効とする（つまり無効にするには判決を必要とする）。認
知の無効は人事訴訟事件である（人訴 2 条 2 号）。

> 　上記の例で，A 男が自分の子でない C を自分の子とする意図（養子
> とする意図）で認知届をなし，その後 C の母親 B 女と婚姻したという
> 事実があれば，認知届は養子縁組とみなすことはできるか。

　最高裁は，**虚偽の認知届をもって養子縁組届とみなすことはでき
ず，有効に縁組が成立したとはいえない**と判示している（最判昭和
54 年 11 月 2 日判時 955 号 56 頁）。認知は認知者の単独行為であり，
養子縁組は養親と養子との間の合意によって成立し，両者は要件，
方式を異にすることと，婚姻に養子縁組に関する意思表示が含まれ
ているとはいえないことを理由とする（通説）。

(4)　**認知の取消し**　　民法 785 条は，「認知をした父又は母は，その認知を取り消すことができない」と規定する。本条にいう「取消し」は，撤回か取消しかで学説が分かれている。撤回と考えれば，詐欺・強迫の場合の取消しの可能性がある（判例，有力説）。これに対して，取消しと考えれば，たとえ詐欺や強迫があっても真実に該当する以上は，取り消せないと考えることになる。また，錯誤により真実に反する認知をした場合にも，同じように認知の取消しが問題となる。

　学説の中には，いったん認知をした以上，真実に関係なく撤回できないと解するものがある。しかし，真実に反していれば，認知者自身も無効を主張することは可能と解する。父が拒否しているにもかかわらず，このような関係に閉じ込めておく必要性はないからである。必要とあれば，認知の訴えにより真実を根拠に訴訟で親子関係が争われることになる。なお，かつて傍論で本人からの無効主張はできないとしていた判例があったが（前掲大判大正 11 年 3 月 27 日），最高裁は「認知者は，民法 786 条に規定する利害関係人に当たり，自らした認知の無効を主張することができるというべきである。この理は，認知者が血縁上の父子関係がないことを知りながら認知をした場合においても異なるところはない」と判示している（前掲最判平成 26 年 1 月 14 日）。

◆**認知制度の見直しに関する検討（中間試案第 7 の 3）**　　真実に反する認知が行われる事態を少なくする方策として，認知に際して，未成年の子の承諾を求める案が示されている。また同時に，認知が真実に反する場合の効力に関して，取消しを認めた上で，取り消さない限り真実に反するときでも認知は有効とすることが検討されている。また認知の無効

についても改正案が示されている。

| 認知の訴え |

父が任意に認知をしない場合，子の側から，真実の父に対して，認知を求めることが可能である。これが認知の訴えである。父の意思とはかかわりなく父子関係が確定されることになり，強制認知ともいわれている。

◆**認知の訴えの性質**　認知の訴えの性質として，父に意思表示を求める給付の訴えであると考えられたときがある。この考え方は，死後認知が可能であることから（787条），根拠が薄れた。現在は，すでにある自然の真実である親子関係を確認するという考えに基づく**確認訴訟**と位置づける説と，訴えによって親子関係を発生させたり，作ったりするのだという**形成訴訟**とする考え方がある。判例は後者の説によっている（最判昭和29年4月30日民集8巻4号861頁）が，学説は分かれている。しかし，自然の親子関係はすでに存在しており，それを証拠に基づき訴えで確認すると考えるべきであろう。実親子関係の基礎は自然の真実だからである。

◆**認知の訴えの歴史**　認知は，わが国において明治6年1月18日の太政官布告第21号が規定しており，そこではフランス民法にならい，任意認知のみが認められており，認知の訴えは認められていなかった。家や父のために，女性や子の名誉を犠牲にしてもやむをえないという考えが存在していた。

　明治民法に至って，はじめて認知の訴えが認められた。立法者の一人である梅謙次郎は認知の訴えを認める理由を以下のように説明している。私生子は父の世話になるか国の世話になるかであるが，父がいるのに国の世話になるのは不都合である。父の意思に任せるのは子のために不利益である。父が認知をしないのは，外聞が悪いから，養育料を支払わなければならないからという理由が考えられるがこのようなことは不都合

きわまりない。私生子は認知の訴えがなければ，父母の過失を生涯背負っていかなければならない。歴史的に説得力をもつ説明である。

📖 **読書案内** 日本近代立法資料叢書6法典調査会民法議事速記録6（157回）590頁〔梅謙次郎〕（商事法務研究会，1984年），梅謙次郎・民法要義巻之四親族編（初版，1899年，復刻版＝有斐閣，1984年）253頁

☕ *pause-café* **フランス法における認知制度の変遷** ✧✧✧✧✧✧✧

　革命前のフランス古法時代では，自然子（婚姻外から生まれていた子のこと）はほとんど法的な権利を取得しなかったので（扶養料のみ），嫡出家族の権利を侵害することは少なかった。そのために証明はかなり自由で軽いものであった（「懐胎した処女は信じられる」Virgini praegnanti semper esse creditur）。つまり，女性がこの男性が父親だといえば，それが信じられ，出産費用と養育費を請求できたというのである。現代の法律とは異なり，女性側からいわゆる認知に類似したことを自由に請求できたことは興味深い。しかし，決して相続権や家族の一員としての権利は取得できなかった。またさらに，嫡出でない子を考えるにあたって，その子の生活を誰がみていくのかという問題があった。母親か，父親かそれとも社会（教会）などが考えられるが，キリスト教の国々では，慈善の名のもとに教会がそのような子を受け入れていたことも無視することはできない（フランス法では養育費のみを負担させる訴えがある。フ民342条参照）。

　その後，自然子に権利を付与したが，それと同時に「父の捜索は許さず」とされた。フランスにおいて，民法典でそれが認められたのは，20世紀に入ってから，1912年のことである。しかしながら，90年以上を経て2005年には，嫡出子，嫡出でない子（自然子）という区別すら廃止するに至っている。

✧✧✧✧✧✧✧✧✧✧✧✧✧✧✧✧✧✧✧✧✧✧✧

(1) **訴訟手続**　認知の訴えを提起しようとする場合，調停から

始まる（家事244条・257条）。合意が成立すれば，合意に相当する審判（家事277条）がなされる。

① 誰が訴えるか（原告）　民法787条によれば，子，その直系卑属またはこれらの者の法定代理人である。

能力が制限された者であっても，意思能力を有するかぎり，自ら認知の訴えを提起することができる（人訴13条1項）。この場合には，裁判所は，必要とあれば弁護士を訴訟代理人に選任できる（人訴13条3項）。なお，成年後見人は，認知の訴えを提起したり，応訴したりすることができる（人訴14条）（⇒32頁）。

身分行為に関しては，原則として代理は認められないと解されているが，認知の訴えでは法定代理人も原告となりうる（787条）。どのような資格で原告となるのだろうか。判例によれば，法定代理人は子が意思能力を有するときでも，未成年者の代理人としての資格で訴えを提起することができるとされている（最判昭和43年8月27日民集22巻8号1733頁。固有の資格ではない）。また同時に，意思能力を有するかぎり，未成年者である子自らも訴えを提起できる（人訴13条）。意思能力のある子の意思に反して，法定代理人が認知をなす場合がありうるが，認知が子本人のためのものであることを考慮すれば，このような場合には子の意思を優先させるべきであろう（⇒121頁，身分行為の代理権に関して，⇒176頁，183頁，32頁，81頁◆）。

> 17歳の娘Aが子Bを出産した。Aの親C，DはAに代わって認知の訴えをBの父に対して提起するのか？

未成年者Aが子Bを出産した場合，未成年者の親であるC，DはAに代わり親権を行使する（833条・867条）。その結果，C，Dが

Aに代わってBの認知の訴えを提起することができる（判例理論。法定代理人は代理人としての資格で認知訴訟を提起すると考えるから）。

②　誰に対して訴えるのか（被告）　　父または母に対してである。その者が死亡していれば，検察官である（人訴42条）。

③　いつまでに訴えるべきか（出訴期限）　　父の死後3年間は訴えが可能である（787条）。父が生存しているかぎり，認知の訴えは時効にかかることなく，常に訴えが可能である（最判昭和37年4月10日民集16巻4号693頁）。わが国では，認知の訴えが，相続と関連して提起されることがあるのは，このような理由による。

◆身分に関する訴えと時効　　現在ではDNA鑑定により科学的に証明が可能であるので，死後3年の制限を廃止し，真実を尊重し期間制限をなくすべきという説もある。しかし，DNAの扱いには慎重であるべきという理由だけでなく，むしろ長期間にわたり身分関係が争われる可能性があるのは，長年続いた実際の生活状態への配慮を欠くことにならないだろうか。わが国では，身分に関する訴権が，時の経過とともに時効消滅するという考え方がなじんでいない。

　フランス法では，かつて，身分に関するすべての訴権は，30年で時効消滅するとされていた。しかし，2005年の親子法改正で，一気に10年に短縮している（フ民321条）。親子法を，営まれている生活実態からもとらえており，興味深い改正の一つであるといえる（⇒111頁■参照）。

(2)　父子関係の証明　　嫡出子であれば，推定で親子関係が確定する。任意認知であれば，認知という父親の意思が重要である。これらに対して認知の訴えでは，親子関係の証明が重要になる。

　かつて，この領域では，訴えようとする者が間接事実（懐胎時に性的な関係があったこと，血液型が一致すること，命名や生活費を送るな

ど父としての行動をとったこと）を証明することによって，裁判官が判断することになっていた（自由心証）。また，原告の母は被告以外の男性とも関係があったという内容の不貞の抗弁が認められていた時代もある（大判明治45年4月5日民録18輯343頁。この抗弁が認められた事例は実際上は多くない。このような抗弁に対して，他に関係はなかったという証明は事実上困難を極めた）が，学説の批判も多く，判例は戦後に不貞の抗弁を認めず，間接事実を総合して判断する態度をとっていた（最判昭和32年6月21日民集11巻6号1125頁）。そして現在，この領域に，DNA鑑定が利用されるに至っている（DNA鑑定に関して，⇒111頁☛）。

(3) **認知請求権の放棄**　嫡出でない子の父が，子に充分な財産を与え，認知請求はしないと約束させていたけれども，後になって，認知請求がなされる場合がある。大審院は，このような合意を，嫡出でない子の保護が損なわれるおそれがあるとして無効であると判示し，認知請求権は放棄できないとしている（大判昭和6年11月13日民集10巻1022頁。戦後の判例として最判昭和37年4月10日民集16巻4号693頁）。この問題に関して，経済的な保護が与えられれば，嫡出でない子としての保護は充分であると主張する説などもあり，学説は分かれている。

認知の効果

認知の効果について整理しておく。

(1) 認知によって，法的な親子関係が確定する。その結果，嫡出でない子としての権利義務を有することになる（認知がなければ，このような権利義務は発生しない）。

(2) 認知の効果は，出生時に遡及する（784条）。つまり生まれたときから法的な親子関係があったことになる（準正の場合と比較する

こと)。

(3) 親権者は母である。父母の協議で父に変更することは可能である（819条4項・5項。なお，788条〔→766条〕も参照）。現行民法のもとでは共同親権は採用されておらず，単独親権となる。なお，父親を親権者と決めた後に，母親に変更することも可能である。その際には離婚後の親権者の変更手続と同じく，審判が必要である（819条6項⇒194頁）。

母が未成年者の場合には，母の親権者が親権を代わりに行使する（833条）。

(4) 互いに扶養の義務が生じる（877条・820条）。

(5) 相続権がある。かつて嫡出子の半分という制限があったが，2013（平成25）年に改正された（⇒256頁）。ただし，910条によって価額のみの請求権にとどまる可能性はある。

(6) 子は母の氏を称する（790条2項）。ただし家裁の許可で，父の氏へ変更することができる（791条）。父の嫡出でない子が父と同じ氏を称することに対して，嫡出家族が反発を示すことがあるといわれている。

　📖 **読書案内**　梶村太市「家裁実務における DNA 鑑定」ジュリスト1099号（1996年）84頁

| 準　正 |

父母が婚姻関係にないときに生まれた子は嫡出でない子である。民法典は，嫡出でない子の父と母が婚姻すれば，嫡出でない子は嫡出子たる身分を取得すると規定している（789条）。これを準正という。認知が父母の婚姻に先行する場合（同条1項）と，父母の婚姻が先行する場合（同条

2項)の2種類がある。前者を婚姻準正といい，後者を認知準正という。婚姻準正の効果（つまり，嫡出子の身分を取得すること）は，婚姻の時から生じる。認知準正の効果は，認知の時から生じる（789条2項）。

　図6を参考にして段階的に親子関係を考えてみよう。

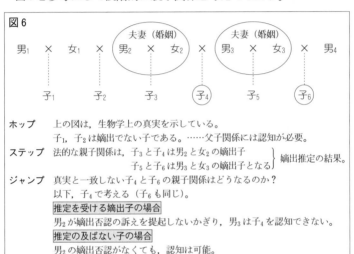

図6

ホップ　　上の図は，生物学上の真実を示している。
　　　　　子1，子2は嫡出でない子である。……父子関係には認知が必要。
ステップ　法的な親子関係は，子3と子4は男2と女2の嫡出子
　　　　　　　　　　　　　　　　子5と子6は男3と女3の嫡出子となる　　｝嫡出推定の結果。
ジャンプ　真実と一致しない子4と子6の親子関係はどうなるのか？
　　　　　以下，子4で考える（子6も同じ）。
　　　　　推定を受ける嫡出子の場合
　　　　　男2が嫡出否認の訴えを提起しないかぎり，男3は子4を認知できない。
　　　　　推定の及ばない子の場合
　　　　　男2の嫡出否認がなくても，認知は可能。
　　　　　　　　　　　　　　　　　　　⇒詳しくは122頁図5を参照。

　📖　**読書案内**　大村敦志「『家族』と famille」消費者・家族と法（東京大学出版会，1999年）

2 養　子

1 養 子 と は

　養子では当事者の意思が重要な役割を果たす。しかし，単に当事者の合意のみでは，生物学上の親子関係にない者同士が法的な親子になることはできない。意思に加えて，まさに法律の力によって，親子関係が創設される。

　◆養子制度の機能と歴史　このように意思に根拠をおき親子関係を創設しようとする制度は，現在，多くの国でみられる。養子制度の歴史は古く，ローマの時代にも遡ることができる。欧米では，歴史的に，養子制度の目的は，家の跡継ぎを得る目的（「家のための制度」）から，子に恵まれない親の欲求を満たす目的（「親のための制度」）を経て，家庭に恵まれない子に温かい家庭を提供する目的（「子のための制度」）へと変遷したと説明されている。

　わが国の養子制度は，必ずしもこのような図式が描けるとは限らず，その目的は複雑である。かつての芸妓養子にみられるように，労働力を得るために養子にすることもあった。また，愛人を養子にしたり，同性愛者が関係の法的な安定を望み，縁組を結ぶ場合も現実として存在している。

　さらに，現代の日本においてもかつてほどではないにしろ，養子制度を用いた婿養子が行われることがある。また，伝統工芸等を受け継ぐ能力のある者を養子とすることもある。これらの考え方は西洋諸国にはみられない。わが国の養子制度は，恵まれない子に温かい家庭を提供するという目的以外の目的を有していることが自ずと理解できる。

　ヨーロッパ諸国では，多くの問題点が指摘されてはいるが，子のため

の養子制度が定着している。未成年の特別養子が圧倒的に多く，家庭に恵まれない子に家庭を提供するという意識が強い。たとえば，フランスでは，裁判所等の介入が強く，親の資質が厳格に審査され，さらに養子となる者が幼少であること，養親との一定の年齢差などが求められている。また本当の親子関係に，できうるかぎり近づけようとするので，離縁は原則として考えられない。

　わが国でも，1987（昭和62）年に，普通養子制度に加えて家庭裁判所の審判に基づき創設される特別養子縁組が設けられた。子のための養子制度が始まったのである。しかし，現在までのところ，特別養子制度が，社会に広く受け入れられているかどうかは疑わしい。このような中にあって，2019（令和元）年6月に特別養子縁組の利用促進を図って，養子となる者の年齢を引き上げるなど，成立要件を緩和する改正を行った（817条の5。その他，家事事件手続法なども改正されている）。

② 普通養子

　縁組意思の合致と届出によって普通養子縁組が成立する。以下で，**実質的要件**と**形式的要件**に分けて説明する。

成立要件①
——実質的要件

(1) 縁組意思の合致　縁組には当事者の縁組意思の合致を必要とする（原則）が，15歳未満の未成年者については，法定代理人が子に代わって縁組の承諾を行う。また，普通縁組では原則として当事者の合意のみが重要であり許可はいらないが，未成年者を養子にするには，裁判所の許可が必要である。

　① **当事者の意思の合致が必要**　養子縁組は，「社会通念上親子関係と認められる関係を作ろうとする縁組当事者の意思」に基づいている。

　縁組では，本人の意思が尊重されており，**成年被後見人**も，意思

能力があれば単独で縁組を締結することができる（799条）。成年後見人が代わりに縁組することはできない。

ところが**未成年者**は，15歳未満であれば，意思能力の有無が問題とされず，常に縁組能力を欠き，法定代理人が子に代わって縁組の承諾を行う。いわゆる**代諾縁組**である（797条）。15歳以上であれば，法定代理人ではなく，未成年者本人が自ら縁組をなす。

またさらに未成年者を養子にするには，子の福祉に合致するかどうかの観点から**家庭裁判所の許可**が必要である（798条）。このようにして，親の勝手な養子縁組の阻止を図っている。

ただし，自己の嫡出でない子，再婚相手の連れ子や孫を養子にする例などのように，自己または配偶者の直系卑属を養子とする場合には，養子制度を濫用するようなおそれはなく，**家庭裁判所の許可は不要**である（798条ただし書）。

② 代諾縁組

(ア) 誰が代諾をするのか　子が15歳未満であれば，養親となる者と代諾権者である法定代理人（親権者，親権者がいない場合には未成年後見人。場合によっては親権を代行する児童福祉施設の長。児童福祉法47条1項参照）が縁組を行う（797条1項）。

親権は原則として共同行使されるので，親権者である父と母が代諾縁組を行う。一方が死亡した場合には，残った親が代諾を行う。また親権が制限されたり，また離婚によって親権者にならなかったりして，監護権のみを有することになってしまうことがあるが，その際には，父母たる監護者の「同意」が必要である（797条2項。父母以外の第三者である監護者は含まれない）。2011（平成23）年の改正で，親権を停止されているものがあるときも同様とすると規定された（同項後段⇒196頁）。

(イ) 代諾権者でない者がなした代諾は無効──追認の可能性

嫡出でない子として届け出ることを嫌い，ある夫婦の嫡出子として届け出て，後にこの夫婦が代諾して血縁上の親と養子縁組をする場合がある。そもそもこのような嫡出子出生届は無効であり，戸籍上の父母は法律上は他人であり代諾権者たりえない。

そこで初期の判例において，このような戸籍上の父母（代諾権者ではない者）がなした代諾縁組は絶対的に無効であり，15歳に達した子が追認しても有効とはならないと判示していた（大判大正7年7月5日新聞1474号18頁等）。しかしながら，学説の中には，後になって親子の身分関係を覆してしまうことになり，影響が大きいということなどを理由に，「無効な行為の追認」を認めるべきであると批判するものがあった。そこで，最高裁はこのような者がなした代諾は無権代理であるとし，子が15歳に達した後に追認（116条）を行えば，養子縁組は縁組の成立時に遡って効力を生ずると判示し（最判昭和27年10月3日民集6巻9号753頁，最判昭和39年9月8日民集18巻7号1423頁）（遡及的追認），従来の判例を変更した。その後，子のみならず，実父母からの追認も認められている（代諾の追完届）（昭和30年8月1日民甲1602民事局長通達・学説）。

(2) **年　齢**　20歳に達すれば，養親になることができる（792条）。2022（令和4）年施行の成年年齢の引下げに際して養親の年齢要件の変更について考慮されたが，養子をすることができる者の年齢に関しては20歳が維持され，民法792条は改正された。また，この792条に違反した縁組の取消しは，養親が20歳に達したのち6カ月を経過し，または追認をしたときには請求することができなくなる（804条）。こちらも，成年年齢の引下げによっても，養親の年齢については20歳が維持されている旨を明らかにするための改

正である。

(3)　**養子たりえない者（尊属養子・年長者養子の禁止）**　直系，傍系を問わず，尊属を養子にすることはできない。また，年長者を養子にすることもできない。

　尊属でないので，いとこの関係にある者同士は縁組が可能である。また同日生まれの者を養子にすることは可能である。この点において，わが国の養子法は，親子としての年齢差や近親者であるかどうか（兄が弟を養子にすることも可能）には無関心であるといえる。

　なお，配偶者（縁組意思を欠く〔802条1号〕という理由で）や自己の嫡出子（養子にする実益がないという理由で）を養子にすることはできない。これに対して，自己の嫡出でない子を養子にすることや，孫を養子にすることは可能である。

　◆**養子をさらに養子にすることは可能か──転縁組**　養子が，養親と離縁することなく，さらに第三者と縁組をすることを転縁組という。明治初期には禁じられていたことがある。また明治民法のもとでは，転養子にあたっては実家にある父母の同意を得ることを要するとされており（旧法845条・844条参照），全く自由には行われていなかった。しかしながら，現在のわが国の民法典のもとでは規定がなく，自由に行えるとされている。その結果，複数の養親族関係の併存がありえ，複数の養親の存在が可能である。温かい家庭を提供するという養子のための養子法の観点からは，養子制度の本来の姿とはかけ離れたものとなる場合もあり，問題の多い制度である。

(4)　**後見人が被後見人を養子にする場合**　家庭裁判所の許可が必要である（794条）。養子にすることによって，後見人が財産管理の終了の際の義務を免れ，管理の不正を隠すことを，この許可によって

防止しようとしている。

(5) **配偶者のある者の養子縁組**　養親や養子が夫婦である場合には，養子縁組は複雑になる。夫婦の一方が養親あるいは養子になるということは，結果的には相続や扶養義務等を通して他方配偶者に影響を与える。養子になる者が未成年者であるかどうかに従い，民法典は，相手方配偶者の「同意」を求め**単独縁組**をするか，夫婦が**共同縁組**するかの方法を定めている。このようにして，相手方配偶者の保護を図っている。

① 配偶者のある者の単独縁組

(ア) **単独縁組**　民法796条によれば，配偶者のある者が，単独で「**成年者**」を養子とする縁組を行うには，その配偶者の同意を得なければならない。同意をしても，その配偶者と養子の間に養親子関係は生じない。

配偶者のある者が単独で養子縁組が可能な場合でも（成年者を養子とする場合），夫婦が共同して縁組をする場合または配偶者が表意不能な場合は，同意を必要としない（796条ただし書）。

またさらに本来ならば共同縁組をしなければならないとされている養子になる者が未成年者である場合でも，単独で縁組が行われる可能性がある。第一に，相手方配偶者の「**嫡出子**」を養子とする場合と，第二に心神喪失や行方不明などの事例で配偶者がその意思を表示することができない場合である（795条ただし書）。前者の場合には，共同縁組によらなくても父母がそろうことになるからである。しかし，配偶者の同意は必要である（796条）。後者の場合には単独縁組であり，表意不可能な者との間には，養親子関係は成立しない。

なお，相手方配偶者の未成年の「**嫡出でない子**」を養子とする場合には，単独縁組では，一方の親にとって嫡出子，他方の親にとっ

て嫡出でない子ということになり，それを避けるために，共同縁組が必要である。

◆いわゆる連れ子を養子にする際の同意　配偶者の嫡出である未成年の連れ子を養子にする際には，相手方配偶者の「同意」が必要と解されている。ただし，養子が15歳未満の場合には，代諾の意思表示に796条の同意も含まれると解されている。このような場合には，家庭裁判所の許可も不要である（798条ただし書）。

⑷　配偶者の同意を欠く縁組の効力　縁組届の際に添付することになっている同意書（戸38条）が偽造されて届けられた場合等，配偶者の同意を欠いた縁組は**取り消す**ことができる（806条の2）。縁組は当然には無効にならない点に注意を要する（802条2号参照。縁組の当事者間には縁組意思があると考えるから）。

詐欺や強迫によって同意をした場合も取消しが問題になる（806条の2第2項）。

②　配偶者のある者の共同縁組

⑺　共同縁組　配偶者のある者が「**未成年者**」を養子にする場合には，夫婦共同で縁組しなければならない。一つの縁組を共同で行うのではなくて，夫婦が同時にそれぞれ縁組を行うことになる。

未成年の子に家庭を与えるという意味では，たとえば父とだけ親子関係があるという関係をわざわざ作りだすのは不自然であり，それは子の福祉に反し，未成年の適切な監護・教育のためには夫婦である以上は夫婦そろって養親となるのが望ましいと考えられたからである。

なお，未成年者を養子とするには，家庭裁判所の許可が必要であ

る（798条）。

(ｲ) 夫婦共同で縁組すべきときにその一方のみの縁組届が受理された場合の効力　　この問題は，縁組意思のある方の縁組も無効になるかどうかの問題である。特段の事情のないかぎり，原則として，**双方とも縁組は無効**となる。しかしながら，事実上夫婦関係が破綻し10年間別居していた事例（幼児の縁組）で，「特段の事情」があれば，縁組意思のない配偶者のみ無効となり，縁組意思のある方の縁組は有効に成立すると最高裁は判示している（最判昭和48年4月12日民集27巻3号500頁参照）。[*]

まとめ

夫婦と縁組
①夫婦が未成年者の養親となる場合；共同縁組でなければならない
②夫婦が成年者の養親となる場合；共同縁組は任意。単独でも可，ただし相手方の同意が必要
③夫婦の一方が養子となる場合；共同縁組は任意。単独でも可，ただし相手方の同意が必要

📖　**読書案内**　和田于一・親子法論（大同書院，1927年）310頁

成立要件②
──形式的要件

(1) 届出　　縁組は，戸籍法の定めるところにより届け出ることによりその効力を生ずる。民法典は，婚姻届出に関する規定を準用している（799条）。

(2) **虚偽の出生届と縁組の効果**　　虚偽の出生届を縁組届として有効と理解することができるか，いわゆる**藁の上の養子**の問題がある。

---
*改正前の795条では，夫婦共同縁組を原則としていた。しかし，1987（昭和62）年の795条の改正で，未成年者を養子にする場合にかぎり共同縁組を求めるに至った。

他人の生んだ子を自分達の嫡出子として届ける場合（一般に「藁の上の養子」といわれる），嫡出子出生届は虚偽のものであり無効であるので，嫡出子とはなりえず，このような親子関係は，親子関係不存在確認の訴えで否定することができる。ところが，自分達の子とするという意思においては，養子縁組の意思と同じであり，嫡出親子関係は生じなくても，養子縁組の届出として有効とすることはできないのだろうか。大審院以来，縁組を要式行為と解し，縁組との手続の相違を根拠に，判例はこのような虚偽の嫡出子出生届に縁組届の効力をもたせることを否定している（大判昭和11年11月4日民集15巻1946頁，最判昭和25年12月28日民集4巻13号701頁，最判昭和50年4月8日民集29巻4号401頁）。このような中にあって，最高裁は，虚偽の嫡出子出生届がなされ，事実上の親子関係が長年続いた事例で，親子関係不存在確認の訴えを，権利の濫用として許されないと判示した（最判平成18年7月7日民集60巻6号2307頁）。法的な親子関係は必ずしも生物学的な真実と一致するものではないことを示す興味深い判例である。

　なお，このような他人が生んだ子を自己の嫡出子として育てたいと思う夫婦に対する藁の上からの養子の斡旋問題が，1987（昭和62）年の特別養子制度の創設へ影響を与えた。[*]

| 効　果 | 普通養子縁組が成立すると次のような効果が発生する。 |

(1)　**縁組の日から嫡出子たる身分を取得する**（809条）。相続権も嫡出

---

　*判例は，無効な出生届の認知届への転換を認めるが，無効な出生届や虚偽の認知届の養子縁組届への転換（最判昭和54年11月2日判時955号56頁）は認めていない（⇒125頁）。

子と同じ扱いになる。親権に関しては，養子は，養親の親権に服する（818条2項）。

　普通養子の縁組は離縁によって解消させることができる。この点は実子たる嫡出子と異なる（離縁に関して，⇒148頁以下）。

　(2)　**実親，実方親族との関係**　　養子縁組によって，養子は自分の父母との関係や実方の親族関係はそのまま維持する。したがって，養子は，養方<ruby>養方<rt>ようかた</rt></ruby>と実方<ruby>実方<rt>じつかた</rt></ruby>との**二面の親族関係**を有する。その結果，養子は，養親に対してと同様に実親に対しても，子としての相続権を有し，扶養義務を負う。ただし，養子に対する扶養義務は親権との関係で養親にあると考えられている（818条2項）。

　(3)　**養子の氏**　　養子は養親の氏を称する（810条本文）。しかし，養子縁組によって氏が変わらない場合がある。たとえば，山田君が伊藤さんと婚姻し，妻の氏である伊藤を称することにしている場合に，彼が小林さんの養子になっても，二人が夫婦であるかぎり，彼の氏は伊藤のままである。民法810条ただし書はこのことを規定している。

　(4)　**縁組による親族関係の発生（養方，実方との間の効果）**

　①　**養子と養親（または養親の親族）との関係**　　養子と養親との関係が生じるのみならず，養子と養親の血族との間にも親族関係が生じる（法定血族関係。727条）（⇒144頁図7）。

　②　**養子の親族と養親（または養親の親族）との関係**　　養子縁組は，養子のみを養親の親族に取り込むことになるので，養親と養子の実方の血族とはなんら親族関係が生じず，また養子の実方の血族と養親の血族とも親族関係にない（⇒図7）。

　縁組前に生まれていた養子の子は，養親との間にはなんら親族関係は生じないが，縁組後に生まれた子と養親との間には親族関係が

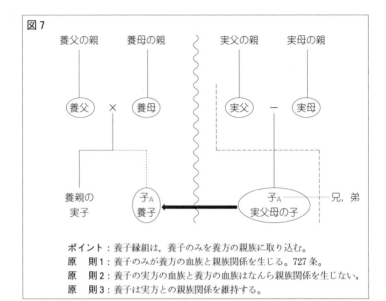

図7

養父の親　　養母の親　　　　　実父の親　　実母の親

養父　×　養母　　　実父　—　実母

養親の
実子　　　子A
　　　　養子　　←　　子A
　　　　　　　　　　実父母の子　----- 兄，弟

ポイント：養子縁組は，養子のみを養方の親族に取り込む。
原　則1：養子のみが養方の血族と親族関係を生じる。727条。
原　則2：養子の実方の血族と養方の血族はなんら親族関係を生じない。
原　則3：養子は実方との親族関係を維持する。

生ずる。

　養子の配偶者に関しては，婚姻が縁組前であろうと後であろうと，養親との関係は，直系姻族である（婚姻障害に関する735条・736条に注意）。

縁組の無効・取消し

　普通養子縁組が無効になったり，取り消されたりする場合がある。民法典では，当事者に縁組の意思のない場合の縁組を無効としている（802条）。つまり，縁組意思を欠く場合である。取り消すことの可能な場合も民法が規定している。

　(1)　**縁組の無効**　　縁組が無効になるのは，縁組意思がない場合である（802条）。事実上ほとんどありえないが，人違いがその例としてあげられている（同条1号）。

本人の全く知らない間に，誰かが勝手に縁組の届出をなしていた場合も無効である。仮装縁組は真に縁組をする意思（社会通念上親子関係を作る意思）を欠き無効である（大判昭和15年12月6日民集19巻2182頁・通説）。いわゆる兵隊養子（かつての兵役を免れるための養子縁組。大判明治39年11月27日刑録12輯1288頁）や，芸妓養子（働かせるために身がらを拘束する目的の養子縁組。大判大正11年9月2日民集1巻448頁）なども縁組意思を欠き縁組は無効である。妾養子は不倫な要素が高まれば，縁組意思なしとして無効になる可能性がある（最判昭和46年10月22日民集25巻7号985頁では，永年同居して面倒をみてくれた姪を養子にした事例で，過去に情交関係があったとしても，あるべき縁組の意思を欠くものとして縁組の有効な成立を妨げるには至らないと判断し，縁組を有効と判示している）。妾養子はさらに公序良俗違反の可能性もある。相続税の節税のために養子縁組をしたとしても，節税の動機と縁組をする意思とは，併存しうるものであり，「直ちに当該養子縁組について民法802条1号にいう『当事者間に縁組をする意思がないとき』に当たるとすることはできない」と判示する判例がある（最判平成29年1月31日民集71巻1号48頁）。

　代理母で出産した子を自分の子にする目的でなされる縁組や，同性愛者間で互いになされる養子縁組も公序良俗に反して無効となる可能性がある（審判の中には，特別養子縁組の成立を認めたものがある。神戸家姫路支審平成20年12月26日家月61巻10号72頁。水野紀子「判批」私法判例リマークス41号70頁参照。⇒169頁参照）。

　なお，夫婦で共同縁組すべきときにその一方のみの縁組届が受理された場合には，縁組意思のある方の縁組も原則として無効になる（⇒141頁）。

(2)　**縁組の取消し**　　民法804条以下に七つの取消原因が規定さ

れている。

◆**縁組の取消原因**　以下に列挙する。
　①養親が 20 歳未満の場合（804 条）
　成年年齢引下げに伴う民法 792 条の改正と連動させた改正が行われた。
　②尊属または年長者を養子とした場合（805 条）
　③後見人が家庭裁判所の許可を得ないで被後見人を養子とした場合
（806 条）
　④配偶者の同意を得ないで縁組をなした場合（806 条の 2）
　これには，配偶者の同意が必要なのに，得ないで行った縁組（806 条
の 2 第 1 項），配偶者が詐欺または強迫によって同意をなした縁組
（同条 2 項）がありうる。
　⑤代諾縁組で監護者たる父母の同意を得ていないか，詐欺または強迫
によって同意を得た場合（806 条の 3）
　⑥家裁の許可なしに未成年者を養子にした場合（807 条）
　⑦詐欺・強迫による縁組（808 条 1 項）

(3)　**無効の性質，取消しの効果**　　当然に無効であり，判決（または
審判）を必要としないというのが，判例（大判大正 4 年 10 月 18 日民
録 21 輯 1651 頁），多数説である（当然無効説）。判決を必要とする説
を主張する学説も有力である（形成無効説）。養子縁組無効確認の訴
えの原告適格に関する最高裁判決がある。養子からの遺留分減殺請
求（改正前）に際して，相続財産全部の包括受遺者が養子縁組無効
の確認の訴えを提起することに関して，このような者は自己の身分
関係に影響はなく自己の財産上の権利に影響を受けるにすぎず，直
ちに当該訴えにつき法律上の利益を有するとはいえないと判示してい
る（最判平成 31 年 3 月 5 日判タ 1460 号 39 頁）。

　縁組が取り消されると，その効果は遡及しない（808 条による 748

条の準用）。これは婚姻の取消しと同じである。

　なお，養子縁組の無効および取消しの訴えは，人事訴訟である（人訴2条3号）。

　◆縁組の無効・取消し　縁組の無効，取消しは混乱を招くおそれがあり，以下で整理を試みる。

　⑴　夫婦共同縁組，代諾権のない者のなした縁組，同意を必要とする縁組の無効・取消し

　共同縁組を必要とする場合に，一方のみがなした縁組（他方の意思はなかった場合）は，養親の一方とは縁組意思はなく，原則として，縁組全体が無効となる。ただし，特段の事情のある場合には一方との縁組は有効となりうる（最判昭和48年4月12日民集27巻3号500頁参照⇒141頁）。

　代諾権のない者がなした縁組は原則として無効である。ただし子が15歳に達した後に追認の可能性はある（最判昭和27年10月3日民集6巻9号753頁⇒137頁）。

　これに対して，縁組にあたって夫婦の一方の**同意**が必要な場合（同意を必要とする単独縁組の場合）に，同意をしなかった配偶者は，その同意を得ないでなした縁組の「取消しを家庭裁判所に請求することができる」（806条の2・806条の3参照⇒140頁）。

　⑵　夫婦共同縁組で，一方に**取消原因**のある場合には，縁組全体が取り消されることになるのか，原因のある縁組のみ取り消されて単独の縁組になるのか，どちらであろうか（無効の場合は上記の整理参照）。

　かつて判例は全体的に取り消すべきであるとしていたが，最高裁は，養子夫婦の一方が養親夫婦の一方より年長になる事例で，取消原因のある縁組のみを取り消しうると判示し（最判昭和53年7月17日民集32巻5号980頁），一方のみを取り消すことの可能性を認めた（常に夫婦共同縁組が求められていた改正前の法律のもとでの判決である。しかし現行法のもとでも，未成年者を養子とする場合を除いて維持できる）。

　806条の2で，配偶者の同意のない縁組は取り消すことができること

と混同しないこと。この場合には，そもそも同意が問題になる配偶者とは縁組関係になく，縁組は相手方配偶者と養子との間でのみ成立している。806条の2でいう取消しは，この相手方配偶者と養子の間で成立した縁組を取り消すことである。

| 養親子関係の終了 |

養親子関係は，死亡した時，特別養子になった時（817条の9），離縁がなされた時（811条以下）に終了する。

婚姻の場合と同様，当事者の一方が死亡したとき，縁組は解消する。しかしながら死亡者の血族との親族関係は，当然には終了しない。

縁組当事者の死亡後に，死亡者の血族との親族関係をも終了させる場合には，家庭裁判所の許可を得て，死亡者と離縁をすることができる（家事別表第1の62の項〔＝民811条6項〕）。これを**死後離縁**というが，死亡によって縁組は解消している以上，普通の**離縁**とは性質が異なる。

離縁には，五通りの方法がある。**協議離縁**（811条から813条）は民法が，**裁判離縁**（814条）は民法，人事訴訟法が規定している。**調停離縁**（家事244条・257条・268条），**審判離縁**（家事284条）は家事事件手続法が規定している。さらに，2003（平成15）年の人事訴訟法により，裁判離縁の一つとして，和解離縁の可能性が認められた（人訴44条[*]）。

調停離縁，審判離縁については離婚の際の調停，審判と同様のこ

---

[*]当事者で協議→家庭裁判所で調停（調停前置主義）→審判（家庭裁判所が相当と認めたときに調停に代わる審判をなすことができる。家事284条）→裁判（人事訴訟。家庭裁判所）と進んでいくのは，離婚と同じである（⇒11頁）。

とがあてはまり，和解離縁に関しては，和解離婚と同様である（人訴44条による37条の準用。⇒85頁）ので，ここでは協議離縁と裁判離縁について述べる。

協議離縁　当事者の**合意**と**届出**だけで離縁が成立する（811条1項・812条による婚姻の届に関する739条の準用）。離縁にあたって裁判所のコントロールが入らず，子の保護等の観点から問題が生じるおそれがある。もっぱら当事者の意思にゆだねられた容易な離縁の制度は，現在では比較法的にも限られた制度である。

　離縁の場合には，15歳未満かどうか，共同縁組かどうか（20歳未満かどうかも影響する）で要件が異なる。家裁の許可は，養子の年齢を問わず必要ではない。

(1)　**養子が15歳未満のとき**　養子本人には，離縁をする能力がなく，養親と離縁後に法定代理人となる者（実父母など）がその養子に代わって，協議し離縁を行う（811条2項）。本人の希望や意思とは関係なく決められる。代諾縁組に対応して，**代諾離縁**といわれる。家裁の許可は不要である。

(2)　**夫婦共同縁組の離縁**

①　共同離縁　養親が夫婦であり，「**未成年者**」の養子と離縁する場合には，夫婦が共同してしなければならない（811条の2）。配偶者のある者が未成年者を養子にする際に共同縁組を求めている（795条）のと同じである。ただし，夫婦の一方が意思を表示することができない場合には，単独で離縁が可能である（811条の2ただし書）。なお，夫婦が異なった時期に養子と共同縁組している場合にも，共同離縁が適用される。未成年者である養子のいる男性の配偶

者となった女性がこの未成年者を養子にした場合などがその例である。これらは，裁判離縁にもあてはまる。

共同離縁を求めたのは，未成年者との共同縁組において離縁の結果，夫婦の一方のみが養親となるのを避けようとしたためであり，また，一方のみとの離縁を認めると，共同縁組を回避する手段として用いられるおそれがあると考えられたからである。

② 単独で離縁可能な場合　養子が夫婦の場合や，養子が成年の場合には，共同縁組がなされていても単独で離縁が可能である。

養親が離婚した場合や一方が死亡した場合には，たとえ養子が未成年者であっても単独で離縁が可能である。

(3) 配偶者の一方に離縁の意思のない場合　夫婦が共同して離縁をしなければならない場合において，一方が勝手に離縁届を作成した事例では，縁組の際と同様に考え，原則として離縁それ自体無効と解し，その上で特段の事情があれば，一方の離縁は有効となりうると通説は考えている（813条2項は意思のない場合には適用されないと解する）。[*]

| 裁判離縁 |

離縁に関して当事者が合意に達しない場合（たとえば当事者の一方に離縁する意思がない場合等）で，調停が成立せず，審判も不可能であれば，残る離縁の手段として裁判離縁がある。裁判離縁では，相手方の意思とはかかわりなく，離縁が可能になる。そこで民法は814条1項で離縁に原因を求めており，離縁原因がある場合にはじめて，離縁の訴えが可

＊通説によれば，813条2項は，手続に誤りがあっても離縁意思とそれに基づく公示のある場合には，受理された以上は有効であると解する。つまり離縁意思のない場合には，たとえ受理されても無効である。

能となる（裁判離縁の手続は裁判離婚の手続と同じく人事訴訟法に基づく）。裁判離縁は養親または養子から相手方に対する訴えによってなされる（人訴12条）。養子が15歳未満であれば，離縁後法定代理人になる者から，またはこの者に対して離縁の訴えを提起する（815条）。

離縁原因として民法814条1項は，第一に，**悪意の遺棄**，第二に，他の一方の**生死が3年以上不明**，第三に，その他**縁組を継続しがたい重大な事由**（相対的離縁原因）を規定している。この第三の事由に関して，有責な事由に限らず，共同生活関係を維持したり回復したりすることが困難であるほど破綻していたり，養親子関係を継続をしても正当な親子関係が期待できない場合にも離縁が認められている（最判昭和36年4月7日民集15巻4号706頁など）。

有責者からの離縁請求については，離婚請求の場合と同様に，離縁でも有責者からの**離縁請求**が可能かどうか問題になる。現在までのところ判例は，当事者の一方のみに全面的な責任がある場合には，有責者からの**離縁請求**を認めていない（最判昭和39年8月4日民集18巻7号1309頁，最判昭和59年11月22日家月37巻8号31頁など）。しかしながら，双方に責任がある場合には責任を比較検討した上で，諸般の事情を考慮して，養親子としての生活の継続を望みえない場合には，**離縁を認める傾向がある**（最判昭和40年5月21日家月17巻6号247頁，最判昭和60年12月20日家月38巻5号53頁）。このような判例理論は，有責配偶者の離婚請求が認められうるとした判決（最大判昭和62年9月2日民集41巻6号1423頁）以前の判例であり，この大法廷判決が，離縁にも影響を与えるものと思われる。しかしながら，ただ単純に夫婦関係と親子関係を同じように考えてよいのかは，検討を要する（裁判例として，有責な一方当事者による離縁請求が

認容された事例がある。新潟地高田支判平成4年5月21日家月45巻2号175頁)。

| 離縁の効果 | (1) 縁組によって生じた養親子関係，養子 |

と養親の血族との親族関係，および縁組後に生じた親族関係（縁組後生まれた養子の子と養方の血族との関係）は，離縁によって終了する（729条）。

(2) 祭祀承継者であった養子の離縁に際し，新たに承継者を定める必要が生じる（817条による769条準用）。

(3) 養子は，縁組前の氏に復する（816条1項）。共同縁組の場合で養親の双方と離縁したならば，実方の氏に復氏する。しかし，養親の一方とだけ離縁した場合には，復氏しない（816条1項ただし書）。縁組から7年を経過した場合には，離縁後3カ月以内に戸籍法の定める手続を経て離縁の際に称していた氏を称することができる（816条2項）。

(4) 離縁には財産分与の規定はない。しかし，潜在的な共有や不当利得があれば，清算の可能性がある。また，慰謝料も，離婚の場合ほどではないにしろ，問題になりうる。

③ 特別養子

| 意 義 | 養子制度は子どもを中心とした制度である |

という世界の動向やわが国の実情（藁の上の養子⇒141頁。なお，⇒134頁）を考慮し，1987（昭和62）年に特別養子制度が創設された（817条の2以下）。

＊転縁組の場合には，第一の養親の氏に復する。

特別養子制度の特徴は，①養子となる者に年齢制限があること，②離縁が原則として認められないこと，③実親との関係を終了させることなどにみられる。このような特徴には，できるかぎり実親子関係に近づけようとする姿勢が窺われる。子どもに対して家庭を提供することに制度の主たる目的がおかれることになる。

また，④当事者の意思のみでは縁組が成立せず，家庭裁判所の審判が必要である。縁組が子どものためになるのかどうか，養親が親としてふさわしいかどうか，客観的に審査する機能が裁判所に課されているともいえる。

| 特別養子縁組の成立 |

養親となる者は家庭裁判所に特別養子縁組の成立を請求し，家庭裁判所が以下の要件を考慮して可否を総合的に判断し，審判によって縁組を成立させる。要件を満たせば，実方の血族との親族関係が終了する特別養子縁組を成立させる（817条の2第1項，家事別表第1の63の項・164条以下）。

特別養子縁組の成立要件を緩和すること等により，特別養子縁組の制度をより利用しやすいものとするために民法が改正された。2019（令和元）年6月7日に改正法が成立し，養子となる者の年齢に関する民法817条の5が1項，2項として改正され，新たに3項が設けられた。

(1) **養子となる者**　養子となる者の年齢の上限を原則6歳未満から原則15歳未満に引き上げた（817条の5第1項前段）。また養子となる者が，15歳に達する前から養親となる者に監護されており，15歳までに審判の申立て（縁組の成立の請求）ができないやむをえない事由がある場合には，15歳以上でも可能となった（同条2項）。これらは，審判申立て時における年齢制限である。

これに対して，審判確定時（縁組の成立時）における上限年齢としては，18歳に達している者は，縁組できないと規定された（同条1項後段）。

養子となる者が15歳に達していれば，特別養子縁組の成立には，その者の同意が求められている（同条3項）。

このように，養子となる者の年齢制限を6歳から15歳に改め，また15歳に達する前から監護されていた場合には，15歳以上でも成立の可能性を認め，養子縁組を成立させる機会を増大させている。

(2) **養親となる者**

① **夫婦共同縁組**　縁組成立時に養親は配偶者のある者でなければならない（817条の3）。子にとって望ましいのは，父と母のいる家庭であるという考え方による。

ただし，夫婦の一方の嫡出子（または特別養子）を他の一方の配偶者が養子にする場合には，他の一方のみとの縁組で可能である（817条の3）。一方配偶者とはすでに，嫡出親子関係（またはそれに相当する特別養親子関係）があるからである。夫婦の一方の普通養子を他方が特別養子にする場合には，夫婦共同縁組でなければならない。夫婦ともに同じ親子関係を成立させることが特別養子の趣旨だからである。

② **養親は25歳以上であること**　原則として，養親は25歳以上であることが求められている（817条の4）。

例外的に，一方が25歳以上であれば，他方は20歳に達していればよい（817条の4ただし書）。

(3) **父母の同意**　特別養子縁組は，実父母と子との親子関係を終了させることになるので，養子になる者の実父母の同意を求めている（817条の6）。父母が親権者（法定代理人）でなくなっている場

合（離婚や親権の剥奪等の場合）や，監護権のみになっている場合（離婚をした場合）もありうる。しかし，ここでは親権や監護権の有無とは関係なく，親子関係が断絶する父母という意味である。また，子が養子である場合には，養父母の同意も，実父母の同意と同様求められる。

例外的に，同意が不要な場合に関しては民法817条の6ただし書が規定している。

同意の内容は，子が特別養子となるということと，実親子関係は法的に終了することである。誰と縁組みするかという内容まで同意することは必要でないと解される傾向がある。

(4) 特別養子縁組の必要性（要保護性）　父母の監護が著しく困難であるか，不適当であること，その他特別の事情のある場合において，子の利益のため特に必要があると認めるときに，特別養子縁組を成立させることができる（817条の7）。つまり，特別養子になる子を保護する必要性があることが求められている。

◆要保護性の内容　「監護が困難」とは，父母の精神的または身体的故障の場合や，貧困の場合などが可能性として考えられる。行方不明，交通遺児など，「監護不能」もこれに含まれうる。「監護が不適当」とは，精神的，肉体的虐待や悪意の遺棄，親権の濫用などが考えられる。たとえば，親が酒乱で子をかえりみない場合などである。つまり，これらの場合には，子の利益が害されている。

特別養子縁組は実親との関係を終了させるものであるので，終了させるにふさわしい理由を求めている。また同時に，いわゆる親子の縁を安易に切るかつての勘当のような，保護とはかけ離れた結果が生じないように配慮されているともいえる。

さらに，要保護性に関して，たとえば，配偶者の連れ子（嫡出子または嫡出でない子）を特別養子にすることが可能かどうか（嫡出子に関し

て民法の中には可能であることを前提とする条文がある。817条の3第2項・817条の9ただし書),また**夫婦双方の普通養子**を特別養子に転換することが可能であるか問題になる。これらは,子の利益が特に害されない場合に,「**その他特別の事情**」があるとして,特別養子縁組が可能であるかの問題である。

「その他特別の事情」は,子の監護に有害な状況である場合に限定されているのではなく,子の利益のためになる事情があれば該当すると考えられている。その結果,配偶者の連れ子を特別養子にするのは,ここにいう「特別の事情」にあたりうる。ただ,親子関係が終了する実親の存在にも同時に注意を払うべきであり,つまり,個々の事例で,特別養子縁組が可能といえる「特別の事情」にあたるかどうかを慎重にかつ総合的に判断しなければならない。

(5) **試験監護**　特別養子縁組の審判をするにあたって,養親たろうとする者が6カ月間,実際に子を家庭に引き取って同居の上,監護した状況を家庭裁判所は考慮する(817条の8第1項)。これを試験監護という。

この期間は一般的には,審判の申立てから起算されるが,例外的に,特別縁組の審判の申立ての際に,すでに児童相談所の監督のもとで里親,里子として子を監護しているなど,監護の状況が明らかであれば,審判申立て前の監護の期間をも算入することができる(817条の8第2項)。

(6) **二段階手続の導入**　養子縁組成立の手続は,2019(令和元)年6月の改正前は養親候補者の申立てによる一つの手続であった。しかし,この手続では手続の最中に,養親候補者に養育状況に問題ありと認められるかどうか不明のまま,試験監護をしなければならないことや,特別養子縁組の成立の審判に至るまで実親による同意の撤回などに対する不安を抱かせることも多々あり,それらを緩和

するために家事事件手続法が改正された。つまり，児童相談所長または養親候補者の申立てによる①「特別養子適格の確認の審判」と，養親候補者の申立てによる②「特別養子縁組の成立の審判」からなる二段階手続が導入され（家事164条・164条の2。児福33条の6の2・33条の6の3参照），①の申立ては②の申立てと同時にしなければならず（家事164条の2第3項），順を追って前に進める手続にした。①では，実親による養育状況（817条の7）および，実親の同意の有無（817条の6）を判断し，②では，養親子のマッチング（817条の8）を判断する。

また，817条の6に基づいて①の段階でした父母の同意は，2週間経過後は撤回できなくなった。かつて試験監護期間中に実親に撤回されることがあり，手続に支障が生じていたので，このように改正された（家事164条の2第5項）。

◆**普通養子と特別養子の成立要件の相違――届出と審判**　特別養子では，普通養子の場合のような「成立要件としての届出」の制度はない。特別養子の場合には，縁組は，審判の確定により成立する（817条の2・817条の8）。養親が10日以内に届け出なければならないことになっているが（戸68条の2），これは「報告的な届出」である。

また，特別養子には，未成年者の養子縁組の際の家庭裁判所の許可に関する規定，後見人・被後見人間の養子縁組の際の家庭裁判所の許可の規定は適用されない（817条の2第2項）。

| 効　果 |

（1）　特別養子は，縁組の成立した日から養親の**嫡出子の身分**を取得する（809条）。その結果，養子と養親の血族との間に親族関係（**法定血族関係**）が生じる（727条）。

(2)　養子は養親の氏を称する（810条）。

(3)　特別養子縁組の成立により，実方の父母およびその血族との**親族関係は終了**する（817条の9）。その結果，実父母の**親権**も，実父母との親子間の互いの**相続権**も当然なくなる。これは，特別養子を特徴づける重要な特徴の一つである。なお，実父母の他，養子がすでに普通養子になっている場合には，その普通養子の養父母との関係も終了する。例外として，夫婦の一方が他の一方の嫡出子である子の養親となる場合は，他の一方およびその血族との親族関係は終了しない（817条の9ただし書）。

　ただし，**近親婚禁止**に関しては，親族関係が終了した後でも適用される（734条2項・735条）。

📖　*pause-café*　**出自を知る権利**　〰〰〰〰〰〰〰〰〰〰〰〰〰〰

　フランス親子法では，真実を追究することができない領域があり，そこには「秘密」が存在することがある。たとえば，特別養子では，父母を知ることができず，匿名出産（フ民326条）の場合には母親を知ることができないとされていた。また，提供精子や卵子による生殖補助医療でも同様であった。わが国では，特別養子は実の親との関係を断絶するだけで，秘密は必ずしも存在しない（戸12条の2参照）。

　ところが，養子および孤児の出自に関する2002年1月22日の法律は，さまざまな制限を設けつつ，特別養子の場合に，秘密を保持している国家機関から実親を知る情報を得る権利を認めた。実親との法的な身分に基づく権利を付与することはしないで，ただ単に親子関係を知るだけである。

　特別養子に関していえば，真の親を知ることなく断絶し，養親の家庭であたかも実子として生活できることが，子の幸福であるといわれてきた。このような観点からは，制度それ自体を揺り動かす大きな改正であり，このような権利を付与することの当否に関して現在でも議論が続い

ている。

この法律は，匿名出産にも適用されている。なお，ヨーロッパ人権裁判所は，このように，例外的であれ親を知ることが保障されている以上，匿名出産の制度それ自体は，差別にあたらないと判示している（フランス法を考える上で，ヨーロッパ人権裁判所の判決は，ますます重要になってきている）。

第三者からの精子や卵子の提供による生殖補助医療に際して，提供者を特定できない情報に関して，成人後に子が望めば，開示することが認められている（フ民342条の10第1項）。

⌘⌘

| 戸　籍 |

審判に基づいて，養親が特別養子の届出をすれば，まず第一に，実親の本籍と同じ場所を本籍にして，養子の新しい単身の戸籍を編製する（戸20条の3第1項本文・30条3項）。第二に，単身の戸籍から除籍される（この単身戸籍は除籍簿につづられる。除籍簿の謄本を請求することによって，実親を知ることはできる。戸12条の2参照）。養子はこの単身の戸籍から養親の戸籍に入籍する（戸18条3項）。このように，中間に養子の単身戸籍を媒介させることにより，養子であることをわかりにくくする配慮がなされている。

戸籍の記載は実親子関係と同じような用語が用いられている（「父」「母」，「長男」，「長女」など）。一見しただけでは養子とわからないような工夫がされており（ただし，「民法817条の2による裁判確定」という文言がはいるので，特別養子であることは戸籍を読めば容易にわかる），不当な干渉からは最低限守られているといえる。

できるかぎり実親子関係に近づけ，養親子
関係に安定性を与えることを考え，特別養
子では原則として離縁が認められていない（817条の10第2項）。養
親と養子の関係がうまくいかなくなってしまった場合には，離縁と
いう手段によらないで，新たに縁組を行ったり（転縁組），また，養
親によって虐待のある場合には親権の喪失を求めることも不可能で
はない。しかし，民法は例外として，以下の場合に養子，実父母，
検察官からの離縁請求を認めている（817条の10第1項）。①養親に
よる虐待や悪意の遺棄，その他養子の利益を著しく害する事由があ
ること，かつ，②実父母が相当の監護をすることができる場合にお
いて，「養子の利益のため特に必要がある」と認めるときにかぎり，
家庭裁判所は審判により特別養子縁組の当事者を離縁させることが
できる（817条の10第1項本文）。離縁を請求しうる者は，養子，実
父母，検察官であり，養親からの請求は許されない。

離縁が成立すれば，養子と養親およびその血族との間の親族関係
は終了し，今まで終了してなくなっていた実父母およびその血族と
の間の親族関係が生ずる（その効果は遡及しない）。新たに生ずるの
は実父母との関係であるので，特別養子縁組前に普通養子あるいは
特別養子であった場合にはこのような養親子関係は復活しない
（817条の11）。

なお，実父母がともに死亡すれば離縁は認められない（817条の
10第1項より，一方が生存しておれば可能性がある）。養子が成年に達
すれば，相当の監護が問題となることはなく，もはや離縁は不可能
である。離縁は養子が未成年であるときに限られている。

養子は離縁に際して意思能力が必要である。普通養子の際には，
15歳未満であれば代諾離縁が行われる。しかし，特別養子では代

諾離縁の制度はなく，15歳未満であっても意思能力を有する場合には，養子自ら離縁の請求が可能である。

3 生殖補助医療により生まれた子

生殖補助医療の問題は，当該施術が認められるかという問題と，このような施術によって生まれてきた子の法的な親子関係をどう考えるかという二つの大きな問題がある。

生殖補助医療は，精子を女性の体内に注入する施術である**人工授精**と，卵子を体外に取り出して受精させる体外受精とに大きく分類できる。人工授精は夫の精子によって行う配偶者間人工授精（AIH）と，第三者の精子を用いる非配偶者間人工授精（AID）がある。

体外受精の場合，夫の精子で受精させたものを妻に移植するのが普通である。これを第三者に移植して子を産んでもらうのが，**代理母**による出産と呼ばれる。代理母による出産には，夫の精子で第三の女性に人工授精して産んでもらう方法もある。

① 認められる施術であるかどうか

AIDによる施術はわが国でも行われている（⇒163頁◆）。しかし，精子の提供に明確な法規定があるわけではなく，このためにAIDの法的な扱いに明瞭性を欠く一つの原因になっている。このような中で，令和2年12月11日に「生殖補助医療の提供等及びこれにより出生した子の親子関係に関する民法の特例に関する法律」が公布

された。* 生殖補助医療の提供に関して，基本理念，国および医療関係者の責務並びに国が講ずべき措置についての規定と，第三者の卵子または精子を用いた生殖補助医療により出生した子の親子関係に関して，民法の特例を設けた。卵子の提供も認められることが明確になっている。生殖補助医療に関しては，立法が始まったばかりであり，2年をめどに検討を加えられて，法制上の措置が講ぜられることになっている。

わが国では，代理母が認められていないので，アメリカで代理母によって出生した子を，依頼した夫婦の嫡出子として届けた事例に関して，最高裁決定がある（最決平成19年3月23日民集61巻2号619頁⇒170頁）。

代理母や高齢の女性の生殖補助医療による出産などに関して，当事者が望むからそれが可能であると考えるのか，また，当事者がたとえ望んだとしても（技術上可能であるとしても）法的に認められないものがあるのかの問題に帰結すると思われる。自己決定を尊重する考え方と，公序を尊重する考え方がある。

＊生殖補助医療に関して，法務省は2001（平成13）年4月に法制審議会生殖補助医療関連親子法制部会を設置し，検討を加えてきた。2003（平成15）年に，第三者の提供による生殖補助医療に関して中間試案を発表している。2020（令和2）年に民法の特例に関する法律を設けた。厚生労働省は，2003（平成15）年4月28日に，「精子・卵子・胚の提供等による生殖補助医療制度の整備に関する報告書」を公表している。日本学術会議は，2008（平成20）年4月8日に「代理懐胎を中心とする生殖補助医療の課題」と題した報告書を公にしている。また，日本産科婦人科学会は，令和2年の民法の特例に関する法律を受けて，2021（令和3）年6月8日に提案書を取りまとめている。

◆**生殖補助医療の歴史** わが国では1949（昭和24）年に慶應義塾大学病院ではじめてAID（非配偶者間人工授精）による出産が行われた。現在AIDによって生まれた子は約1万人に及ぶといわれている。

世界ではじめて，卵子を取り出して施術を行う体外受精児が誕生したのは，英国で1978年のことである。わが国では，1983（昭和58）年に東北大学医学部附属病院で誕生している。いわゆる試験管ベビーと呼ばれるものである。

なお，1992（平成4）年には，卵を開口し精子を注入する顕微授精による子が誕生している。また，2016（平成28）年には，AIDによって99名の子が誕生していることが報告されている（「平成29年度倫理委員会 登録・調査小委員会報告」日本産科婦人科学会誌70巻9号〔2018年〕，厚生労働省「生殖補助医療を巡る現状について」2018〔平成30〕年11月28日）。

📖 **読書案内** 松川正毅・変貌する現代の家族と法（大阪大学出版会，2001年）1頁以下

② 法的な問題——親子関係など

提供精子

提供精子によって妻が出産した子は，嫡出推定の結果，夫の子（嫡出子）となる。しかしながら，このように提供精子によって生まれてきた子の法的な地位は，必ずしも安定しているとはいえなかった。

DNA鑑定の発展とともに，生物学上の親子関係が明らかにされる危険性が常にあり，父子関係はその生物学上の真実を根拠にしている以上，当事者の意思にかかわらず親子関係が否定される可能性があった（親子関係不存在確認の訴え。推定の及ばない子に対して判例は外観説に傾きつつあることに関して，⇒106頁）。また，夫からなす嫡出否認の訴えの可能性もあった。このような中にあって，前述の令和

2年の民法の特例に関する法律10条は，夫の同意を得て，夫以外の男性の精子を用いた生殖補助医療により懐胎した子については，夫は，その子が嫡出であることを否認することができない旨を規定している。このように立法することによって，嫡出推定という枠組みの中で，AIDによって生まれた子の身分を安定させた。

◆**第三者の提供精子により生まれた子の父子関係に関する検討（中間試案第7の2）**　生殖補助医療の提供等及びこれにより出生した子の親子関係に関する民法の特例に関する法律10条では否認権を制限している。嫡出否認権者の範囲を拡大することとした場合には，特例法と対応した否認権の制限の規律を設けるべきかどうかについて検討されることになっている。

🐾 *pause-café* **AIDと同意** ∾∾∾∾∾∾∾∾∾∾∾∾∾∾∾∾∾∾∾∾∾∾∾
　令和2年の民法の特例に関する法律により，AIDによって生まれてきた子に法的な安定性が与えられた。AIDに際して夫の同意があれば，嫡出否認ができないことになった（同法10条）。
　本条文が要件としている「同意」に関しては，様々な問題が潜んでいる。
　まず，生殖補助医療の施術を受けることに関する同意が考えられる。現在では，精子は凍結保存されており，凍結のもたらす時間のズレが同意にも現れてくる。その間に事情の変更が充分にありうる。最初に医療機関を訪れて施術を行うことに同意する際と，実際に施術を行う際に，時間の差が生じるのである。自然の生殖であれば，時は一つに結びついているが，凍結が問題となる事例では，それが分離している。このように考えれば，実際に授精や着床する施術を行うときにも，再度，同意が必要となるように思われる。
　また，日本法があまり興味を示していない問題として，同意に関する公の関与の問題がある。単に施術に対する同意の意味ではなく，提供を受けることによって法的に身分関係を真実とは異なるようにしてしまう

ことに対する配慮の必要性である。

　実親子関係は，基本は生物学上の真実に基づいている。これを動かしたりすることは，人の力ではできないし，ましてや人の意思の力（契約）でもできない。一方で，人の身分を動かすには法的な力が必要であり，養子制度が設けられている。この観点からは，裁判所等の公の介入によって身分を成立させるのが本来のあるべき姿と思われる。また他方で，真実の力は強力である。フランス法では，そのことを知った上で，ある場合には真実を争うことを避け（身分占有，時効等），生物学上の真実とは異なる関係を法的に守っている。決して真実を軽んじた結果ではなくてそれを尊重し熟知した上での法律であるといえる。第三者である提供者が関与する生殖補助医療では，裁判官や公証人の面前での合意を求め，その結果，親子関係を争うことはできないと立法した（フ民311条の19，20参照）。結果的に真実に反する親子関係を法的な関係に「近づける」には，意思の確かさに加えて，裁判官や公証人という公の関与が必要と考えたのである。

〰〰〰〰〰〰〰〰〰〰〰〰〰〰〰〰〰〰〰〰〰〰〰〰〰〰〰〰〰〰

🔖 *pause-café* **AIHと精子の凍結，夫婦間の受精卵の凍結** 〰〰〰〰〰〰

　🔖 **AID**と同意で述べた施術に対する同意に関しては，わが国では，夫婦間の人工授精であるAIHの際の精子の凍結保存や，夫婦間での受精卵の凍結保存に関しても生じうる問題となる。すなわち，配偶者が死亡したり，関係が悪化したりした後（離婚後）の施術が生じうる。これらは，凍結保存による時間差がもたらす問題である。

　提供精子など第三者の関与のある生殖補助医療の事例では，意思による同意の撤回の規定とともに，死亡や離婚に向けた別居や離婚の訴えが提起された際に同意が当然に効力を失うという条文をフランス法は有している（フ民342条の10第3項。フランス民法の生殖補助医療に関する規定は，2021年にも改正が加えられている。かつて，親子に関する編で，総則に関する章に置かれていた生殖補助医療に関する規定を，「第三者の提供による生殖補助医療について」と題して独立の章を設けて規定している。その結果，311条の20に規定されていた事柄は，342

条の 10 で規定されている）。その結果，万が一それにもかかわらず施術がなされれば，同意は撤回されており，夫の子でなくなる。

　これに対して，AIH の場合は，生まれてしまうと生物学上の親子関係がある以上，特に，関係悪化事例では，実親子関係は真実を原則として基礎としている以上，身分を否定することが難しくなってしまうおそれがある。

　凍結によって生じうる時間差を考慮し，わが国では，実際に施術を行うときの同意には，本人出頭を求めて意思確認することが必要になると思う。このような二重の意思確認により，死後の施術（⇒168 頁参照）や，関係悪化後の施術を避けることができる。生殖補助医療の同意は，押印や署名のみでなしうる届出事例とは異なり，子の身分にも関わる問題であり，意思確認の重要性は無視できないものがある。

❦❦❦❦❦❦❦❦❦❦❦❦❦❦❦❦❦❦❦❦❦❦❦❦❦❦❦❦❦❦❦❦

　AID に関して公にされた裁判例として以下のものがある。

　第一の事例は，夫の同意を得て生殖補助医療を受けて子をもうけたが，後にその夫婦の離婚に際し，親権者をいずれにするかが争われた高裁決定である。生殖補助医療によって生まれた子であるという事実も考慮し，親権者を母と定めるのが相当であると判示した（東京高決平成 10 年 9 月 16 日家月 51 巻 3 号 165 頁。松川正毅「判批」私法判例リマークス 20 号 78 頁以下）。

　二つめの事例は大阪地裁の判決である（大阪地判平成 10 年 12 月 18 日家月 51 巻 9 号 71 頁）。子ができなかったので，配偶者間の人工授精（AIH）による治療を受けていたが，妻は妊娠しなかった。その後，妻は非配偶者間人工授精（AID）を受け，子を出産した。後に夫は嫡出否認の訴えを提起した。大阪地裁は，二人は事実上の離婚状態にあったこと，さらに，提供精子による人工授精に際して夫は誓約書を作成していないことを理由に，父の承認がなく父子関係は

ないものと判断し，嫡出否認の訴えを認めた。この判決では，わが国の精子の臨床上の取扱いが曖昧であり，それが争いの原因になっていることが理解できる。

　近年，AIDに関して興味深い最高裁決定が公にされている（最決平成25年12月10日民集67巻9号1847頁）。この最高裁決定は，男性への性別の取扱いの変更の審判を受けた者の妻が婚姻中に，AIDによって懐胎した子に嫡出推定が適用されるかの問題を扱っている。生物学上いわゆる夫の子でないことは明らかであり，嫡出推定の根拠を欠いているので，原審は戸籍の父の欄の空欄に父と記載する旨の訂正の許可の申立てを却下した。最高裁は，「性同一性障害者の性別の取扱いの特例に関する法律」4条1項を根拠とし，また同時に，別居等で夫の子を出産する可能性のない場合には，推定を及ぼさないことは判例であることを確認しつつ（最判昭和44年5月29日民集23巻6号1064頁，最判平成12年3月14日家月52巻9号85頁⇒108頁参照），以下のように判示した。一方で，法律により性別変更者の婚姻を認め，他方で，その主要な効果としての嫡出推定を，妻との性的な関係の結果もうけた子でありえないことを理由に認めないというのは相当でない。そして，戸籍事務管掌者が，戸籍の記載から当該夫と当該子との間の血縁関係が存在しないことが明らかであるとして，推定を受けないと判断し，このことを理由に父の欄を空欄とすることは法律上許されない。

　原則として父子関係は，本来，生物学上の真実に基づいている。そして，法は，その要素に加えて，関係の継続，意思などさまざまな要素を加味して修正している。戸籍に性別変更の記載が残っているところにも問題の核心がある。この情報を抹消すれば，推定の分野でも差がなくなり，親子法の観点からも同じに扱われ，このよう

な問題は生じなかったと考えられる。

　なお，このように AID によって生まれた子は，性別の取扱いの変更を受けたいわゆる夫の嫡出子として扱われ，AID に同意した夫は否認権を行使できず，子の身分は安定することになる（令和2年の民法の特例に関する法律10条。⇒69頁，101頁）。

<table>
<tr><td>凍結精子によって
父親の死後に懐胎
し生まれた子</td><td></td></tr>
</table>

凍結保存された精子で，夫の死後に生殖補助医療によって生まれてきた子が，検察官に対して父親との死後認知を求めた事例がある（推定期間の300日を超えて出産しているので，嫡出推定は働かなかった）。最高裁は，死後懐胎子の親子関係の形成については生命倫理，子の福祉，関係者の意識など検討した上で認めるかどうか立法で決するべき問題であり，このような立法のない以上，法律上の親子関係は認められないと判示した（最判平成18年9月4日民集60巻7号2563頁。なお，この第一審判決である松山地判平成15年11月12日家月56巻7号140頁は認知を認めなかったが，第二審判決である高松高判平成16年7月16日家月56巻11号41頁は，生物学上の親子関係の存在と夫の同意から，認知を肯定した。その他，内縁関係にあった男性の死後の授精に関して，認知を認めなかった下級審判決がある。東京地判平成17年9月29日家月58巻5号104頁，東京高判平成18年2月1日家月58巻8号74頁。⇒165頁▶参照）。

<table>
<tr><td>提 供 卵 子</td><td></td></tr>
</table>

提供卵子による生殖補助医療の場合にも親子法上の問題がある。判例・通説的な考え方によれば，出産した女性がその子の母親である。この考え方に従い，令和2年の民法の特例に関する法律9条は，「女性が自己以外

の女性の卵子（その卵子に由来する胚を含む。）を用いた生殖補助医療により子を懐胎し，出産したときは，その出産した女性をその子の母とする」と規定している。このようにして，卵子提供により出生した子の母子関係を法的に明確にし，安定させた（生物学上の真実に反する親子関係について，⇒164頁■参照）。

受精卵の提供や代理母　受精卵の提供に関しても，提供精子・卵子と同じような問題が生じる。

　夫婦が第三の女性に夫の精子で人工授精を行ってもらう代理母であれば，子は夫の嫡出でない子になる。出産した女性が母となり，夫婦の嫡出子として届け出ても，このような届出は無効である（判例理論に従えば，養子縁組の効力はないが，認知の効力はある。⇒124頁）。

　夫と妻の受精卵を体外受精させ第三の女性に産んでもらう代理母では，出産した女性が母親とされるが，子を出産して引き渡すという契約の効力が問題になる。このような契約は，受精卵という生命を扱うことになり，人身の売買や処分にかぎりなく近づき無効と考えられる。また，このような子と依頼人夫婦とでなす養子縁組は，公序良俗に反して無効の可能性がある（⇒145頁）。

　現行法のもとでは，養子制度を除き，単なる人の意思（契約）で，自然の親子関係と異なる法的な親子関係を作ることはできないことも，代理母契約が認められない理由となろう（2003（平成15）年4月12日に日本産科婦人科学会は，代理懐胎に関する見解をまとめ，会告として公にしている。ここでは，代理懐胎を認めていない）。

　代理母の問題に関して，最高裁の決定がある。夫婦が自分たちの卵子と精子を体外受精し，この受精卵を用いて，アメリカ，ネバダ州で代理母による出産を依頼した。代理母が双子を出産した後に，

この夫婦はネバダ州の裁判所において自らが法律上の父母であるとの判決を得て，ネバダ州から父母として記載された出生証明書の発行を受けた。そして生まれた子を，日本で，自分たちの嫡出子として出生届を行ったが，受理されなかった。そこで受理を命ずることを申し立てた。最高裁は，わが国の親子法では，出産した女性が母親であることを前提としており，このような身分法秩序の基本原則ないしは基本理念に反する外国判決は民事訴訟法の 118 条 3 号にいう公序に反し，認められないと判示している（最決平成 19 年 3 月 23 日民集 61 巻 2 号 619 頁⇒162 頁）。

■ *pause-café* 代理母とフランス法 ∿∿∿∿∿∿∿∿∿∿∿∿∿∿∿
　フランス法では，代理母契約は無効である（フ民 16 条の 7）。たとえば，体外受精を前提とする代理母であれば，受精卵をできるかぎり人に近づけて尊重するというフランス法の基本原理が問題になる。つまり夫婦の受精卵を代理母に産んでもらうことは，受精卵を処分することになり，これは人身の処分にかぎりなく近づき認められないことになると考えるのである。人身は処分することはできず，同じように受精卵も契約によって処分（売ったり与えたり）できないと考える。
　また，出産した女性が法的には母親になるが（日本法も同様である），それを前提とするかぎり，法的には母親となる代理母が，契約によって子を欲する女性に母子関係を譲ることになる。このように，契約による法的身分の処分は，フランス法では認められない。
　代理母契約は，民法の基本原則である「人身と法的身分の処分不可能性」に反するがゆえに，公序良俗に反すると，フランス法では考える。たとえ，当事者が欲したとしても，法的に認められない。このような，公序を基礎に据える解決方法は，代理母が認められているアメリカの解決方法とは根本的に異なる。
∿∿∿∿∿∿∿∿∿∿∿∿∿∿∿∿∿∿∿∿∿∿∿∿∿∿∿∿∿∿

　フランスの生殖補助医療に関する法律には，自然の生殖の秩序（父と
母がいて子が生まれるなど）を大きく変えることまではしないという基
本的な方針が見られていた。しかし，2021 年の法律改正で，女性のカ
ップルや独身の女性にも生殖補助医療の可能性を認めるに至っている
（フ民 342 条の 10 など）。この改正は，家族の法律や価値観の変遷とと
もに，生殖補助医療に関するフランス法や社会の伝統的な考え方が大き
く変わっていきつつあることを示している重要な改正であるといえよう。

⌒⌒⌒⌒⌒⌒⌒⌒⌒⌒⌒⌒⌒⌒⌒⌒⌒⌒⌒⌒⌒⌒⌒⌒⌒⌒

📖 読書案内

　石井美智子・人工生殖の法律学（有斐閣，1994 年）

　金城清子・生命誕生をめぐるバイオエシックス（日本評論社，1998 年）

　松川正毅・変貌する現代の家族と法（大阪大学出版会，2001 年）

　大村敦志「生殖補助医療と家族法──立法準備作業の現状をふまえ
　　て」ジュリスト 1243 号（2003 年）12 頁

　棚村政行「生殖補助医療と親子関係(1)，(2)」法学教室 275 号 65 頁，
　　276 号 32 頁（2003 年）

　野村豊弘「生殖補助医療と親子関係をめぐる諸問題──総論」ジュリ
　　スト 1243 号（2003 年）6 頁

　水野紀子「判例評釈」判例タイムズ 1169 号（2005 年）98 頁

　石井美智子「凍結精子」法学教室 316 号（2007 年）3 頁

　松川正毅・平成 18 年度重要判例解説（ジュリスト 1332 号，2007 年）
　　89 頁

　日本学術会議 生殖補助医療の在り方検討委員会提言「代理懐胎を中
　　心とする生殖補助医療の課題──社会的合意に向けて」(2008 年)

　松川正毅・医学の発展と親子法（有斐閣，2008 年）。7 頁以下で，精
　　子・保存センターの精子取扱い基準について書かれている。これが
　　後の 1994 年のフランスの生殖補助医療の初めての立法である生命
　　倫理法の考え方の基礎となった。

水野紀子＝石井美智子＝加藤尚武＝町野朔＝吉村泰典「座談会　生殖
補助医療を考える——日本学術会議報告書を契機に」ジュリスト
1359 号（2008 年）4 頁

窪田充見「生殖補助医療をめぐる問題——実親子関係をめぐる現代的
な問題」法学教室 341 号（2009 年）33 頁

第3章　家族構成員の保護

> 　人は自立して生活を行う。ところが，人生の一過程ではそれが不可能であるか困難となる場合がある。このようなとき，家族の構成員が当事者となって互いに助け合う。*
>
> 　家族本来の姿を離れ，後見，保佐等では，家族構成員以外の者も後見人等になることができる。このことは，かつて，家族間で支えあってきた助け合いが，法的に家族の枠を越えることがありうることを示しており興味深い。個に徹すれば薄れてしまう関係を結びつける家族的・社会的なきずなが存在する意味は大きい。

1　親　　権

　未成年者に関して，親権と未成年後見が問題になる。後者は，親権者がいない場合の未成年者保護制度である。

1　意義と内容

　未成年者は一人で生きていくことはできず，親からの支援を必要とする。親が子を育てるということは，他人に優先して，監護・教育の内容を自由に決することができるという意味で権利である。

　＊個々人の自立を基礎に据えた法体系を有するヨーロッパの諸国では，このような助け合いを「連帯」（solidarité）と表現することが多い。

しかし，子の監護・教育は人としての根元的なものであり，健全な子に育てるのは，親の社会的な責務でもある。

2011（平成23）年の改正で民法820条に「子の利益のために」という言葉が加わった。子の利益のために，子の監護および教育する権利を有し，義務を負うことが，条文上明確になった。

非対等性から保護へ

親と子の関係は，力の関係，支配従属関係としてとらえられていた時代がある。守る立場は守られる立場より強者であるのは当然である。わが国でも，父親の権力の強い時代があった。

フランスでは，親権を示す言葉が，「父親の権力（puissance paternelle）」という用語から，「親の権威（autorité parentale）」に置き換えられ（1970年），ドイツでは，「親権（elterliche Gewalt）」という用語が廃止され，「親の配慮権（elterliche Sorge）」という用語に代わった（1979年）。このことによっても，支配から保護へと，視点が変遷していることを読み取ることができる。

父と母

嫡出子に関して，親権者はかつて父のみであったが，現在では父と母である。*

父母の共同性がどこまで維持されるのか，たとえば意見が一致しない場合の扱いなどに関して，わが国の民法典は何も規定していな

＊児童福祉法47条は，児童福祉の施設の長が，入所中の児童で親権を行う者または未成年後見人のない者に対し，親権を行う者または未成年後見人があるに至るまでの間，親権を行うと規定している。親権者にあたるという説もあるが，通説は，民法833条や867条と同趣旨の親権代行と理解している。

い。

　また嫡出でない子の共同親権はわが国では未だ実現していないし（姦通的な関係でない場合でも），さらに離婚後の共同親権も将来の問題として残されている。

<table>
<tr><td>

非 対 価 性

</td><td>

親権の義務性が意識されるにつれ，かつての見返りの期待（「育てたから恩義がある」）

</td></tr>
</table>

は社会では次第に薄くなりつつある。法的にも，親権で子に対してなされた監護・教育は，代償性のない一方的なものである[*]。この点において，財産法的な有償契約とも無償契約とも異なる。

<table>
<tr><td>

保護からさらに積極的
な発言・主張に向けて

</td><td>

家事事件手続法は，65条で子の陳述に関して，原則的規定を設けている。「家庭裁判所は，親子，親権又は未成年後見に関す

</td></tr>
</table>

る家事審判その他未成年者である子……がその結果により影響を受ける家事審判の手続においては，子の陳述の聴取，家庭裁判所調査官による調査その他の適切な方法により，子の意思を把握するように努め，審判をするに当たり，子の年齢及び発達の程度に応じて，その意思を考慮しなければならない」としている。ここでは，子の年齢に応じた柔軟な対応が規定されている。これを前提として，「子の監護に関する処分」の審判（監護費用の分担に関する処分の審判を除く）（766条2項）をなすにあたっては，子が15歳以上であれば，子の陳述を聴かなければならないと規定している（家事152条2項）。

　＊成年後の子の扶養は，契約として理解する学説がある。大村敦志・家族法（第3版）（有斐閣，2010年）253頁。

また,「親権者の指定又は変更」の審判（819条5項）をする場合も,同様である（家事169条2項）。

さらに,裁判にあたって,子が自己の代理人を求める権利を認める国もある（たとえばフランス）。ヨーロッパ諸国では児童の権利に関する条約との関連で,子を自立した存在としてとらえ,子の発言に対し,法的に考慮を払おうとする傾向がある。わが国では,人事訴訟に関して（人訴2条）,意思能力があるかぎり,能力の制限を受けた者（未成年者や成年被後見人等）も自ら訴訟行為が可能である。その際,自分で弁護士を選任したり,裁判長が選任したりすることが認められており,子自らが代理人を求める権利という観点からも興味深い（人訴13条参照）。

親の教育と公教育

親の監護・教育権（教育の私事性）を強調し,教育に関する親の決定を尊重する考え方と,公共性を重んじて親の決定にも制約があるとする二つの考え方がありうる。現在の有力な見解は,親の決定と公教育（学校）を,二者択一的に理解するのではなくて,「個と公共性」の結び合う場であると位置づける。

児童相談所の介入の可能性

虐待を受けている子のように親権濫用の事例が社会問題となっている。このような子は,児童相談所などにより保護が図られる（児福33条の6・25条・26条・27条・28条・33条）。子を守るために親権喪失の手続があるが（834条）,私的な領域に法が介入することになり,判断が困難な場合がある。

2000（平成12）年5月に児童虐待の防止等に関する法律（児童虐

待防止法）が公布されたが，虐待の事実の通知義務がどれほどの効果があるのか，また立ち入り調査権の手続などについて問題が指摘されている。

② 帰属と行使──誰が誰に対して

親権に服する子と
親権者

成年に達しない子は，父母の親権に服する（818条1項）。経済的に自立し，親から独立していようが未成年者である以上は親権に服する。その反対に，成人であれば，経済的に自立していなくても，もはや親権には服さない。

親権を行使する者（親権者）は，子の法的身分関係（養子，嫡出でない子等）や親の状況（離婚や死別等）によって異なる。

(1) **子が嫡出子の場合** 父母が**婚姻**関係にあれば，父母が共同して親権を行使する（818条1項・3項）。親の一方が死亡すれば他方が単独で親権を行使する。

父母が**離婚**すれば，父母の一方を親権者と定め，父か母のいずれかが単独で親権を行使する（819条1項・2項）。この際に共同親権は認められていない。

(2) **子が嫡出でない子の場合** 母親が自動的に親権者になり，単独で親権を行使する。父親は認知をすれば，親権者となりうる。認知によって当然に親権者になるのではなく，父母の協議または審判により父を親権者と定めた場合にかぎり父が親権者になる（819条4項・5項）。

「子の利益」を考慮すれば，嫡出でない子に共同親権の可能性がないのは問題である。

(3) **子が養子の場合** 普通養子であれば，実父母との関係は終了

していない。しかし，親権者は実父母ではなく，養父母である（818条2項）。

　特別養子であれば，当然に養親が親権を共同行使する。

　養父母が離婚したり，死亡した場合には，実子の場合と同様，他方の単独親権になる。なお，わが国では，独身者が未成年者を普通養子にとる可能性があるが，このような場合には，養親は単独で親権を行使する。

親権者がいなくなった場合——未成年後見

父母である親権者がいなくなってしまった場合には，未成年後見が開始する（⇒196頁）。親権者たりうる者は父母のみであり，祖父母は孫の親権者になりえない。

◆連れ子の地位　母親が自分の未成年の子の親権者になり，この子をつれて再婚する場合，新しい夫との間で養子縁組がなされないかぎり，母親の単独親権である。このような場合には，連れ子の生活費は，婚姻費用に含まれるという説が多いが，扶養の義務を負う子の親が負担すべきであり，再婚夫婦の婚姻費用に含めるのは問題であろう。

　また，再婚の相手方との間で，普通養子縁組をすれば，子の父親との間には相続権や扶養義務などは存続するものの，母親の新しい夫が親権者になる。母親はこの普通養子縁組によって，親権を失わず，両者婚姻中はともに親権者になる（795条ただし書参照）。

親権の共同行使

民法は子に対する親権の行使は父母の共同で行うことを規定している（818条3項）。

(1)　**父母が共同して親権を行使する場合**　未成年者は単独で財産に関する法律行為をなすことはできない。法律的に有効な行為とする

には，次の二つの方法がある。一つは，親権者が未成年の子の財産に関する行為について「代理」する方法である。第二はこのような未成年の子の行為に同意を与える方法である（⇒190頁）。

「共同」の意味として，常に共同名義で行うことまでは求めていないことに注意を要する。父母の一方が「**共同の名義**」で「**代理行為**」をしたときは，他の一方の意思に反したときでも効力を妨げられない（825条）。たとえば，父が，母の了解なしに勝手に，一人で子の財産を売却した場合，その行為を父親と母親との共同名義で行っていれば，たとえ母親の意思に反していても，父親のなした子の財産の処分は有効である。ただし，不動産の買主である相手方は善意でなければならない。このような考え方は，民法総則で規定されている代理の理論とは異なっており注意を要する。子の法律行為に共同名義で「同意」を与えた場合も同様である。

またさらに，一方の同意があれば「**単独名義**」でも有効である。子の不動産を親が売却する場合などで，父母が必ず「共同名義」で行う必要性はない。「**共同の意思**」に基づけば（最判昭和32年7月5日裁判集民27号27頁）有効である。たとえば，父親の同意があれば，母のみが，母名義のみで単独で不動産を売却することができる。しかしながら，父親の同意を得ずに，母親が単独名義で子の財産を勝手に売却してしまった場合には，このような行為は**無権代理行為**である（なお，最判昭和28年11月26日民集7巻11号1288頁は無効と判示している）。その結果，追認がない以上は効力が生じない（表見代理の可能性がある）。

以上の代理行為と同様，「**同意**」も共同で行う。未成年者の法律行為に対して親が同意を与える際（5条）には双方の同意が必要である。他方の親の同意を得ていなければ，その追認がない以上，子

のなした行為を取り消すことができる（5条2項）。たとえば，子ど
もが自転車を一人で買いに行くことについて，母親が父親に相談せ
ずに同意を与えた事例が考えられる。

(2) **父母の一方が親権を行うことができないとき**　父母の一方が親
権を行うことができないときは（たとえば，一方の行方不明，受刑，成
年後見が開始したとき，親権喪失の審判がされたときなど），他の一方の
単独親権となる（818条3項）。このような場合には，一方のみで，
代理行為を行ったり子がなす法律行為に同意を与えることが可能と
なる。

③ 効力──身上監護権と財産管理権

多種多様な親権の効力を，身上に関する権利義務（820条）と財
産に関する権利義務（財産管理権。824条）に分けて説明する。

身上監護権

(1) **身上監護権の内容**　親が子を育てる
ことが監護・教育である（820条）。民法820
条は身上に関する権利義務の包括的な規定であるとされており，
821条以下にその具体的な権利義務が例示されている。2011（平成
23）年の改正により，監護・教育は子の利益のために行われること
が明示された（820条）。

① **居所指定権**　親は子に対して，どこに住むべきかを指定す
ることができる。これを居所指定権という（821条）。監護・教育上
ふさわしくない場所の指定は，親権の濫用となる。

② **懲戒権**　子の教育，しつけにあたって，子を懲戒する権利
がある（822条）。子の成長に応じ，口頭で叱ったり，また場合によ
っては体罰もありうる。ただし，度を越した懲戒は親権の濫用とな

りうる（札幌高函館支判昭和 28 年 2 月 18 日高刑 6 巻 1 号 128 頁）。虐待との関連で問題になる。令和元年に，懲戒に関して，児童虐待防止法が改正されて，しつけに際して体罰を加えることを禁止し（児童虐待 14 条），施行後 5 年をめどに見直しすることなどを附則に設けた（同法附則 7 条 9 項，令和元法 46。令和 2 年 4 月 1 日施行）。2011（平成 23）年の改正で，かつて 822 条で規定されていた懲戒場に関する記述を削除した。

◆懲戒権に関する規定等の見直し（中間試案第 1）　中間試案では，児童虐待の正当化の口実にもなっているこの懲戒権に関する 822 条の規定の見直しが検討され，廃止案が示されている。
　　また，監護および教育の権利義務に関する 820 条の規定を改正し，児童虐待にいたらないが，罵詈雑言など子の人格を傷つけるような行為も認められないことを明確にするために，「子の人格を尊重しなければならない」とする規定を追加することが検討されている。

③　職業許可権　　たとえば，未成年者の子が雇われて働くために，労働契約を締結する際には，親権者の許可が必要である（823 条）。「職業」は営利を目的とする営業（6 条）（自己の計算において事業をなすこと）よりも広い概念である。通説によれば，823 条にいう職業は，営利を目的としたり自営である場合もありうるが，営利を目的とせずに無給のものでも，また雇われて働く場合（他人の計算において労務を提供すること）もありうる。営業を許可（6 条）されれば，子はその営業に関しては行為能力を有することになるが，職業許可の場合には，成年者と同一の能力を有することにはならない。職業許可を与えても，直ちに営業許可を与えたことにはならない。
　　許可を与えても，営業，職業に堪ええないと判断する場合には，

許可を取り消したり制限することができる（823条2項・6条2項）。

子の行為を目的とする債務を生ずる契約を親が締結する場合には，本人の同意を必要とする（824条ただし書）。親権者が子に代わって労働契約を締結することを禁止しているので（労働基準法58条1項参照），実際上824条ただし書が適用される場合は限られている（たとえば，労働基準法が適用されない家事使用人になる契約等）。

④　命名権　　子に名をつける行為は親権に属する権利なのかどうか説が分かれている。**親権**であるという考え方と，氏名を**人格権**ととらえ，命名は子自身の固有の権利であるとする考え方に分かれる。前者であれば，命名は子のためになす親の行為であると解され，子の福祉に反する名をつけることはできないと考えることになる。後者の場合には子の行為の代行と考えることになる。前説が通説であるように思われるが，後に子自身が判断する可能性を大きく残すことになる人格権説もかなり有力になってきている。いずれの説でも，珍奇，難解，難読等の「正当な理由」があれば，家裁の許可を得て「名の変更」の可能性がある（戸107条の2。氏の変更に関する791条3項参照）。

「悪魔」という名を子につけることの妥当性をめぐって問題になったことがある（東京家八王子支審平成6年1月31日判時1486号56頁）。悪魔という名は戸籍法に反する違法な名であり本来受理されないものであるが，いったん受理しておきながら悪魔という名を抹消したのは違法であると審判がなされ，市側は敗訴した。命名は自由であるが，子の福祉のもとに自ずと制限があることになる。

⑤　医療行為に対する同意　　子が治療行為を受ける場合の判断は，親が医師の説明を聞き，子に代わって行うことが多い。その根拠を親権に求めるのが一般的である。ただ，親権の中で，本来子が

なすべき行為を親が子に代わって行うという「代理行使」（財産関係はこれが中心）なのか，それとも子の世話をするという意味の「監護」であるのか，大きく分けて二つの考え方がある。子の治療行為に対する意見表明，自己決定権を考慮しやすいのは後者の理論であろう。

親が子への輸血を拒否している場合は子に対しては輸血できないのだろうか。宗教上の理由で親が子の輸血を拒否したために，子が死亡した事例がある（朝日新聞1985年6月7日）。未成年者の子の妊娠中絶手術を，子の意見を聴かず親の同意のみで決断することは可能なのか。いずれの場合でも，子の意思を無視することはできない。

しかし，医療行為にあたって，子が妥当な判断ができているのかどうか，また，子に対する治療行為に関する親の判断が妥当かどうかの判断は困難である。医療行為への同意は，子の命の問題にもかかわる可能性があり，親の判断のみでは決定できない側面があるように思われる。判断にある程度の社会的妥当性は必要であり，その判断には，医師も子に対して職業的義務を負っているといえよう。困難な問題の一つである。

医療ネグレクトに関して，子の保護をどのように図るか社会で問題になっている。民法の規定する親権喪失請求権者（子，その親族，未成年後見人，未成年後見監督人または検察官。834条）のほかに，児童福祉法33条の7で，児童相談所長も親権喪失の審判の請求が可能である。この児童相談所長による親権喪失の審判の請求の場合，審判前の保全処分によって，子を保護することが可能である（名古屋家審平成18年7月25日家月59巻4号127頁）。

⑥　身分行為の代理権　　一般的に身分行為に代理は認められない。しかし，以下の場合には例外的に認められ，親権者が子に代わ

って行う。嫡出否認の訴えの被告となること（775条），認知の訴え（787条。ただし，子に意思能力があれば子自らも単独で可能である。子に意思能力ある場合も法定代理人は，本人を代理して訴えが可能としている。最判昭和43年8月27日民集22巻8号1733頁），15歳未満の子の氏の変更（791条3項），15歳未満の子の養子縁組・離縁・取消し（代諾縁組。797条・815条・804条），親権の代行[*]（833条）がある^{**}（家事18条参照。⇒81頁◆）。

(2) 子の奪い合い（引渡請求）　　子の引渡請求は，親の別居や離婚と関連して問題になることが多い。全くの第三者に対してなされる場合もある。強制執行の方法に関しては，子に意思能力がない場合には**直接強制**（民執169条）を認めるべきであるとする説もあるが，判例（大判大正元年12月19日民録18輯1087頁）・通説は**間接強制**（民執172条）の方法をとるべきことを主張していた。しかし近年の実務では，直接強制を認める傾向が窺われていた。このような中にあって，民事執行法が2019（令和元）年に改正されて，174条に今までに規定のなかった子の引渡しの強制執行に関する規定を設けた。174条1項では，直接強制と間接強制の可能性が規定され，2項では直接強制に一定の要件を加えている（民執175条・176条も参照）。

　解決のための手続は以下の4種類の手続が考えられる。

① 調　停　　親族またはかつて夫婦であった者，これに準じる

＊親権に服する未成年者が，子を出産すれば，親権者が，未成年者に代わって，生まれた子の親権を行使する（833条）。生まれた子からみれば，祖父母が親権を代行する。親権者は父母に限られるので，祖父母が親権者になるのではない。

＊＊ 相続に関しては，承認・放棄（917条）について，法定代理人が行うことを前提としている。

者の間の争いであれば，家庭に関する事件（家事244条）として，調停の対象となりうる。夫婦関係調整の調停手続を求めて，円満同居，または離婚の成立により，子の引渡しに関して解決を図ることが可能である。また後述③の家事審判による解決方法は，職権で調停に付されるので（家事274条），審判が申し立てられても一般に調停が試みられることが多い。調停が成立すると確定した審判と同一の効力が生じる（家事268条）。

② 民事訴訟手続　親権者の監護・教育権（820条）が親権者でもなく監護者でもない第三者によって違法に侵害されている場合になされる（親権者・監護者と第三者との間）。かつては，子の意思を考慮することなく物の引渡しと同様に考えられていたが，その後，**親権行使に対する妨害排除請求**（大判大正10年10月29日民録27輯1847頁）と考えられるに至った。子の人格無視の問題もあったが，妨害排除の考え方を基礎にして，意思能力のある子の自由なる意思を考慮する可能性が生まれた。またさらに，子に意思能力がない場合には，子の福祉の観点を加味して判断する。

たとえば，18歳である未成年者である娘が，家を出て友人の家で生活を始めて，帰ろうとしない場合，娘の友人に子を返せと求めうるか。このような場合には，子自身の自由なる意思が尊重され，妨害はなく引渡請求は認められないことがある。*このような判例・通説の考えに対して，親権に基づき引渡請求が可能であり，子の意思は問わないという学説もある。この学説によれば，不当な請求を親権の濫用として制限する。子が低年齢で意思を問題とできない場

＊10歳前後が目安である。子が15歳以上の場合には，ほぼ子の自由意思による居住を認めているが，反対に10歳未満では子の意思を重視しない傾向がある。

合には，この考え方によらざるをえないであろう。

なお，親権者間の争いにも，親権行使についての妨害排除請求として民事訴訟手続を用いることは可能である。

③　家事事件手続法による手続（人事訴訟法を含む手続）　共同親権者間（別居中の夫婦間）の事件および親権者・監護者たる親とそうでない親との間（離婚した夫婦間）の引渡事件は家事審判事項となりうる。

(ア)　**別居中の夫婦間**での子の引渡事件に関しては，かつては，通常の民事訴訟の対象とされていた。しかし，現在では家事事件手続法の対象とされている。

理論的な根拠に関しては二つの考え方がある。父または母のいずれに監護をゆだねるのがふさわしいかが判断される点では共通している。

第一に，**離婚の際の子の監護に関する処分**（766条1項・2項類推適用・771条）が別居のときにもなされると主張する考え方である（家事別表第2の3の項）。そして，子の監護に関する処分に際して，家裁は子の引渡しを命ずることができることになる（家事154条3項）。家庭裁判所では，離婚の話が進んでいるときや離婚後に限定せずに，民法766条を類推適用する傾向がある。なお，離婚を認める判決をする場合に，未成年の子がいれば，子の監護に関する処分についての裁判をしなければならない（人訴32条）。

第二に，**夫婦間の協力扶助に関する審判手続**（752条，家事別表第2の1の項）による考え方である。別居中であれ夫婦である以上，協議上の離婚の際の問題である766条の類推適用は無理であり，夫婦間の協力，扶助義務に求めるべきであると理論的に考える説である。

(イ)　**離婚した元夫婦間**の子の引渡事件に関しては，民事訴訟手続

によるべきという考え方もあるが（仙台高判昭和45年10月12日判時620号53頁），離婚後でも監護者の変更は可能であり，766条2項の**子の監護に関する処分**として家裁の審判手続によるという考え方が有力である（福岡高決昭和52年3月29日家月29巻11号87頁）（家事154条3項）。また，民法819条5項・6項に基づき**親権者の指定・変更**に関する審判事件*としても可能である（家事171条）。

④　人身保護法による救済手続　　不当に人身の自由を奪われている者に簡易・迅速な救済を与えることを目的として，人身保護法が制定された（人保1条）。適用例として，国家権力による違法な拘束，また，刑事手続で勾留などの手続を逸脱する拘束，出入国管理及び難民認定法に基づく退去強制のための収容，警察官職務執行法に基づく保護などの行政処分に基づく拘束，精神病院への強制入院による拘束（人保規4条参照）などが考えられる。

そして，人身保護法施行後間もなく，別居や離婚した夫婦の一方による子の拘束に対しても適用が認められるに至った（最判昭和24年1月18日民集3巻1号10頁。本件では，不法の拘束ではないとして適用を否定した）。

人身保護法による解決は迅速で比較的容易であり，子の引渡しの問題の解決にあたっては，ある意味では魅力的な法律であった。し

＊離婚の際の親権者の指定・変更（819条5項・6項）に関する審判事件（家事別表第2の8の項）においても，家裁は審判に際して子の引渡しを命ずる権限を有する（家事171条）。

婚姻の取消しまたは離婚の訴え（人事訴訟）に附帯して，子の引渡しを命じる裁判を求めることも可能である（人訴32条2項）。このような場合，裁判所は子が15歳以上であれば，子の陳述を聴かなければならない（同条4項）。

かし，命令に従わない場合には，勾引，勾留，過料（人保18条），さらに虚偽の記載をした場合には懲役，罰金の可能性があるが（人保26条），判決には執行力はなく，子の引渡しの実効性の上で必ずしも理想的なものではない。

人身保護法による救済が認められるには，拘束に**顕著な違法性**（人保規4条）が必要である。

(ア) 親権者（監護権者）と親権者でない者（非監護権者）の間での引渡し　子の自由なる意思で同居しているのであれば（10歳程度が基準とされている），拘束に顕著な違法性があるとはいえないが，その判断は困難な場合がある（オウム真理教の事件である最判平成2年12月6日判時1374号42頁参照）。

また，拘束の違法性の判断には，現在の**監護の状態**が考慮されると同時に，**監護権（親権）**の所在も判断材料とされている。非監護権者による拘束は，「被拘束者を監護権者である請求者の監護の下に置くことが拘束者の監護の下に置くことに比べて子の幸福の観点から著しく不当なものでない限り」，拘束は権限なしにされていることが顕著である（人保規4条）とも判示されている（最判平成6年11月8日民集48巻7号1337頁も同旨）。つまり，対非監護権者では監護権者の請求が認められる可能性が高い。

(イ) 親権者間での引渡し（離婚には至っていないが破綻した夫婦）

夫婦間での奪い合いに関して，当初は，夫婦のいずれに監護させるのが子の幸福になるのかを比較する観点から判断していた（最判昭和43年7月4日民集22巻7号1441頁）。

しかし，最判平成5年10月19日民集47巻8号5099頁では，別居中の共同親権者の事例では，このような比較理論を採用せずに，夫婦の一方の監護も親権に基づくものであり適法であるから，拘束

者が子を監護することが子の幸福に反することが明白でなければ，「顕著な違法性」があるとはいえないとして，いわゆる**明白性**を求めた。このように判示して，人身保護法の利用に一種の歯止めをかけた。

　このような判例の背景には，家事審判法上の保全処分に執行力が付与されたこと（家審15条の3，家審規52条の2）とも関連し，調査官などの後見的な役割の期待できる家庭裁判所で扱われるべきであるという考え方が窺われる。このことは，家事事件手続法のもとでも同様である（家事105条以下，157条）。近時，親権者間での人身保護法の適用は例外的な位置づけになりつつある（例外として，違法な手段で拘束が開始した事例に関して，父が強引に連れ去った事例である最判平成11年4月26日判時1679号33頁参照。また，引渡しを命ずる審判に従わない場合や幼児の健康が損なわれるおそれのある場合などに関して，最判平成6年4月26日民集48巻3号992頁参照）。

　◆ハーグ条約　国際結婚をした夫婦の離婚に際して，子の連れ去り帰国がありうる。このような問題に対応するため，わが国も2013（平成25）年に，いわゆる「ハーグ条約」の締結が国会で承認され，ハーグ条約実施法が成立し，翌年4月1日に発効した。子の常居所を有していた国が，どちらの親が子の世話をすべきかを判断するのが望ましいとの観点から，原則として子を元の居住国へ返還することを，子が連れ去られている国の中央当局に義務づけている。わが国では，国際的な子の返還の強制執行が実効性を有しているとは必ずしも言えず，それに実効性を持たせるように，間接強制の前置を不要としつつ，子の返還の代替執行の申立てに要件を付加するなど条約実施法が2019（令和元）年に改正された（同法136条。140条以下参照）。

> **財産管理権**

(1) **概　説**　　未成年者に意思能力があれば，親の「同意」を得れば（5条），自ら法律行為を行うことができる。

　また，親権者は，子の意思能力の有無にかかわらず，子の財産を「管理し」，財産に関する行為について子を「代表する」（824条）。代表するとはすなわち「代理」の意味である。管理行為とは，親権に服する子の財産を保存，利用，改良する行為である。さらに，処分する行為も含む。親は子に代わって子のために財産に関する法律行為を行う。

　ただ，利益相反行為（(2)）の可能性もあるし，また代理行為が，法の趣旨に著しく反するような場合には代理権の濫用（(3)）の可能性もある。

(2) **利益相反行為**

①　**利益相反行為とは何か**　　代理権に基づき，子の不動産を親が購入したり，子の財産を親に贈与させたり，親に有利な契約を締結することがありうる。このような契約はいわゆる**自己契約**であり，利益が相反する（826条1項）。形式上は自己契約であるが，子が親から贈与を受ける場合には，一方的に子に有利な行為であり利益相反行為にはならない。また，未成年の長男の不動産を未成年者の長女に売る事例のように，親権に服する子同士の契約を親権者が締結する場合（**双方代理**）にも，一方の子だけの利益が図られる可能性があり，利益が相反し公平が実現しにくい（826条2項）。これらの行為は，行為の外形からみれば，子の利益を害するおそれがあり，たとえ子のためと考えてなした行為であっても，利益相反行為になる。

　このような利益相反行為について，民法は**特別代理人を選任する**

ことを求め，子の利益が害されることのないように図っている（826条）。

(ア)　特別代理人の選任なしに親権者が行った代理行為の効力

利益相反行為に関して，特別代理人の選任がない場合には，親の代理行為は**無権代理行為**になる（大判昭和11年8月7日民集15巻1630頁，最判昭和46年4月20日家月24巻2号106頁）。通説はこの考え方を支持している。

(イ)　親権の共同行使との関連——親権者の一方との利益相反行為

一方の親とのみ利益相反する場合には，他方の親が単独で代理できるのではなくて，特別代理人と共同で代理することになる（最判昭和35年2月25日民集14巻2号279頁）。他の一方は代理権を奪われることはない。

② 具体例

(ア)　自己契約型

(a)　借金，抵当権設定，保証の例　　判例上問題になったものとして，借金に関連する抵当権設定や保証の事例がある。親が，子の名義で借金をして，子の所有する不動産に抵当権を設定する行為は，行為の外形上，親と子の取引ではなく，利益相反行為にならない（最判昭和37年10月2日民集16巻10号2059頁参照）。親がそのお金を何に用いようとしているのかは問題でない。

しかし，親が，親名義で借金をし，子が所有する不動産に子を代理して抵当権を設定する行為は，親権者の利益と外形的に結合し，利益相反行為とされている（前掲最判昭和37年10月2日）。同様に，子を親の名義の借金の保証人にする行為（前掲大判昭和11年8月7日）も，連帯債務者とする行為も（大判大正3年9月28日民録20輯690頁），利益相反行為であるとされている。教育費に用いる目的と

か，養育費のためという親権者の意図などは考慮されず（前掲最判昭和37年10月2日），もっぱら行為の外形で判断されている（**外形説**）。

(b) 子の財産の処分　第三者に対して子の財産を処分するのであれば，利益が相反することはない（大判昭和9年12月21日新聞3800号71頁）。特段の事情のないかぎり，親権者が自己の生活費や療養費に充当するために，子の代理人として子の財産を処分しても，利益相反行為にならない（東京高判昭和44年4月28日判タ238号227頁）。

しかし，**親の債務の弁済**のために子の財産を債権者に処分する行為は，利益相反行為になりうる。子の財産を処分する行為と親の債務がなくなるという点を，外形的に判断するのである。このような事例で裁判上問題となったものは，親の債務の代物弁済として，親の債権者に子の不動産の所有を移す行為は利益相反行為になる（前掲最判昭和35年2月25日）。子が第三者に対して代金債権を有している場合に，それを放棄し，その代わりに親権者の債務の免除を受ける行為も利益相反行為である（大判大正10年8月10日民録27輯1476頁）。父親の情婦に対する絶縁料として子の不動産をその者に贈与する行為も，父親の債務を免れさせたことが明らかであるとして，利益相反行為にあたるとされた（大判昭和13年3月5日大審院判決全集5輯6号21頁）。

このように行為の外形で判断する判例・通説（外形説）に対して，外部から知ることのできない利益相反する内部事情や，親の動機等も考慮に入れるべきであると批判する学説（**実質説**）もあり有力である。なお，外形説でも，後述の代理権濫用の理論等により子の利益を保護する努力がなされている。

(イ)　双方代理型　　826 条 2 項は，親権者が数人の子に対して同時に親権を行う場合，その一人と他の子との利益が相反する行為について特別代理人の選任を求めている。判例上問題になった事例として，遺産分割と相続放棄がある。

　(a)　遺産分割　　遺産分割の協議では，分割の内容如何により相続人の利害が関係し，利益相反行為になりうる。親権者が子と共同相続人である場合はもとより，親権者は相続人ではなく数人の未成年の子が相続人である場合にも利益相反行為になりうる。判例によれば，後者の事例で数人の未成年者がいる場合，親権者によって代理される一人を除き，各別に特別代理人を選任しなければならない（最判昭和 48 年 4 月 24 日家月 25 巻 9 号 80 頁，最判昭和 49 年 7 月 22 日家月 27 巻 2 号 69 頁）。

　(b)　相続放棄　　相続放棄は単独行為であり，家庭裁判所への申述が必要である。かつて大審院は相続放棄は相手方のない単独行為であり利益相反行為にはならないと判示していた（大判明治 44 年 7 月 10 日民録 17 輯 468 頁）。しかし，後見の事例である昭和 53 年の最高裁判決（最判昭和 53 年 2 月 24 日民集 32 巻 1 号 98 頁。後見にも 860 条で 826 条が準用されており，親権と同じである）において，相続放棄によって相続分が増大する者と放棄者とは利益が相反する関係にあり，相続放棄が利益相反行為にならないと解すべきではないとした。その上で，後見人が被後見人に先んじて自ら放棄をした後に被後見人全員を代理して相続放棄をした場合はもとより，後見人自らの放棄と被後見人全員を代理してする相続放棄が同時になされたと認められるときは，その行為の客観的性質からみて利益相反行為にならないと判示した。共同相続人の一人が未成年者で，他は成人である場合には，相続人である親権者（または後見人）が自ら放棄し，後に

（または同時に）親権者が未成年者を代理して放棄することは利益相反行為にあたらないことになる。

(3) **代理権濫用**　親が子の財産を親権者以外の第三者に処分してしまう行為は，取引の外形上，親子間の法律行為ではなく，利益相反行為にはあたらず，特別代理人の選任を必要としない。しかしながら，このような行為は子の利益を害するおそれがある。親権者に子を代理する権限を付与した法の趣旨に反すると認められる特段の事情が存する場合に，最高裁は**代理権濫用の理論**を明らかにした。「子の利益を無視して自己又は第三者の利益を図ることのみを目的としてなされる」子の財産の処分行為から子の利益を守ろうとする理論である。つまり，相手方がその濫用の事実を知り，または知ることができたときには，心裡留保に関する民法93条（改正前）を類推適用して，親の行為を無効にする（最判平成4年12月10日民集46巻9号2727頁）。この理論では，「特段の事情」の存在に加えて，取引の相手方が「濫用の事実を知り，又は知ることができたとき」に代理権の濫用が限られる。この93条のただし書を類推適用する考え方は，2017（平成29）年の民法改正により107条で維持されている。107条では，代理人に背信的な意図のある場合で，相手方がこの背信的な意図につき悪意かまたは過失のあった場合に，代理人の行為を無権代理とみなしている。

④ 変　　更

離婚により，父または母が単独親権者になるが，家庭裁判所の審判または調停により，親権者を他の一方に変更することができる（819条6項，家事167条以下）。たとえ合意が成立したとしても，当事者の意思のみでは変更できない点に注意を要する。なお，再婚後

の配偶者と連れ子とで養子縁組が締結されると，離婚後親権者になった父（または母）とともに，この再婚後の配偶者が親権者になるので，母（または父）である離婚前の配偶者はもはや親権者の変更を求めることができなくなってしまう。

5　喪失・停止

民法 834 条は，**親権の喪失**の審判について規定している。父または母による虐待または悪意の遺棄があるときその他父または母による親権の行使が著しく困難または不適当であることにより子の利益を著しく害するときには，家庭裁判所は親権を喪失させることが可能である。2 年以内にその原因が消滅する見込みがあるときには，審判がなされない。2011（平成 23）年の民法の一部改正で，834 条は改正され，不行跡という言葉が削除されている。

かつて規定されていた著しい不行跡に関しては，その行為の制裁として親権喪失宣告をなすことができるか問題となったことがある。この点に関して，子の福祉に反するかどうか，他の者に監護させる方が不行跡な親に監護させるより望ましいかどうかという観点での判断が必要であるとされていた。古い時代にあっては，自己と子の生活費のために母親が父親死亡後第三者の妾になり性関係をもつに至り，著しい不行跡を理由として親権喪失宣告が請求された。大審院は社会上の地位・身分・資力その他の特殊事情を考慮し，著しい不行跡とはいえない場合があり，親権喪失事由にはあたらないと判示した（大判昭和 4 年 2 月 13 日新聞 2954 号 5 頁参照。いわゆる常盤御前判決と呼ばれている有名な事件である。この判例以前は母親の性関係は著しい不行跡にあたると解されることが多かった）。

現在では，虐待や医療ネグレクト，育児放棄など，むしろ子に対

して危害が加えられ，子が犠牲になる状況があり，この条文のもつ意味は時代を反映し，重くなってきている。

父または母による管理権の行使が困難または不適当であることにより子の利益を害するときは，**管理権の喪失**の審判も認められている（835条）。

2011（平成23）年の改正で834条の2が設けられ，親権停止が新設された。父または母による親権の行使が困難または不適当であることにより子の利益を害するときは，2年を超えない範囲内で，家庭裁判所は**親権停止**の審判をすることができる。

📖 **読書案内**　久貴忠彦「親権後見統一論について」川井健ほか編・講座現代家族法4巻（日本評論社，1992年）3頁

　　野田愛子「『悪魔』という名前の子供」ジュリスト1042号（1994年）70頁

　　我妻栄・親族法（有斐閣，1961年）349頁

2 未成年後見

開　始

未成年者に対して，親権を行使する者がいないとき，または親権を行う者が管理権を有しないときに未成年後見は開始する（838条1号）。

未成年後見人の選任

選任の方法は，未成年者に対して最後に親権を行う者が遺言によって指定する方法がある（**指定未成年後見人**。839条）。また，このような未成年後見人が指定されていないとき，利害関係人の請求によって家庭裁判所が選

任する（**選定未成年後見人**。840条。なお，父母が選任を請求する義務の
ある場合に関して841条参照。この義務違反に対して，特別の制裁規定は
ない。児童相談所長に関して児福33条の8参照）。しかし，現実には，
未成年後見人は選任されないでいることが多い。

　未成年後見人は一人でなければならないとする民法842条は，
2011（平成23）年の改正で削除された。847条に規定されている者
は，後見人になることはできない（後見人の欠格事由）。欠格事由が
ないかぎり，未成年後見人には誰でもなりうる（親族に限定されてい
ない）。未成年後見人がすでにある場合においても，さらに未成年
後見人を選任することができることになった（840条2項）。

　かつて，未成年後見人は自然人に限定されていたが，2011年の
改正により，法人も認められた（840条3項）。この点，成年後見と
同じになった。

未成年後見人の職務　**未成年後見人**は，親権者と同一の権利義務
を有する（857条・859条）。つまり，財産
管理権と身上監護権である（868条・867条も参照）。原則として財産
管理権にとどまらない点が，成年後見人と異なる。なお，財産管理
権のみの未成年後見人もある（868条）。

　未成年後見を指定することができる者は，遺言で未成年後見監督
人を指定することができる（848条）。さらに，後見人の事務を監督
するために，家庭裁判所は必要があると認めるときは，**後見監督人**
を選任することができる（849条）。また，利益相反行為に関して，
親権と同様，判例は外形説をとる（860条による826条の準用。最判昭
和45年5月22日民集24巻5号402頁参照。後見監督人がいなければ，特
別代理人を選任する）。

家庭裁判所は，未成年後見人の監督のための機関であり，監督権限を有している（863条）。

| 辞任・終了 |

　後見人の選任にあたっては，家庭裁判所は，後見人となるべき者の意見を聴かなくてはならないことになっている（家事178条2項）。そして，いったん，未成年後見人に選定されれば，当然にその任務にあたるべきであり，正当の事由がないかぎり勝手に辞職することはできない（844条）。

　成年に達すれば未成年後見は終了する。終了後は，管理の計算をする義務がある（870条～875条参照）。

◆**財産の管理に関する親権と未成年後見の相違**　まず第一に，未成年被後見人が相続財産など包括財産を取得した場合には，未成年後見人は財産調査，目録作成の義務を負う（853条）。親権者であれば，このような義務はない。

　第二に，未成年後見監督人がいれば，その同意を得なければならない場合がある（864条）。同意を得ないでなした行為は，被後見人（未成年者）または未成年後見人は取り消すことができる（865条）。親権には，このような監督人は存在しない。

　第三に，未成年者の財産や，未成年者に対する第三者の権利を，未成年後見人が譲り受けた場合には，未成年者は取り消すことができる（866条）。このことは，たとえ，利益相反に関する正当な手続（860条）を行っていたとしても，取り消すことができる点に意味がある（判例・通説。後見監督人が被後見人を代理してした場合に関して，最判昭和38年10月10日家月16巻2号53頁は，本条による取消しを認めている。860条参照）。親権であれば，特別代理人を選任すれば，有効な法律行為をなしうるのと異なる。

　第四として，善管注意義務を負う（869条・644条）。親権者には自己のためにするのと同一の注意義務が定められている（827条）。

未成年後見人に，親のようないわゆる無私の愛情を期待することは困難であり（報酬を受けることも可能である。862条参照），問題点が指摘されている。

(1) **身上監護の問題**　未成年者の身の回りの世話を事実上祖父母が行っている場合が多いと思われるが，必ずしも未成年後見人に選任されているとは限らない。不動産の売買など未成年者の代理人が必要になってはじめて，選任の申立てがなされているのが現状である。

第三者が未成年後見人に選任される場合には，法的手続のために必要だから選任されるだけであり，監護・教育まで含めて，未成年者の保護や世話をすることは少ないといわれている。他人とか家族以外の者という意識があるのか，また職務の重さのゆえか敬遠されがちである。

(2) **扶養義務との関連**　未成年後見人は扶養義務まで負うのだろうか。親権と同一の権利義務を負うとはいうものの，親と子との関係と，未成年後見人と未成年被後見人の関係は，根本的に異なる。祖父母などが未成年後見人になった場合，親を失った孫の扶養義務は，877条を根拠にしている。未成年後見制度では，全くの第三者が，職務を負う場合も想定しており，このような者が金銭的な扶養義務まで負うとすれば，未成年後見の本来の趣旨を超えてしまう。未成年後見は，扶養義務は含んでいないと解すべきであろう。

　📖 **読書案内**　鈴木ハツヨ・子供の保護と後見制度（創文社，1982年）

3 後見・保佐・補助

　人が自立して生きていけないときには，他人に支援してもらう。法律行為に際して，代理や同意を求めることによって，このような人を守る場合がある。成年後見では，行為能力の制限（9条），財産管理（853条），身上配慮義務（858条）等により，成年被後見人を守るのである。

　未成年者に加えて，精神上の障害により事理弁識する能力に問題がある者（成人のみならず，未成年者にも，成年後見，保佐，補助の開始は可能である）も，保護を必要とする。これが成年後見制度である。成年後見制度では，後見，保佐，補助の3種類の制度がある。

　総則編には，制限行為能力者の行為能力の観点から後見等の規定がある。これに対して，親族編では，人の観点から，後見人，保佐人，補助人について規定している。親族編では主として機関について規定し，後見の開始と終了，事務を明らかにしている。

　1999（平成11）年12月8日に改正法が成立し，成年後見制度として後見，保佐，補助という制度が導入され，2000（平成12）年4月1日から施行された。無能力者という言葉を廃止し，制限能力者という言葉に改められた（2004〔平成16〕年にさらに改められ，現行は制限行為能力者となっている）。またこれと同時に，いわゆる当事者が契約に基づき任意に後見人を選任する任意後見（契約）制度も導入された。この結果，後見制度は，いわゆる法定の後見制度と任意の後見制度に分かれることになった。改正前の「無能力者」「禁治産者」という言葉は市民社会からの排除を意味していた。これに対し

て，新しい制度の理念はできるかぎり残存能力を用いてなす行為を認め，自己決定を尊重し，社会の一員として通常の日常生活ができるようにするという点にあった（ノーマライゼーション）。しかしながら，成年被後見人と被保佐人には，たとえば医師などの資格制限がある。選挙権に関しては，2013（平成25）年に「成年被後見人の選挙権の回復等のための公職選挙法等の一部を改正する法律」が成立し，同年5月31日に公布された。この結果，成年被後見人は，選挙権・被選挙権を有することとなった。

社会における高齢者の増加とともに，専門職後見人がますます重要な役割を果たしつつあるのが現状である。

高齢社会の到来とともに，後見実務でさまざまな問題が浮かび上がってきた。このような中にあって，2016（平成28）年の「成年後見の事務の円滑化を図るための民法及び家事事件手続法の一部を改正する法律」によって，民法860条の2，3と873条の2が設けられ，同年10月13日から施行されている。

民法860条の2，3は，被後見人にあてる郵便物の後見人への配達と，開封を認めるための規定である。873条の2はいわゆる，被後見人が死亡した際の入院費用の支払や火葬または埋葬に関する契約に関しての後見人の権限に関する規定である。死後事務に関する本条は，その範囲の問題，相続債務，相続人の権利義務，相続人の承認放棄との関係等，相続法の体系の中で不明瞭な点が多々あり，明らかにすべき問題点が多く残されている。

◆任意後見契約　任意後見契約に関する法律2条によれば，任意後見契約とは，将来，精神上の障害により事理を弁識する能力が不十分な状況になった場合に備えて，任意後見人を選任しておき，自己の生活，療養

看護および財産の管理に関する事務（これを後見事務という）の全部または一部を委託し，その委託にかかわる事務について代理権を付与する委任契約である。

任意後見契約に関する法律4条で，任意後見監督人の選任を，家裁が行うことが規定されている。任意後見監督人の選任の時から，任意後見契約は効力が発生する旨の特約を付した契約をすることが求められている。つまり，任意後見監督人選任から後見契約は効力が発生する。

契約は公正証書によって作成しなければならず（同法3条），公証人からの嘱託により，登記がなされる（後見登記等に関する法律5条参照）。

また，任意後見契約の効力発生前は当然のことであるが，効力が発生しても，意思能力があるかぎり，本人は単独で有効な法律行為をなしうることに注意しなければならない。

📖 **読書案内** 於保不二雄・財産管理権論序説（有信堂，1954年）

松川正毅編・新・成年後見における死後の事務（日本加除出版，2019年）

本シリーズ，山野目章夫・民法 総則・物権（第7版）（有斐閣，2020年）44頁参照

4 扶　　養

① 扶養の意義

扶養の位置づけ

親は未成年の子を扶養しなければならない。未成年者の扶養は親権（特に監護権）に基づくものである。また，夫婦は互いに協力・扶助義務を負う。これは，婚姻の本来の性質であるともいえる。民法典ではわざわざ他の

場合と異なり，これらの二つの場合に，特別により重い義務を負わせている。金銭的な扶養にとどまらず，親権，協力義務の規定で，必要な場合には手を差し伸べる義務（身の回りの世話等）が定められている。また，親の未成年の子に対する義務は，成年者の自立を前提としている夫婦間の義務に比べれば，一段とその義務性は高いといえる。

成年後勉学を続けている場合など，**成年子**に対する扶養義務は，もはや親権に根拠があるのではなくて，扶養の章の民法877条以下が問題になる。なお，最近は，親に学費等を援助をしてもらっている場合には，それを契約ととらえる傾向が窺われる（成年に達した以上は親権としての義務はない）。また，**離婚後親権者にならなかった親**や，嫡出でない子に対して親権者にならなかった親についても，親権は消滅してしまったわけではないと考える有力説がある（潜在的な親権）。そして，この説は，親権者にならなかった親といえども，子に対する扶養義務を負うと結論づける。なお，親権者にならなかった親も，同順位で資力に応じて扶養料を負担すべきであるとする高裁決定があり（大阪高決昭和37年1月31日家月14巻5号150頁），学説もこの決定を支持している。

普通養子と実親の関係も互いに扶養義務を負うことになるが，実親はもはや親権者でない以上，子の扶養が問題になる場合には，民法877条以下が問題になる。

民法877条以下で規定する扶養は，夫婦間，親から未成年の子の扶養を除いた場合であるといえる。そして，その扶養の義務内容も，余裕のあるときに義務が発生するというもっぱら経済的なものと位置づけることができる。つまり，**子から親，祖父母から孫，兄弟姉妹**間が877条1項の規定する代表的な事例である。

高齢者は本来自立して生活することが求められているが，働けず収入がない場合や動くことができず自活できない場合がある。子から親の関係では，余裕があるかぎりで扶養すればよい。この義務を**「生活扶助義務」**と呼んで，未成年である子に対する親の扶養と夫婦間での扶養義務（自らを犠牲にしても同程度の生活を相手方になす義務。この義務は**「生活保持義務」**と呼ばれる）との程度の差を説明するのが通説的な見解である。この見解に対しては，扶養の性質が異なるのだとして疑問が投げかけられてはいるが，実務にも学説にも影響を与えている。

　家庭裁判所は，直系血族および兄弟姉妹以外にも，3親等内の親族間においても，「特別の事情があるときは」，扶養の義務を負わせることができる（877条2項）。ここで想定できる典型的な事例は，**おじ・おばとおい・めいの関係**（3親等の血族）の他に，**直系姻族関係**である**嫁としゅうと・しゅうとめの関係**がある。特に嫁としゅうと・しゅうとめは，互いに相続権がないこととも関連し，このような例外的な位置づけであることに注意が必要である。また，配偶者の「連れ子」に関しては，本来は，その配偶者と連れ子の父親が直系血族として扶養義務を負う。しかし，1親等の姻族であり，877条2項の規定により，「特別の事情があるときは」扶養義務を負うことがありうる（婚姻費用の分担と関連する問題に関しては，⇒47頁以下）。

| 誰が何を負担するのか |

民法877条以下の扶養の章に規定する義務はもっぱら経済的な義務であると考えられている。引取扶養は，当事者が合意した場合に例外的に認められると考えるべきであろう。沿革的にも，かつて，経済的な義務の履行が困難で，これに代えて，引取扶養も可能であると位置づけられて

いたことからも，このことは理解できる。

　この問題は，国家，社会の責任，社会保障の問題に連なる。つまり，公的扶養と私的扶養の関係の問題である。

　わが国では，公的扶養は，**補充性を原則**とし，私的扶養・自己責任が公的扶養に優先することになっている（**親族扶養優先の原則**）。生活保護法4条が補足性の原則を規定している。民法に定める親族扶養や他の法律による扶助が優先し，扶養能力ある親族がいれば，生活保護を受けることはできなくなると解されている。ただし，急迫した事情がある場合には，必要な保護がなされうる（生活保護4条3項）。この場合には，保護をした機関は，扶養義務者に求償請求することが認められている（同法77条）。

無償か
本人に求償可能か

　扶養の権利義務は，財産法上の権利義務と異なる様相を呈している。

　扶養請求権は，たとえば怠惰な生活を送っていたとか，金遣いが荒いなどという困窮状態に陥った要扶養者の責任の有無に関係なく発生する。扶養請求には対価がなく，無条件に認められる。また，本人の生存それ自体が問題となる公益的な性格を有しており，一身専属的である（相続の対象とはならない）。譲渡したり，相殺したり，質入れしたり，将来に向かって放棄することもできない。つまり，処分は禁止されている（881条）。

　民法877条以下の扶養の章にいう義務は，生活する上で文化的に最低限度の金銭的な援助であり，本人に求償できない性質のものである。つまり与えるだけのものである。金銭的な援助を受けた者が後に裕福になっても，その受けた援助を返す法的義務はない。ただし，扶養義務の限度を超えて，援助がなされる場合には（たとえば，

介護），そこに何らかの契約関係の存在を考え，本人への求償の可能性も否定できない（⇒264 頁）。しかし，一般的に，親族間で契約が締結されることの少ないわが国では，この点において不明確であり，紛争の原因になることがある（なお義務者間で求償は可能である。⇒211 頁）。

② 扶養の権利義務の発生

民法 877 条・879 条から扶養の権利義務発生のための以下の要件を導くことができる。①民法が規定する一定の親族関係にあること。②扶養義務者の経済的な余裕。③扶養請求者の要扶養性。④要扶養者からの請求。またこれらの要件の消滅とともに扶養の権利義務は消滅する。

扶養の順位，程度や方法に関して，協議が調わないときには，家裁で調停を試み，不調であれば審判によって定める（878 条・879 条，家事 182 条 3 項・別表第 2 の 9 と 10 の項）。わが国の民法典では，生存に関することではあるが，基本的に当事者の協議にゆだねられている。

| 扶養の当事者 | 民法 877 条は，直系血族（子から親，祖父母から孫等）および兄弟姉妹は互いに扶養する義務があると規定している。この中で，親の未成年の子に対する扶養に関しては親権で問題になる（夫婦間扶養は特別に規定がある）。

さらに，家裁の審判によって，3 親等内の親族間にも扶養義務を負わせることができる（⇒204 頁）。

◆**兄弟姉妹の扶養義務**　核家族化が進み，兄弟姉妹に互いに扶養義務を負わせるのは範囲が広すぎるのではないか問題とされている。兄弟姉妹はそれぞれが独立の家庭を形成し互いに不干渉という一般的傾向がある。また，兄弟姉妹に扶養義務を負わせれば，親のいない場合に，一番年上の子が兄弟の扶養義務を負ってしまうことになりかねない。長子の将来を束縛するおそれがある。立法的な検討が必要であろう。

　フランス法では，長子に加重な負担を強いることになることなどを理由に，兄弟姉妹に扶養義務を課していない。ただ，判例・学説は連帯の考えから，自然債務と考えている。ドイツ法でも，兄弟姉妹間は扶養義務がない（ド民 1601 条で直系血族に限定されている）。

| 経済的余力 |

特別に規定されている親から未成年の子に対する扶養と夫婦間の場合の扶養を除き，自らの生活を営み，その上で経済的な余力がある場合にはじめて扶養の義務が生じる（扶養可能状態）。

　そこで経済的な余力の内容が問題になる。兄弟姉妹の扶養義務に関してではあるが，自己の地位・身分に相当な生活をし，余力をもって扶養すれば足りるとする高裁決定がある（福岡高決昭和 29 年 7 月 5 日家月 6 巻 9 号 41 頁）。生活保護法による生活保護費を基準とするものや，平均的な家族の最低生活費はいくらであるかという観点に基づく労研（労働科学研究所）方式によるものなどがあり，必ずしも明確な基準が確立されていないのが現状である。この認定如何によっては，扶養義務が重いものにもなりうる。

◆**主婦の扶養義務**　収入のない専業主婦が自らの親について扶養義務を負うのかが問題になる。夫の所得に関して潜在的な権利しか有していないが，責任を負うのであろうか。審判の傾向としては，夫の給料で余裕があれば義務を認める傾向にあるといえよう。婚姻費用の分担として扶

養義務を認める審判がある（釧路家審昭和47年12月26日家月25巻8号60頁）が，婚姻費用は夫婦の生活のみに限定し，親の扶養は民法877条の問題であると考えるべきであろう。

| 要扶養状態 | 民法上の扶養は，経済的な問題である。経済的に要扶養状態でなければ，問題にはな |

らない。また，要扶養状態は生活保護法の最低生活保護基準が一つの目安になる。

経済的にも，かつ肉体的，精神的にも一人では生きていけず，助けを必要とする場合，民法上は，経済的な扶養のみが問題となる（当事者の同意により，金銭的負担に代えて引取扶養がなされることはある）。

また，経済的には十分に足りているが，肉体的，精神的に一人では生きていくことはできず助けを必要とする場合の問題は，民法上の扶養義務の範囲を超えており，引取扶養，介護を強制することはできない。

| 要扶養者からの請求
──過去の扶養料の
請求 | 夫婦間の扶養と親から未成熟子への扶養は，協力・扶助義務，婚姻費用の分担，親権に基づくのであり，客観的に要扶養状態にあ |

れば，当然に請求権は発生し，過去の扶養料の請求も可能である。本来的には，常に扶養がなされていることを前提とするものである。それが履行されなければ，履行を怠った時以降の扶養料の支払義務が生じており，扶養料請求ができる。ここでは過去の扶養料も請求できる（最大決昭和40年6月30日民集19巻4号1114頁）。家庭裁判所の実務では，婚姻費用分担請求は，その申立て以降に請求可能とすることが定着している。

これに対して，民法877条にいう扶養では，扶養請求権は原則として，請求して初めて発生すると考えられる。877条1項に関して，要扶養状態にあったが請求していなかった過去の扶養料の請求も可能かが問題となる。一方で，生きるために過去の生活のための給付を求めるということは理論的にはありえない。また扶養義務者の知らない間に義務を負うべき扶養料が蓄積することにもなりかねない。旧法時代の判例・学説は，請求前の過去の扶養料の請求は原則として認められないとしていた（大判明治34年10月3日民録7輯9巻11頁）。また要扶養状態にあることを通知して履行請求をしたが，支払が遅延した場合には，遅滞に陥った後の扶養料は過去のものでも請求できるとする判例もある（大判明治37年7月18日民録10輯1075頁）。

　これに対して，877条2項の特別の事情のある場合の扶養義務に関しては，扶養の原則どおり，審判の請求によって発生し，過去に遡って請求はできないと考えられる。

③　扶養の方法・程度

　扶養の方法，程度に関しても民法は具体的な規定を設けておらず，当事者の協議，家裁の審判にゆだねている（879条）。親の子に対する扶養，夫婦間の扶養を除き，扶養は，原則として金銭給付としてなされる。

　扶養料の支払方法は自由である。毎月一定額を支払う定期金としてなすのが一般的であるが，一括払い，食料や必需品を現物で給付する方法，住居の無償での貸与などさまざまである。

4 順　位

> **義務者が数人いる場合**

扶養義務者たる子が数人いる場合には誰が扶養義務を負うのであろうか。民法は具体的には規定せずに，当事者の協議にゆだね，協議が調わないときには，一切の事情を考慮して家裁が判断する旨の規定を有するにすぎない（878条・879条）。協議には，当事者全員（権利者と義務者）が参加することが前提であるが，これが困難なことも多い。

　扶養義務者は，連帯して扶養義務を負うことになる。親は子の一人に全額を請求することも可能であり，この場合には義務を履行した者は他の義務者に求償できる。協議で各自の分担額が決まったとしても，内部的な求償関係においてのみ意味をもつのであり，扶養請求は生存が問題となっている以上，権利者は数人いる義務者の一人に対して，全額を請求することができると考えるべきであろう。

　二人の子があり，ともに経済的な余裕があると判断される場合，収入の多い子が収入の少ない子よりも負担額が増えるのであろうか。民法はこの点について規定を有していないが，法定相続の平等を考慮すれば，扶養義務も余力があるかぎり平等というのが本来の姿であろう。

> **義務者に順位があるか**

法定相続であれば，相続人に順位があり，第一順位者がいれば第二順位にある者は相続権を有さない。ところが，扶養義務者の順位を民法は規定せずに，当事者の協議または審判にゆだねている（878条。後段も参照。旧法では，順位が規定されていた。旧法955条・957条参照）。祖父，父，子がいる場合，父が要扶養状態になった場合，祖父，子が扶養義務者

になる。子が当然にして第一順位になるということはない。

親から未成年者に対する義務と，夫婦間の義務を除けば，扶養の順位に関して，血縁関係の濃淡が一応の参考にはされる。傍系よりも直系が扶養義務者として優先し，親等の近い者が遠い者よりも優先するといえよう。ただ，これらは一つの目安であり，当事者の資力，生活状態，過去の生活関係などを総合判断して扶養義務者の順位が決定される。扶養が本来，生存に関わることであるにもかかわらず，わが国の民法典において順位は不明確である。

5 求償の問題

求償の問題は大きく二つ考えられる。まず第一に，扶養義務者が数人存在し，一人が扶養料を全額支給していた場合に，他の義務者に対して求償することがある。また第二に，扶養義務者でない者が経済的な援助をする場合に，扶養義務者に対して求償を求めうる。

第一の問題は，義務者相互間の問題であり，家裁で解決すべきであるとされている（最判昭和42年2月17日民集21巻1号133頁）。実際の日本社会では，扶養の内容等をめぐって義務者間で具体的な話合いがもたれることは少なく，一人の義務者が必要に迫られて，まず現実に扶養をなすことがある。このような場合には，後に協議もしくは審判によって具体的な求償額を決めた上で，他の義務者に対して求償が可能になる。

また，要扶養者の死亡後は，相続財産から求償請求できるかどうかについて，扶養は要扶養者との関係において無償を前提とするのが現在の考え方であるとされており，債務として遺産から求償できると考えるのは困難である（寄与分としての解決方法が図られるのが現状である）。

第二の問題に関して，不当利得や事務管理として求償が争われる。第三者からの立替扶養料の求償は家裁ではなくて地裁で訴訟にて争う。そして扶養義務者は連帯してその責任を負う（神戸地判昭和56年4月28日家月34巻9号93頁）。

　この問題は，さらに社会保障の問題とも関連する。つまり，国家や地方自治体は，給付した額の一部もしくは全額を求償しうるのかという問題である。生活保護に関しては，急迫した事由のある場合には給付がなされるが（生活保護4条3項），費用の全部または一部を実施機関は扶養義務者から徴収することができることになっている（同法77条1項）。この場合，扶養義務者の負担すべき額について協議が調わないときには，家庭裁判所が定めると規定されている（同法77条2項）。また，老人福祉に関して，老人ホームの入所，デイサービスに伴う費用等については，本人または主たる扶養義務者から全部または一部の徴収をしている（老人福祉法28条）。

　このような問題は，将来ますます重要になっていくと予測される。扶養請求は金銭化し，そしてサービスは公が担い，その費用を本人，または扶養義務者が負うという傾向が生まれよう。介護の無償の時代から有償の時代へと確実に転換しつつあるといえよう。

6　事情の変更

　扶養は当事者の経済的な状態に基づき請求権が発生するのであり，その根底が変化した場合には，請求権それ自体が消滅したり，または変更を受けることがある。

　当事者の就職，相続による財産の取得，収入の増加，失業，疾病などの事由がある場合，それ以前に決めた扶養に関する協議や審判の変更または取消しを協議することができる。もしもこのような協

議で合意が得られない場合には，家庭裁判所に変更または取消しを請求する（880条）。

7 扶養・介護に関する契約

　子と親の間で，扶養の清算（対価）のつもりで負担付きの贈与をなすことは可能である。また，身の回りの世話に関する契約を締結することもできる。

　子ども同士で老親の扶養の話合いがなされる場合がある。金銭負担者，介護を行う者を決める契約は当事者間では有効であり，比較的よく行われている。また，義務者間で将来の相続の分割を決めておくことも時としてみられるが，その有効性に関しては，検討すべき問題が多く残されている。

　また，介護に関する契約を第三者と締結することもできる。サービスの内容や契約が長期にわたること（有料老人ホーム契約）があるので，入念な対応が必要である。

　☛ *pause-café* **フランス法と扶養** 〜〜〜〜〜〜〜〜〜〜〜〜〜〜〜〜〜〜

　　個人主義の国といわれているフランスでは，成人の自立に多くの支援がなされている。町では高齢者の姿をよく見かける。背筋を伸ばし威厳を感じさせる人も多い。公園のベンチでひなたぼっこをしているのは高齢者が多い。ペタンクという球技に熱中している者もいれば，おしゃべりに夢中な人もいる。ひとり暮らしの高齢者も多いが，日常の生活は，気のあった隣人に声をかけて手伝わせることもある。著者はパリ滞在中，何度か，買い物の荷物運びの手伝い，電気の問題，家の修繕などの相談のために呼ばれたことがある。個人主義の国でありながら，お互いに声を掛け合い，助け合う土壌がある。

　　もしも，問題が生じれば，市役所の職員がサービスとして自宅に駆けつける。自宅以外の他の施設などに集めてのサービスではなくて，高齢

者の家を中心とした公的なサービスが充実している。

　いわゆる介護を子に依存することは少なくなってきている。一時的に子ども達が面倒をみる場合もあり，特にヴァカンスやクリスマスの時など，老親に対する愛情にあふれるフランスの家庭を多く目にする。また，手伝いの人を雇いひとり暮らしをしている高齢の病弱な母親を，子達が交代に看病している家族も存在する。

　しかしながらサービスの有償化に伴い，蓄財を使い果たし，死亡時には，相続財産が残らない事例が多くなってきたともいわれている。

　フランスでは，一般的に扶養といえば，金銭的な義務を頭に浮かべる。このような中にあって，不動産を媒介とする**終身定期金契約**が，比較的よく用いられている。**公証人**が介入し，残っている平均寿命と不動産の価値から，定期金の額を算定し，死亡時に定期金の義務者が，その不動産を取得する射倖契約である。短命で終われば，少ない出費で不動産を取得することができ，長生きをすれば，その分定期金の支払が多くなる。このような終身定期金契約を締結している者を，扶養していると表現することがある（法律的には正しくないが）。扶養について，いかに経済的な意識がもたれているかが理解できて興味深い。また本来ならば，そのままでは価値を生じない不動産から，生活費を賄うことが可能となる。

　生前に財産の分配を行ってしまう**贈与分配**（donation-partage）もよく用いられる。推定相続人間の平等にも配慮して，贈与を将来の遺産分割と関連づけ，契約で財産の承継を図るものである。これには負担がつけられることが多い。公証実務では負担付贈与分配の長い伝統を有している。その際に，扶養料としての定期金の支払を負担とする場合が多い。生前に扶養料が入り，しかも財産の承継としての安定性も考慮されている制度である。特に，農業財産の承継や家業の承継に際してよく用いられる。2006年の改正で，分配対象者の範囲を広げ，より用いやすいように改正された（⇒287頁参照）。フランス法では贈与分配と**遺言分配**（testament-partage）をあわせて**無償処分分配**（libéralités-partages）として体系だてている（⇒287頁参照）。

　また，単なる贈与や遺贈に負担がつけられることも多い。

📖 **読書案内** 大村敦志・家族法（第3版）（有斐閣，2010年）103頁，
172頁，253頁

山脇貞司「高齢者介護と扶養法理」石川恒夫＝吉田克己＝江口隆裕
編・高齢者介護と家族（信山社出版，1997年）78頁以下

上野雅和「扶養契約——老人扶養をめぐって」遠藤浩ほか監修・サー
ビス・労務供給契約（現代契約法大系7）（有斐閣，1984年）

奥山恭子＝田中真砂子＝義江明子編・扶養と相続（早稲田大学出版部，
1998年）

PART2

相続法

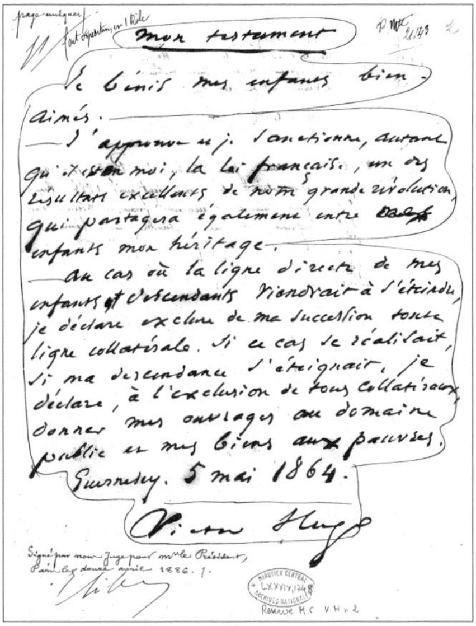

Mon testament

Je bénis mes enfants bien-aimés.

— J'approuve et je sanctionne, autant qu'il est en moi, la loi française, un des résultats excellents de notre grande révolution, qui partagera également entre mes enfants mon héritage.

— Au cas où la ligne directe de mes enfants et descendants viendrait à s'éteindre, je déclare exclure de ma succession toute ligne collatérale. Si ce cas se réalisait, si ma descendance s'éteignait, je déclare, à l'exclusion de tous collatéraux, donner mes ouvrages au domaine public et mes biens aux pauvres.

Guernesey. 5 mai 1864.

Victor Hugo

Signé par nous Juge pour M. le Président, Paris le douze avril 1886.

MINUTIER CENTRAL LXXXIX,1748 ARCHIVES NATIONALES

Victor HUGO の 1864 年の遺言書

Areh, nat. MC/ET/LXXXIX/1748

序

① 相続法とは何か

相続とは，死を契機として，その者の有していた財産等が親族へと移転することである。わが国では伝統的に親族が相続人である。相続法は，このような財産等の移転に関して親族間の順位や相続分などを明らかにし，秩序を与える。かつて，家督相続では単独相続が主流であったが，それが戦後に均分相続へと移行していった。相続財産の種類や家族それ自体も変化し，法律が相続に与えようとする秩序は，時代により変遷する。

相続の根拠については諸説があるが（扶養を根拠におくもの，潜在的な財産の清算，被相続人の意思の推定など），わが国の民法のもとでは，それを解釈論と絡めることは困難である。相続は親族制度を作り上げている副次的な諸制度の一つであるという説もある。相続が身分や地位の承継の結果であると考えるにしろ単なる財産の承継であると考えるにしろ，死を契機として，無主となった財産が，親族に受け継がれることは（それを否定することもある），親族関係の基礎をなすといえる。

また，私有財産制度のもとでは，被相続人の意思によって，自らの財産の処遇を決めることも可能である。

このように，相続法は法定相続と，遺言処分のある場合とに大きく分かれる。そして，遺言者の処分に対して，相続権を守り，遺言者の意思との調整を図るものとして遺留分制度がある。

② 指導原理

　相続の根底を流れる指導原理は，フランス法を通じてわが国に入ってきた**平等の精神**である。それがわが国の相続法や社会に根づいているかどうかは疑問であるが，「平等は相続法の華」であることには相違ない。相続人の中には，被相続人から贈与や遺贈を受ける者もいる。このような場合には，他の相続人との間で平等が実現されなければならない。また，被相続人に対して，多大の貢献をしたり，潜在的な持分を有したりするが，それに見合うものを受け取っていないことがあるかもしれない。相続法では，これらを考慮して，「実質的な平等」の実現を目指す。法律や法の中には，本来その機能を果たす仕掛けが存在すべきであるが，わが国の民法典には，いわゆる実質的な平等を実現する完成された法律が整備されているとは言えない状況にあった。

　このような中にあって，2018（平成30）年に相続法が改正された。ここでは，高齢社会を反映して配偶者の保護が図られ，遺言利用を促進する改正がなされ，実質的な公平の実現を目指した制度の新設や改正（906条の２や，相続人以外の者の寄与分など）がなされた。それらが真に時代の要請に沿った改正であるのかどうか，伝統的な相続法の流れを継続しつつ基盤のしっかりとした改正であるのかどうかなどについて，これからその真価が問われることになろう。

　被相続人は自由に財産等を処分しうる。しかし，その**自由**には，「遺留分」という制限がついている。いうなれば，被相続人の意思には，間接的に制限がある。しかし，2018（平成30）年の相続法改正で，遺留分が金銭債権化されて理論化されている。これにより遺留分権利者の権利は，改正前と比較すれば，かなり弱体化している。

わが国の伝統的な制度から決別した思い切った改正であるといえる。相続人間の平等よりは，被相続人の意思を重視する価値観がここにも現れている。相続財産がいわゆる「伝来財産」で構成されなくなり，また事業承継などの要請もあり，処分自由性が高まった時代を考慮しての改正であると思われる。この改正には，相続法における平等概念の変遷を垣間見ることができる。

これに対して，相続人の自由や意思は，わが国ではかねてより大きく尊重されている。遺産分割にあたって，合意が最優先される傾向がある。相続人全員によって遺言が無視されることもある。

また，遺留分を問題とすることなく，遺産分割が行われることがある。法律問題が山積みである遺産分割が，**法の専門家**（弁護士や公証人）の介入なく進んでいくことが多いのもわが国の特徴である。

また，わが国の相続法の基本原理として，**包括承継**を指摘することができる。プラスの財産もマイナスの財産も清算されることなく相続人に承継されるのである。

さらに，遺産分割の結果，相続人間で贈与や交換が行われるのではなくて，遺産は被相続人から直接承継したものとされる。すなわち遺産分割の**遡及効**も，わが国の法律の基本的な原理であり，これももとをたどれば，フランス法につながる。

📖 **読書案内**　稲本洋之助・近代相続法の研究（岩波書店，1968年）
高木多喜男・遺留分制度の研究（成文堂，1981年）
高木多喜男・口述相続法（成文堂，1988年）
鈴木禄弥・相続法講義（改訂版）（創文社，1996年）
中川善之助＝泉久雄・相続法（第4版）（有斐閣，2000年）
伊藤昌司・相続法（有斐閣，2002年）
遠藤浩ほか編・民法(9)相続（第4版増補補訂版）（有斐閣，2005年）

松原正明・全訂判例先例相続法 I・II・III・IV・V（日本加除出版，2006 年，2006 年，2008 年，2010 年，2012 年）

島津一郎＝松川正毅編・基本法コンメンタール相続（第 5 版）（日本評論社，2007 年）

床谷文雄・犬伏由子編・現代相続法（有斐閣，2010 年）

松川正毅＝窪田充見編・新基本法コンメンタール相続（日本評論社，2016 年）

水野紀子編著・相続法の立法的課題（有斐閣，2016 年）

大村敦志＝窪田充見編・解説 民法（相続法）改正のポイント（有斐閣，2019 年）

潮見佳男編著・新注釈民法（19）（有斐閣，2019 年）

潮見佳男編著・民法（相続関係）改正法の概要（金融財政事情研究会，2019 年）

潮見佳男ほか編著・Before/After 相続法改正（弘文堂，2019 年）

潮見佳男・詳解相続法（第 2 版）（弘文堂，2022 年）

沖野眞已＝窪田充見＝佐久間毅編著・民法演習サブノート 210 問（第 2 版）（弘文堂，2020 年）

久貴忠彦編集代表・遺言と遺留分 I（第 3 版）・II（第 2 版）（日本評論社，2020 年，2011 年）

堂薗幹一郎＝野口宣大編著・一問一答 新しい相続法（第 2 版）（商事法務，2020 年）

■ *pause-café* Victor HUGO の「私の遺言」（PART 2 とびら訳）

私は，私の最愛の子ども達に神の恵みあらんことを祈る。

私は，私に関するかぎり，われわれの大革命のすばらしい成果の一つである，私の遺産を子ども達の間で平等に分割しなければならないとするフランス法に賛同し，承認する。

私の子どもと卑属の直系が存在しない状況になったときには，傍系のすべてを私の相続から除く。もしもこのようなことが生じることがあれば，つまり私の卑属が存在しなくなるような場合には，すべての傍系を除き，私の作品を公産に，そして私の財産を貧しい人々に与えることを

宣言する。

　　1864 年 5 月 5 日　ゲルネゼにて　　ヴィクトール・ユーゴー

第1章 法定相続

遺言のない場合の相続

> 法定相続では，人の死を学ぶことから始まり，その人の財産が相続人に承継されていく法的なメカニズムを学ぶ。相続法の要をなす領域である。法定相続の中でも，遺産分割は特に重要である。最終的に財産の帰属が決まっていくからである。
>
> 学説が紛糾したり，判例が批判されたりすることがあった領域である。理解が困難なところもあるが，2018（平成30）年の相続法改正と判例理論を理解すれば，出口がどこかわからない森の中を抜ける一つの道ができていく。そして，それをもとにして，知識を深めていく。

　法定相続とは，被相続人が遺言で処分をしなかった場合の相続を意味する。わが国の相続法は，ローマ法やゲルマン法にまでつながるフランス法的な法律を根拠に，それにわが国の独自性，ドイツ法や英米法の影響が加わる。

1 相続の開始

1 死亡によって相続は始まる——相続開始原因は死亡

　相続はある者の死亡を原因として始まる（882条）。相続人が死亡

の事実を知っていたか，相続財産を欲していたかどうかにかかわりなく，死亡という事実のみで当然に相続が開始する。法律的に死亡を擬制する**失踪宣告**も死亡の効果を生じ（31条），その結果相続が開始する。

相続の開始原因を死亡に限った結果，隠居や国籍喪失等を原因とする生前相続（明治民法964条）の可能性はなくなった。

自然死亡の場合　　死亡の時期は，死亡届に添付される死亡診断書または検案書に基づいて戸籍簿に記載された年月日時分（戸86条）をもって確定する。医療技術の発展により，生命の維持がなされている場合や脳死の場合などで，自然死と死亡の時期にずれが生じ，死亡の時期をめぐって問題となる可能性がある（臓器の移植に関する法律6条1項・2項参照）。

水難，火災その他の事変で死亡の蓋然性が極めて高い場合には，死体が発見されなくても**認定死亡**の可能性があり，調査にあたった官庁または公署は死亡の報告をし（戸89条），死亡届によらずにこの報告に基づき戸籍簿への記載をする。このことによって戸籍上，死亡の取扱いがなされ，相続が開始する。死亡時期は戸籍に記載された死亡の年月日時分（戸91条）をもって確定する。なお，この戸籍の記載は，証明力を有するが推定であり，反証で覆すことが可能である。

失踪宣告の場合　　失踪には，7年以上生死が明らかでないときになされる**普通失踪**（30条1項）と危難等が去った後1年間生死が明らかでない場合になされる可能性のある**特別失踪**（同条2項）の2種類がある。普通失踪の宣告がなされると

失踪期間満了時に死亡したものとみなされ，後者の特別失踪の場合には，危難の去った時に死亡したものとみなされる（31条）。このように相続開始の時期が異なる。

なお，失踪宣告は擬制であり，反証によって覆すことはできない。これを覆すには民法32条1項の規定に従い，失踪宣告の取消しの手続が必要である（家事別表第1の57の項）。

② 同時存在の原則

> 同時存在の原則と
> 同時死亡の推定

相続が被相続人から相続人に対して開始するためには，相続開始時（被相続人の死亡時）に相続人は存在していなければならない。これを**同時存在の原則**という。たとえば，子が父親よりも先死した場合には，父から子への相続は開始しない（ただし代襲相続の可能性はある。代襲相続については，⇒231頁以下）。また，万が一，生殖補助医療によって父親の死亡後2～3年たって生まれた子がいると仮定すれば，同時存在の原則からそのような子は相続人になれない。

◆**生殖補助医療の相続法上の問題**　凍結技術を用いることによって，死後に生命を誕生させることが技術的に可能である。そのような施術は人間本来の自然に反し禁止すべきであると考える。このような子には，親子法上のみならず，相続法上も問題が生じる。次の二つの場合が考えられる。

第一に，夫の凍結保存した精子を夫の死後に妻に授精する場合が想定されうる。このような事例では，同時存在の原則に反し，子に相続権はない。第二に，凍結保存された受精卵の場合が想定できるが，父親の死亡時には胎児ではなく相続権がないと考えられる。

現実に，夫の死後に凍結保存されていた夫の精子で人工授精して出産

し，死後認知の訴えを提起した事件に関して，最高裁判決が公にされている（最判平成 18 年 9 月 4 日民集 60 巻 7 号 2563 頁⇒168 頁）。

次の二つの問題がある。第一に，同乗した車の事故など，被相続人と推定相続人が同一の危難で死亡したが，二人の死亡の先後がはっきりしない場合である。被相続人と推定相続人の間で相続が開始しているか否かは，相続に大きな影響を与える（たとえば，配偶者と既婚の息子一人がいる被相続人が，子と同一の危難で死亡した場合を考えると，もしも被相続人と子の間で相続がなければ，第二順位の相続人が相続することになる）。そこで民法は 1962（昭和 37）年の改正で，このような場合には，同時に死亡したものと推定する規定を設けた（32 条の 2）。これが**同時死亡の推定**と呼ばれるものである。この結果，両者は同時に死亡したと推定され，同時存在の原則に基づき，同乗していた父子の間では相続は開始しない。なお，子が父よりも後に死亡したという反証をあげて，この推定を覆すことは可能である。このことは遺言者と受遺者の関係にもあてはまる（994 条 1 項）。

同時存在の第二の問題は，胎児の扱いである。**胎児には相続権はあるのか**である。父親の死亡時にまだ出生していないからである。この問題は，民法 886 条により，胎児をすでに生まれたものとみなすことによって解決している（⇒289 頁）。判例・通説は，出生によって，相続に関する権利能力が被相続人の死亡時まで遡ると説明する（停止条件説）。

📖 **読書案内**　加賀山茂・民法体系 1 総則・物権（信山社，1996 年）78 頁

2 相 続 人

●代襲相続・欠格・廃除

　ここでは，相続人は誰かについて学び（①），孫が親を代襲して祖父母を相続する可能性にも触れる（②）。そして，最後に，血縁関係があっても必ずしも相続人とは限らないことも学ぶ（③）。

① 相 続 人

> 法定相続の登場人物

　ここで学ぶことがらは，劇や映画でいえば主たる登場人物である。

　人が死亡して相続が開始する。死亡した人を「**被相続人**」という。被相続人の財産や負債をめぐって相続が問題になる。また，「被相続人」の死亡により，被相続人の財産を相続する者を**相続人**という。「相続人」が誰かは民法典で規定されている。相続では，「被相続人」と「相続人」が主たる登場人物である。

　「相続人」は，時代や国によって異なる。わが国でも戦前の旧法時代には家督相続に関し，長男一人が相続人であった。法定相続人が誰であるかは，その時代の背景にある社会や政策の影響を受ける。

　それでは，現行法のもとで「相続人」は具体的には誰か。それは，被相続人と何らかの親族関係があった者である。民法典では，被相続人と何らかの血縁関係にある者と被相続人の配偶者を「相続人」にしている（法定相続人。887条以下）。

　被相続人と**血縁関係にある相続人**（血族相続人）を，民法典は3種類規定し，順位をつけている。第一順位は，子とその代襲相続人である。第二順位は直系尊属であり，第三順位は兄弟姉妹とその代襲相

続人である。第一順位に属する者が一人でもいれば（たとえば一人息子や，一人の嫡出でない子），第二順位以下（直系尊属や兄弟姉妹）は相続人とならない。

配偶者は常に相続人となる。第一順位の相続人がいる場合であれ，第三順位の者が相続人となるような場合であれ，配偶者はそのような者と一緒に常に相続人になる。もしも他に相続人がいなければ，配偶者のみが相続人となる。

> **子およびその
> 代襲相続人**

子とは被相続人の子である。法的な親子関係を有することが必要である。認知されていれば，**嫡出でない子**も第一順位の相続人である。また，**養子**は嫡出子と同じであるので，第一順位の相続人である。普通養子は，実親との関係も残っているので，養親と実親に対して，子としての第一順位の相続人となる。[*]

子が被相続人よりも先，または同時に死亡した場合には，両者間では相続が開始しないが，民法は孫が親に代わって祖父母を相続するいわゆる「代襲相続」を規定している（887条2項）。被相続人の子，孫が被相続人よりも先に死亡していれば，その場合にはひ孫が相続する（同条3項。代襲相続に関しては，⇒231頁以下）。

孫以下の相続人は，子を代襲してのみ相続する。その結果，子$_1$と子$_2$が相続人であり，いずれも被相続人より先に死亡している場合に，子$_1$にはAという子が，子$_2$にはB，Cの二人の子どもがいたとすれば，AとB，Cは彼らの親を代襲して相続する（**代襲相続**）。

---

[*] **連れ子と相続**　前婚の子を連れて新しい配偶者とともに家庭を築き生活をすることがある。再婚の相手方と連れ子は養子縁組をしていないかぎり，親子関係はなく，両者間では相続は起こらない。

孫固有の相続権に基づいて相続するのではない（固有の相続権に基づく相続を**本位相続**という）。それぞれの相続分が3分の1になるのではなく，Aが2分の1，BとCがそれぞれ4分の1になる。

|直系尊属|相続人の第二順位の血族相続人は，**直系尊属**である（889条1項1号）。第一順位の子|

がいない場合に相続人になる。

　直系尊属とは被相続人の父母や，祖父母である。養親であれ，実親であれ相続人になる。ただ，親等の近い者が優先されるので，父母と祖父母がいる場合には，父母が相続人になり，祖父母は相続人にならない。

　直系尊属に関しては，子の場合と異なり，代襲相続は認められず，**本位相続**が問題になる。つまり，祖父母が相続人となり，たとえば，母方に祖父母がおり，父方の祖母がいるような場合には，相続分は頭数である3で按分される。

|兄弟姉妹|第一順位，第二順位の相続人がいない場合には，**兄弟姉妹**が第三順位の血族相続人と|

して被相続人を相続する（889条1項2号）。兄弟姉妹の子には代襲相続権が認められている（889条2項）。しかし，子の場合と異なり，兄弟姉妹では代襲相続が認められるのは一代かぎりであり，兄弟姉妹の子をさらに代襲することはありえない[*]（889条2項が887条2項のみを準用し，3項を準用していない点に注意）。血縁が薄く被相続人と

---

[*]初学者が陥りやすい過ちとして，子，直系尊属，兄弟姉妹の概念の混同がある。たとえば，子が三人いる場合，そのそれぞれは互いに兄弟姉妹でもあると考えれば，混乱が生じる。相続法は，常に被相続人に基点をおく。

交流のほとんどない者が相続人になること（いわゆる**笑う相続人**）を防ぐために，1980（昭和55）年に現行法のように改正した。

配偶者

配偶者は常に相続人である。血族相続人がいれば，共同して相続人になる（890条）。相続法にいう配偶者は法律上の配偶者であり，戸籍に記載されていない事実上の配偶者は相続人にならない。

相続は血縁に基づく承継であると考えれば，配偶者には血縁がなく，相続人になる必然性は血族相続人よりも薄い。しかしながら，わが国では，別産・別管理制のもとで形成されてきた潜在的な財産の清算や生存配偶者の生活保障の意味も込めて，民法において配偶者は相続人とされている。婚姻成立の翌日に夫が死亡しても，相続可能である。このような場合には，潜在的財産の清算の意味や生活保障の意味は薄れる。

配偶者には，代襲相続が認められていない。その結果，妻は夫を代襲して夫の父の相続を受けることはできない。

🐾 *pause-café* **配偶者相続権と夫婦財産制** ∽∽∽∽∽∽∽∽∽∽∽∽∽∽
　配偶者の相続権は，相続財産を親から子へと伝えるのとは異なった流れを作っている。わが国では，配偶者相続権には潜在的持分の清算等，本来相続とは関係のない要素も含めて説明されることが多い。夫婦間で財産が相続によって承継されても，多くの場合には，次は，母（または父）から子へと承継されることになろう。しかし，生存配偶者が相続財産のすべてを消費してしまうこともありうる。また，再婚もありうるし，ほんの数日間の婚姻で莫大な財産を相続することもある。前妻とともに長年にわたって財産を築いたにもかかわらず，前妻が亡くなり再婚をした事例では，再婚後の妻が，この多くの財産を承継してしまうことにも

なりかねない。

　2018（平成30）年の相続法改正で，長年（20年以上）夫婦であった場合に，夫婦の一方が他方にした居住用不動産の遺贈や贈与に関して，持戻し免除の意思表示を推定したり（903条4項），また配偶者居住権（1028条）を認めたりすることによって，遺産分割に際して相続財産を構成する預貯金などを取得することができるようになった。

　わが国では，婚姻中の夫婦財産の清算を問題とすることなく，いきなり相続の問題となる。相続法の領域に，身分関係の存否のみならず，関係の期間という新しい要素を加えた改正がなされていると位置づけることができる。

　フランス法では2001年そして2006年の改正で配偶者の相続権が大幅に認められたが，夫婦の財産関係は，基本的には夫婦財産制の清算の問題であると考え，相続は主として親から子への問題であると位置づけがなされていることに変わりはない。

～～～～～～～～～～～～～～～～～～～～～～～～～～～～～～～～～～

② 代襲相続

代襲相続とは

　代襲相続（887条2項3項・889条2項⇒228頁）の大切なポイントは四つある。①被相続人Aの死亡**以前**に，②相続人となるべき**子B**または**兄弟姉妹C**が，③**死亡**し，または**廃除**され，あるいは**欠格事由**があるために相続権を失ったとき，④その者（BまたはC）の**直系卑属D**がその者（BまたはC）に代わってその者の受けるはずであった相続分を相続することである。この意味において，本位相続とは意味が根本的に異なる。

　なお，代襲相続人は**遺留分権**も代襲する（遺留分に関しては，⇒356頁）。

図8　本位相続と代襲相続の違いの確認

被相続人 ──────── 祖父
被代襲者 ── 子₁　　　　子₂
代襲者 ── 孫₁　孫₂　　　孫₃

　代襲相続であれば，孫₁，孫₂は子₁を相続し，孫₃は子₂を相続する。仮に，子₁，子₂の相続分をそれぞれ2分の1とすれば，孫₁，孫₂は4分の1，孫₃は2分の1となる。もしも，本位相続であれば，孫₁，孫₂，孫₃は同じ地位であり，それぞれ3分の1になる。

代襲される者は誰か（被代襲者）

代襲される者を被代襲者と呼ぶ。子と兄弟姉妹である。子に関しては，孫，ひ孫等制限はないが，兄弟姉妹に関しては，その子までに限られている（889条2項）。

代襲が可能な場合（代襲原因）

親が祖父母よりも「**先死**」した場合の他（同時死亡も含む），「**欠格**」（⇒234頁以下）および「**廃除**」（⇒236頁以下）によっても親に代わって子が祖父母を相続する。これらを**代襲原因**という。代襲原因はこの三つに限られるのであるから（887条），親が「相続放棄」をしたとしても子は代襲できない（同順位にある相続人が全員放棄すれば，次順位の相続人の問題になる）。

◆**相続放棄と代襲**　フランス法では相続放棄を代襲原因に加えた法改正を2006年に行っている。この改正によって，高齢社会において，相続放棄をすることによって，一世代を飛ばして次の世代が相続する可能性が認められている（フ民754条）。

◆**代襲者はいつ生まれていなければならないか**　代襲原因である「欠格」「廃除」の場合に，その原因を生じた後に生まれた子や，原因が生じた後に縁組をした養子でも代襲相続が可能か否かが問題になる。もしも可能であれば，相続権を失った者がそのような子に代襲させて，実質上自分が相続したのと同じような結果をもたらすことも不可能ではなくなる。この点に関して，代襲者は被相続人の「**相続開始時**」に存在する子であると解されており（887条2項参照），代襲原因が生じたときに存在していたことは求められていない（1962〔昭和37〕年に「相続権を失った場合において，その者に直系卑属があるときは」と規定していた888条を削除したのは，相続開始時説を採用したからであると説明されている。出生の前後で子に差を設けるべきでないという配慮があった）。

代襲者に求められていることがら（代襲者の要件）

代襲できるためには，代襲者は，①被代襲者の直系卑属であり，かつ，②被相続人の直系卑属であることが必要である。つまり代襲者である孫は，両者（被相続人，被代襲者）の直系卑属でなければならない。したがって，縁組前に子がいる者と被相続人が養子縁組をした場合，養子の縁組前の子には代襲相続権はない（887条2項ただし書。⇒143頁）。

3　相続欠格と廃除——相続人が相続権を失う場合がある

「相続欠格」も「相続人の廃除」も相続人から相続権を奪ってしまう制度である。本来ならば，相続人となりうる場合であっても，欠格や廃除にあたれば，相続人でなくなる。親子の縁（関係）は切ることはできないけれども，場合によっては相続権を奪うことは可能である。旧法以前には，血縁そのものを断絶させてしまう「勘当」「久離」の制度があったが，廃除はむしろ，相続権のみを剝奪

する「廃嫡」の制度にその源を有するとされている。

　欠格事由があれば自動的に相続人でなくなる（このことを「法律上
当然に」と表現する）のに対して，廃除は被相続人の請求に基づき，
家庭裁判所の審判（家事別表第1の86の項）により効力が生じる。
廃除は，家事事件手続法により調停事項でなくなった（家事244条
参照・別表第1の86の項）。

| 相続欠格 |

　(1)　**殺　害**　まず第一に，故意に被相
続人または先順位もしくは同順位の相続人
を殺し，または殺そうとしたために，刑に処せられた者は相続人に
なれない（891条1号）。**故意犯**であることが必要で，誤って事故で
死亡させたり，被相続人を殴打し，死亡させて傷害致死の刑に処せ
られたりした場合には，欠格事由に該当しない（大判大正11年9月
25日民集1巻534頁）。正当防衛等で刑に処せられない場合にも欠格
事由には該当しない。

　第二に，被相続人が殺害されたことを知って，これを告発せず，
または告訴しなかった者は欠格者になる（891条2号）。現在では，
私訴とは関係なく公訴が行われており，この規定の存在自体に疑問
が投げかけられている。

　(2)　**被相続人の遺言に関する不正（二重の故意）**　　民法891条が規
定する残りの三つの事由は，遺言に関することがらである。第三に，
3号では，詐欺または強迫によって被相続人の遺言の作成，取消し
または変更を妨げた者をあげている。

　第四として，4号で詐欺または強迫によって被相続人に相続に関
する遺言をさせ，これを取り消させ，または変更させた者をあげて
いる。つまり，3号は，遺言者が行おうとすることを妨害した場合

に関することがらであり，4号は遺言者にある行為をさせた場合である。父親を脅し，長男に対する遺言を止めさせた場合とか（3号），自分に有利な遺言書を父親に書かせた場合（4号）がこれらの例である。

　最後に，相続に関する被相続人の遺言書を偽造し，変造し，破棄し，または隠匿した者が規定されている（5号）。偽造とは，被相続人名義で相続人が遺言書を作成することであり，変造とは，作成された遺言書に相続人が加除・訂正等を行い，変更を加えることである。二男にと書かれている箇所に後に筆を入れて三男にする行為もこれにあたる。遺言書をみつけたが，これは不利だと思い隠したり，破り捨てたりする場合が隠匿，破棄にあたる。

　偽造や変造の意思に加えて，相続法上自己に有利なことを行ったり不利なことを妨げたりする意思を有していることが必要かどうかに関して，判例はいわゆる「**二重の故意**」を求めている（最判平成9年1月28日民集51巻1号184頁）。学説には，この点に関して，偽造や変造を行う意思の存在のみで欠格事由にあたると主張するものがある。しかし，通説は古くから二重の故意を必要と解している。

　(3)　**欠格に該当すれば当然に相続権を失う**　　欠格の効果として，法律上当然に相続資格を失う（891条。その結果，**遺留分権利者**でもなくなる。遺留分に関しては，⇒356頁以下）。相続開始後に欠格事由が発生した場合（遺言書の隠匿等）には，相続開始時に遡って相続資格を失う。相続開始前に発生している場合には，即時に（その時に）欠格の効果が生じる。

　欠格者が加わってなされた遺産分割は無効であり，また譲渡行為も無効となる。相続財産を取得した第三者は，即時取得で保護されないかぎり当該譲渡行為による財産を返還しなければならない（大

判大正 3 年 12 月 1 日民録 20 輯 1019 頁)。

　また，遺言で受遺者になっていても，受遺者に民法 891 条に規定する欠格事由があれば**受遺能力**（遺贈を受ける能力）も失う（965 条）。

　(4)　**宥　恕**　　被相続人が，欠格者を許せば，欠格者は相続資格を回復するかについては規定がない（廃除に関しては，廃除の取消しの規定がある。894 条参照）。この問題を欠格の宥恕の問題という。欠格は公益制度であることを強調すれば，否定的になる。これに対して，被相続人の財産処分の自由を強調すれば，肯定的になる。現在は，被相続人が欠格者を許せば，相続資格を回復するという説が有力である。ただし，欠格者は受遺能力も失うが，受贈することは可能であり，その結果，被相続人は欠格者に対して**贈与**を行うことによって，事実上宥恕の目的を達することは可能である。

廃　除

(1)　**「お前には一文もやらぬ！」という意思は実現不可能ではない**　　たとえば，父親が遺言書で，長男にはびた一文もやらぬと書いた場合，この意思は実現可能であろうか。このような遺言は意味がない（ただし，たとえば長男以外の者に遺贈すれば，長男が遺留分侵害額請求をしないかぎりその目的は達成できる）。本当に当該長男に財産をやりたくなければ，家庭裁判所に「廃除」（漢字に注意。排除ではない）を請求しなければならない（892 条）。

　被相続人の意思のみであれば，公正さが期待できないので，家庭裁判所の判断にゆだねたのである（最決昭和 55 年 7 月 10 日家月 33 巻 1 号 66 頁，最決昭和 59 年 3 月 22 日家月 36 巻 10 号 79 頁参照。廃除の法的性質を非訟事件であると判示する）。廃除の審判がないかぎり相続権を奪うことはできない。

(2) **廃除される者**　892 条によれば，廃除される者は遺留分（⇒356 頁以下）を有する推定相続人である。つまり，配偶者，子，直系尊属である。遺留分権利者は，被相続人の遺言処分に対して遺留分侵害額請求をすることによって保護される可能性があるが，廃除は，遺留分を有する推定相続人から遺留分権までも奪ってしまう。

遺留分権利者でない兄弟姉妹に関しては廃除の可能性がない。しかし，遺言等で第三者に処分したり，結果的に相続分がゼロになる遺言を作成すれば，目的を達成できる。

(3) **家庭裁判所に請求することが必要である**　廃除は家庭裁判所に請求することが必要である。その請求に対して審判がなされる（家事 188 条）。

生前に請求する場合には，請求の申立人は被相続人自身である。遺言で行う場合には，被相続人が遺言で廃除の旨を書き，遺言執行者が申立人になる（たとえば，新潟家高田支審昭和 43 年 6 月 29 日家月 20 巻 11 号 173 頁参照）。

この廃除の申立権は，被相続人自身のものであり，自ら行使しなければならない。他人に任せたり，死亡後相続人が行使することはできない。このことを，申立権は**一身専属権**であると表現する。

(4) **いかなる場合に廃除の可能性があるか（廃除事由）**　民法は廃除事由を三つ規定している。被相続人に対する虐待もしくは重大な侮辱，または推定相続人のその他の著しい非行である（892 条）。前二者の区別は困難なことが多いし，あえて区別する必要性もない。虐待または重大な侮辱として，東京高裁で争われた事件があり，廃除の申立てを認める決定をしている（東京高決平成 4 年 12 月 11 日判時 1448 号 130 頁。水野紀子＝大村敦志編・民法判例百選Ⅲ（第 2 版）53 事件参照。その他，大阪高決平成 15 年 3 月 27 日家月 55 巻 11 号 116 頁参照）。

非行は必ずしも被相続人に対するものとは限らない。廃除は相続権を奪ってしまうことになるので，被相続人の単なる恣意と区別する必要性がある。

家庭裁判所の判断基準を明らかにするのは困難である。家庭の事情，社会的な地位，被相続人の責任の有無など，個々の事例で諸般の事情を考慮して判断しているのが現状である。

(5) **効　果**　　審判の確定により効力を生じる（遺言による場合は，被相続人の死亡時。893条）。

廃除により相続権を失うが（遺留分権も失う），後に被相続人は廃除を取り消すことが可能である（894条）。

廃除の場合には，受遺能力は奪われない（欠格との相違。965条で892条を準用していない）。また，受贈も可能である。

(6) **宥　恕**　　いったん廃除が確定した後，被相続人が被廃除者を許す場合がある。これは，廃除の取消しの問題となる（894条）。つまり，廃除は欠格と異なり，被相続人はいつでも廃除の取消しを家庭裁判所に請求することができる。これは遺言で行うことも可能である。

さらに，廃除の場合には，被廃除者に遺贈や贈与をすることによっても宥恕の目的を達成できる。

📖 **読書案内**　欠格・廃除の歴史に関して柚木馨・判例相続法論（有斐閣，1953年）140頁，具体的な廃除事由に関しては中川善之助＝泉久雄編・新版注釈民法（26）（有斐閣，1992年）325頁以下，潮見佳男編・新注釈民法（19）（有斐閣，2019年）131頁

3 相続財産——相続の対象となる財産

●何を相続するのか？

1 相続と包括承継（原則）

　相続が開始すれば，被相続人に属していた権利義務が一括して相続人に承継される。このことを「包括承継」という（896条）。

　被相続人の土地や車等の所有権，債権，債務が原則として清算されることなく当然に承継される。さらに善意や悪意といった地位や申込みを受けた地位等も一体として包括的に承継する。あたかも被相続人の地位が相続人に置き換わったにすぎないかのように承継が行われる。

　この包括承継には例外が設けられている。すなわち相続の対象たる財産を「**相続財産**」というが，それには含まれないものがある。被相続人の一身に専属したものは承継されない（896条ただし書。これを**一身専属権**という）。また，897条では，「**祭祀財産**」も例外とされている。つまり，相続の対象たる財産は，相続開始時に被相続人に属した権利義務からこのような例外的な財産を除いたものである（民法で用いられている「相続財産」という言葉には，その範囲に差がみられる。たとえば，896条では「被相続人の財産」という文言で被相続人に属するすべての財産を意味しており，996条・997条では相続開始時に被相続人に属したすべての財産を相続財産と呼んでいる。898条では，相続の対象たる財産の意味である）。

　これらの条文が規定している二つの例外（**一身専属権**と**祭祀財産**）の他に，相続財産の範囲に入るかどうかそれ自体が問題になるもの

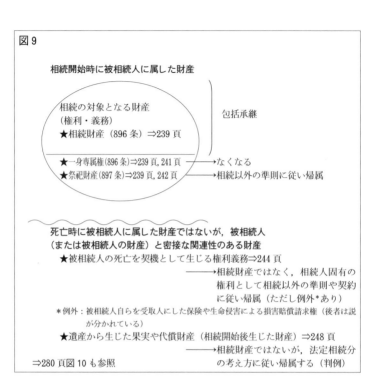

図 9

相続開始時に被相続人に属した財産

相続の対象となる財産
（権利・義務）
★相続財産（896条）⇒239頁

包括承継

★一身専属権(896条)⇒239頁, 241頁 ─→なくなる
★祭祀財産(897条)⇒239頁, 242頁 ─→相続以外の準則に従い帰属

死亡時に被相続人に属した財産ではないが，被相続人
（または被相続人の財産）と密接な関連性のある財産
★被相続人の死亡を契機として生じる権利義務⇒244頁
　　　　　　─→相続財産ではなく，相続人固有の
　　　　　　　権利として相続以外の準則や契約
　　　　　　　に従い帰属（ただし例外＊あり）
　＊例外：被相続人自らを受取人にした保険や生命侵害による損害賠償請求権（後者は説
　　　　が分かれている）
★遺産から生じた果実や代償財産（相続開始後生じた財産）⇒248頁
　　　　　　─→相続財産ではないが，法定相続分
⇒280頁図10も参照　　　の考え方に従い帰属する（判例）

がある。特に被相続人の死を契機として生じる権利義務に多い（生
命保険金，死亡退職金，死亡による損害賠償請求権，遺族年金等）。

　以下で，包括承継されるかどうか問題になりうるものを順次検討
していく。

◆迷路を抜けるチャート　包括承継されうる財産は，相続の対象たる財
産を構成し，相続人に承継される。これに対して，一身専属権は包括承
継されずに相続財産に入らない。これらの財産は相続によって承継され
ず，被相続人の死亡によって消滅してしまう（896条）。
　他方，相続財産に入らないが，相続による包括承継以外の手段によっ

て特定の者に帰属することになる財産がある。たとえば**祭祀財産**は相続とは別の準則によって承継する。つまり包括承継の例外である（897条）。

さらに，被相続人の死を原因として，特定の相続人が，契約や法規に従い取得することになるものがある。これも相続財産に入らない（**生命保険金，死亡退職金**等）。

その他，相続開始後，**遺産から生じた果実**等のように，相続財産を構成しないものがある（判例の考え方。最判平成17年9月8日民集59巻7号1931頁⇒248頁。相続の対象となる遺産を遺産分割時で考える説によれば，遺産を構成すると考えることになる）[*]。

② 包括承継の例外

> 一身専属権

たとえば，ある弁護士が死亡した場合，依頼人との**委任契約**は相続人に承継されない（653条）。子が弁護士でなくて，委任契約を履行することができないこともあることを考えれば，委任契約は相続しないということが理解できよう。このことは委任契約が一身専属性を有するからと説明される。**雇用**も相続されない（625条参照）。つまり，被相続人の身分や地位に密接に関係し，もっぱら被相続人によってのみ行使される権利だからである（ただし会社の株の相続はありうる。⇒252頁）。

その他，**扶養**を受ける権利（扶養請求権）も一身専属であり，相続されない（881条参照）。ただし，いったん権利者が請求すれば，その後の扶養料は過去の扶養料として請求できる（大判明治37年7月18日民録10輯1075頁）。**相続回復請求権**も一身専属権である。さらに，**親権，後見人の地位，貞操義務，認知**などもこれにあたる。

---

[*] 遺産分割の対象（⇒239頁以下），遺留分算定の基礎となる財産（⇒360頁）の問題とリンクさせて理解することが重要である。

一身専属権には，法定されているものもあるが（上記以外にたとえ
ば，111条〔代理権〕・552条〔定期贈与〕・597条3項〔使用貸借〕・679条
〔組合〕等），解釈によるものもある（身元保証債務に関して，大判昭和
2年7月4日民集6巻436頁，公営住宅賃借権に関して最判平成2年10月
18日民集44巻7号1021頁。生活保護の受給権に関して最大判昭和42年5
月24日民集21巻5号1043頁等）。しかし，一身専属かどうかは必ず
しも常に明確ではなく，問題になる場合がある。

祭祀財産

　被相続人が有していた，仏壇，位牌，墓は，
相続財産を構成することなく，祖先の祭祀
を主宰すべき者（**祭祀主宰者**）が承継する（897条。条文で相続という
言葉ではなくて「承継」という言葉が用いられている点に注意）。相続人
でなくても祭祀主宰者（すなわち祭祀財産の承継者）であれば，これ
らの財産を承継することがありうる。

　それでは，祭祀主宰者はどのように決定されるのであろうか。ま
ず第一に，被相続人が指定する。第二に，指定がないときには，慣
習に従う。第三に，慣習が明らかでないときには家庭裁判所が定め
る。被相続人の先妻の長男と，被相続人の後妻との争いで，家庭裁
判所が後妻を祭祀承継者に指定した事例がある（東京高決平成6年8
月19日判時1584号112頁）。祭祀主宰者の指定は被相続人との親密
度によるとし，近年は配偶者を審判で指定する例が多い。また，内
縁の妻を指定した事例もある（大阪高決昭和24年10月29日家月2巻
2号15頁，高松家審平成4年7月15日家月45巻8号51頁も参照）。伝統
的な家意識の変化が審判に反映されており興味深い。

◆**香典と葬式費用**　香典は，葬式費用を軽減する目的を有した喪主への贈与であると解されており，相続財産とはならない（通説）。葬式費用に充当され，余れば喪主に帰属する。

　葬式は遺族が営むことが多いが，その費用は誰が負担するのであろうか。かつては家が主体となり戸主が主宰するとされていたが，現在では，配偶者主宰が多く，かつての慣習はなくなりつつある（祭祀承継者と喪主とが異なる例も比較的多い）。葬式の方法や費用に関することがらは遺言事項ではないが，自分で決めるという意識が最近は強くなってきていると思われる。

　葬式には，被相続人のためという側面と，遺族のためという側面がある。本来，被相続人にふさわしい葬式は被相続人が負担すべきものであり，それを超える葬式の費用は喪主が負担すべきであろう。このように考えれば，第一に被相続人に相当な葬式の費用は「相続財産に関する費用」として相続財産から支払われる。第二として，それを超える豪華な葬式は契約締結者（喪主であることが多い）の負担となると考えられる。

　裁判例は分かれている。喪主の負担とするもの（東京地判昭和61年1月28日判タ623号148頁。喪主に負担させているが，多額の相続財産を取得した者が全く葬式費用を負担しない結果になってしまう事例である），相続人の負担とするもの（大阪高決昭和49年9月17日家月27巻8号65頁），相続財産の負担とするもの（東京地判昭和59年7月18日判時1150号205頁），慣習・条理に従って決するとするもの（仙台家古川支審昭和38年5月1日家月15巻8号106頁）がある。

　学説も分かれているが，葬式主宰者（喪主）と費用負担者とは別のものであるとの視点に立ち，祭祀主宰者の指定に準じて分析する学説もある。

📖　**読書案内**　石川利夫「祭祀財産，葬式費用，遺骸・遺骨」村重慶一編・家族法（青林書院，1994年）247頁，258頁

③ 被相続人の死を契機として生じる権利義務

生命侵害による損害賠償請求権（傷害保険金）

不法行為や債務不履行により被相続人に発生した損害賠償請求権は相続される。ところが，即死してしまった場合には，被相続人には損害賠償請求権が発生するまでもなく死亡してしまったのであり，そもそもその相続が可能かどうかが問題になる。

財産的損害に関しては，権利の主体が不存在であるにもかかわらず，判例は死亡による損害賠償請求権が本人に発生してそれが相続されると判示している（大判大正15年2月16日民集5巻150頁，大判昭和16年12月27日民集20巻1479頁）。

慰謝料請求権に関しては，権利の主体が不存在であるという問題に加えて，精神的な損害は一身専属性を有するのではないかという問題がある。初期の判例は，慰謝料請求の意思表示をしたかどうかを考慮して，相続の可能性を判断していた（大判昭和2年5月30日新聞2702号5頁，いわゆる「残念，残念事件」）。しかし，この判例に対して，意思表示（あるいは意思の表白に関して大判大正8年6月5日民録25輯962頁参照）の有無で相続が可能かどうかが異なってしまうという非合理的な結果が指摘された。最高裁は大法廷判決で，慰謝料請求権は被害法益が一身に専属するだけであり，意思表示の有無に関係なく，単純な金銭債権として，当然に相続されるとし，被害者にその機会を与えれば必ず慰謝料請求をしたであろう場合には，慰謝料請求権は相続されると判示した（最大判昭和42年11月1日民集21巻9号2249頁）。

このような相続性を判例の考え方が認めるのであれば，**遺族固有の損害賠償請求権**（711条）との関連性が問題となるが，併存を認め

るのが実務の傾向である。特に慰謝料に関して，全体的に取得しうる賠償額に実務上，大差がないといわれている。

なお，学説は，いずれの請求権も相続するのではなくて，相続人固有の権利であると解する傾向が強い。財産的損害は**扶養請求**の喪失等を理由とし，慰謝料請求権は**民法711条**を根拠とするのである。理論的には，相続によるかどうかは，承認，放棄等で差が生じる。また，財産的損害を709条により扶養利益の喪失に求めるのであれば，相続人が要扶養状態になるかどうかで異なってくる可能性があり，請求額に差が生じうる。

なお，**傷害保険金**（たとえば，海外旅行をする際にかけることがある）については，固有の権利として保険金を受け取るのであり，受取人の固有の財産となり，相続財産を構成しないと考えられている。その結果，遺産分割の対象となることなく，特別受益や遺留分で考慮されることはない（掛け捨てであり貯蓄性が少ないことも理由とする）。受取人を相続人と指定した場合には，保険契約者の通常の意思に合致し合理的であるからという理由で，法定相続分の割合で受け取ることになるとされている（最判平成6年7月18日民集48巻5号1233頁）。

| 生命保険金 | 生命保険契約は，受取人が相続人の中の特定の者である場合は（たとえば妻），第三者 |

のためにする契約の一種である他人のための保険契約であり，その者が原始的に生命保険金を取得する（大判昭和11年5月13日民集15巻877頁）。保険金請求権は，受取人の固有の権利であり，相続財産に属さない（最判昭和40年2月2日民集19巻1号1頁）。

受取人が相続人とされている場合には，判例は特段の事情がない

かぎり，相続人たる個人を指すと解し（大判昭和13年12月14日民集17巻2396頁），相続人が複数の場合には，各受取人の受け取る割合は法定相続分によると考えている（傷害保険に関する前掲最判平成6年7月18日参照）。この場合も，判例によれば，相続財産にはならずに，相続人の固有財産になる（遺留分算定の基礎となる財産に関する後掲最判平成14年11月5日民集56巻8号2069頁参照。⇒367頁）。

これらに対して，受取人が被相続人自身である場合，相続人が受取人たる地位を相続する（相続財産になる。通説。ただし，反対説あり）。

なお，相続人に対する生命保険金は，相続財産を構成しないものの，特別受益や遺留分で考慮されるというのが通説であった。近年，判例は特別受益としての持戻しに関して，死亡保険金請求権は，903条1項にいう遺贈や贈与にあたらないが，不公平が903条の趣旨に照らし到底是認することができないほど著しいものであると評価すべき特段の事情が存する場合には，同条の類推により，持戻しの対象となるとする見解をとった（最決平成16年10月29日民集58巻7号1979頁）。なお本事例では特段の事情があるとまではいえないとして，持戻しの対象とはされなかった点に注意を要する（⇒259頁，367頁）。

社会保障関係の特別法によって支給される遺族年金

遺族給付の中で，被相続人が納めた拠出金に基礎をおく遺族年金は，受給権者の範囲等が特別法（厚生年金保険法，国家公務員共済組合法など）で定められている。遺族の生活保障に向けられたものであり，受給者固有の権利であると解されている。つまり相続財産には入らないとされている。

特別受益や遺留分侵害額請求の対象たる財産になるのかどうかに関しては説が分かれているが，遺族の生活保障に向けられたものであるという点を考慮して，通説はともに否定的に考えている。

死亡退職金

死亡退職金の本質を，被相続人の未払賃金の後払いと解すれば，相続財産に属することになろう。しかしながら，支払規定のある場合には，相続財産ではなくて受給者の生活保障のための固有の権利であると考えるのが判例である（最判昭和 55 年 11 月 27 日民集 34 巻 6 号 815 頁）。なお，退職金の支払規定が存在しない場合でも，配偶者に支給決定してなされた死亡退職金の支払について，相続人の代表として支給されたものではなく，相続という関係を離れてその者個人に対して支給されたものであるとする最高裁判決がある（最判昭和 62 年 3 月 3 日家月 39 巻 10 号 61 頁。遺留分に関して，⇒367 頁）。

学説は分かれている。死亡退職金は相続財産を構成せず，しかも，生活保障を目的としたものであり，持戻しの対象とすべきでないと主張するものがある。また，労働者と使用者の間でなされた第三者のためにする契約と解し，相続財産に属さないと説明するものもある。さらに，未払賃金と解する以上，被相続人の財産であると考え，法律や労働協約，内規，就業規則によって受取人が定まっている場合には，相続財産ではあるが相続の規定に従わない財産であると解する説がある。賃金の後払い的な性質を有するのかどうか，また生活保障のためのものかどうかを判断の基準にする学説もある。

📖 **読書案内**　伊藤昌司・相続法（有斐閣，2002 年）195 頁
　内田貴・民法Ⅳ親族・相続（補訂版）（東京大学出版会，2004 年）

373 頁

慰謝料請求権について，松原正明・全訂判例先例相続法 I （日本加
除出版，2006 年）239 頁以下

死亡退職金に関する学説は以下のものを参照されたい。

潮見佳男・詳解相続法（弘文堂，2018 年）127 頁，199 頁。なお，遺
留分関連の問題については同 531 頁も参照。

4 遺産から生じた果実や代償財産

かりに，遺産の範囲を確定する時期を遺産分割時であると解せば，
果実は遺産分割の対象となる。

これに対して，判例は，相続開始後生じた果実である賃料債権に
つき，相続開始時に遺産の範囲が定まることを前提にして，相続開
始によって遺産共有となった財産を使用管理した結果生じた金銭債
権であり，遺産とは別個の財産と解している。そして，各共同相続
人がその相続分に応じて分割単独債権として確定的に取得すると判
示している（最判平成 17 年 9 月 8 日民集 59 巻 7 号 1931 頁）。このこと
は，当該不動産を遺産分割の結果，取得した者に果実が遡及的に帰
属するのではなく，後になされた遺産分割の影響を受けないことを
意味している（なお下級審判決の中には，相続人全員の合意がある場合に
は遺産分割の対象として分割することができると解するものがある。東京
家審昭和 55 年 2 月 12 日家月 32 巻 5 号 46 頁）。

その他，相続開始後，遺産分割前に，売却されたり，損害賠償請
求権や保険金に代わったりした場合等の代償財産に関しても，困難
な問題が生じている。判例は，遺産分割前に，相続人全員の同意に
よって売却されたときには，その不動産は遺産から出たことを意味
し，この売却代金は，遺産分割の対象に含める合意をするなど特別
の事情のないかぎり，相続財産に属さず，各共同相続人に相続分に

応じて分割され，分割単独債権として帰属するとする（最判昭和54年2月22日家月32巻1号149頁。同旨，最判昭和52年9月19日家月30巻2号110頁。なお，前述の保険金請求権や損害賠償請求権は，処分に基づくものではなく，相続財産を構成すると主張する説もある）。

　相続人全員の合意があれば遺産分割の対象に含めることができるとする考え方には，相続財産でない財産を遺産分割の対象としうるという点において，理論的な問題がある。

⑤　遺産分割前に遺産に属する財産が処分された場合の遺産の範囲

　相続法改正で，相続開始後，遺産分割前に処分された相続財産に関して，共同相続人の全員の同意によって，その財産が遺産分割時に存在しているものとみなし，遺産分割手続で，遺産分割の対象として考慮に入れることが認められた（906条の2）。共同相続人の一人または数人によって処分がされたときには，当該共同相続人の同意を得る必要はないとしている（同条2項）[*]。

　遺産に属していた財産の法定相続分に相当する持分を相続人の一人が処分して売買代金を受領したときは，その代金は遺産を構成せずに，その者が売買代金を取得し，他の財産の遺産分割に際して評

　＊わが国の相続法では，相続開始後に財産が処分される可能性もあり，「相続財産」の範囲が必ずしも明確でなく，訴訟法上の問題もあるため，処分された財産に関して存在しているものとみなす規定が設けられた。すべての被相続人の財産（持戻し，遺留分侵害額請求，被相続人の処分，代償財産など）が，いったんは相続財産の中で集計されて計算される法制度のもとでは，新設された民法906条の2のような考え方は，むしろ当然のことがらとなって遺産分割が進んでいく。

価されることになる。また同時に民法906条の2の新設により，相続開始時に当該財産は遺産として存在するものとみなして遺産分割を行う方法も認められたことになる。

その他，相続の対象たる財産に含まれるかどうか問題になる権利義務

(1) **占有権**　相続と占有権に関して大きく三つの問題がある。第一に，被相続人の占有は被相続人の死亡により，現実には事実的支配を離れてしまうので，占有が相続されるかどうか問題になる。判例は，古くから，占有権の相続を認めている（大判大正4年12月28日民録21輯2289頁，最判昭和44年10月30日民集23巻10号1881頁）。

第二の問題は以下の通りである。被相続人は悪意で不動産を4年間占有し，その後死亡した。彼の相続人が，善意，無過失で自己に所有権があると信じて当該不動産の占有を始めて，11年経過したという場合，相続人は常に被相続人の占有を相続するのか，また自己の占有を選択できるのかで結果が異なってくる。民法162条によれば，不動産の取得時効は20年で完成するものと，10年で完成するものがある。善意，無過失であれば10年の取得時効が可能である。自己の固有の占有を選択して主張できないとすれば，前主の占有と自己の占有をあわせて主張することしかできず，相続人は悪意で15年間占有したことになり時効は完成しない。これに対して，占有の相続に際しても，民法187条1項が適用されて，自己の占有のみを選択することも可能であると解すれば，被相続人の悪意という瑕疵は承継されず，10年で時効が完成することになる。

＊無権代理の相続に関しては，民法総則で学ぶ。

かつては占有権の相続にあたって，被相続人の地位を相続するのであるから，占有の態様，瑕疵もそのまま承継するものと考える否定的な判例があった。しかし，最高裁は，民法187条1項は，包括承継である相続にも適用があると判示した（最判昭和37年5月18日民集16巻5号1073頁）。

第三に，占有権の相続に関して，相続が民法185条にいう**新権原**にあたるかどうかという解釈上重要な問題がある。占有は，占有の意思の相違から，自主占有と他主占有に分かれる（物権の教科書の占有権を参照）。自主占有は所有の意思をもってする占有であり，他主占有はその他の占有である。占有の意思の有無は，通説によれば，内心の意思によって判断するのではなくて，占有取得の原因たる権原の性質によって判断する。たとえば，買主や受贈者の占有は自主占有であり，賃借人や受寄者などの占有は他主占有である。そして，他主占有が自主占有に変わる場合として，民法185条で二つを規定している。第一は，これからは所有者として占有するという所有の意思を表示した場合である。第二は，賃借人が賃借物を買った場合，ある人が預けていた物をその人からもらった場合（受寄者が受寄物をもらった場合）等に，新権原によって他主占有から自主占有に変わる。問題は，相続が，新権原にあたるかである。父親が長年ある土地を無償で借りて使っていたとしよう。その父親が亡くなり，子がその土地を父が借りていたとは知らずに，父の所有物だと思いそれを相続し占有し使用を続けていたとする。父の占有は他主占有である。他主占有であれば，所有の意思がなく，時効は成立しない。そこで，相続を新権原にあたると解して，自主占有への変更を認め，時効取得を認めることは可能だろうか。

大審院の判決（大判昭和6年8月7日民集10巻763頁）は新権原に

あたらないとしていた。しかし，最高裁は，相続により当然に自主占有に変わるわけではないが，本件土地建物を相続人が事実上支配することによりこれに対する占有を開始し，所有の意思があると考えられる場合には，「新権原」による自主占有を認めることが可能であると判示するに至った（最判昭和46年11月30日民集25巻8号1437頁。本判決では自主占有は否定された）。

(2)　**借家権・借地権**　　判例によれば相続財産として承継される（内縁・自由結合の場合に生じうる問題について，⇒64頁以下）。

(3)　**責任の範囲を限定しない身元保証**　　普通の保証債務は相続の対象となる。被相続人の個人的な信頼関係に基づく要素が強い身元保証や包括的信用保証などに関しては，責任の範囲が不確定であり相続の対象とならない（大判昭和2年7月4日民集6巻436頁）（限定根保証人の死亡後の債務について465条の4第3号，個人根保証契約に関して465条の2第2項，465条の4第1項3号参照）。

(4)　**財産分与請求権**　　財産分与請求権の要素の一つであるとされている扶養請求は理論的には相続されない（学説には慰謝料請求権も相続されないと主張するものがある）。しかし，分与額の算定にあたって各要素を厳密に区別することはなされていないことを考慮すれば，三つの要素（扶養的な要素，損害賠償的な要素，清算的な要素）からなる一つの権利であるととらえ，全体的に相続の対象となると考えられている。この問題に関しては，財産分与請求権（特に扶養的な要素）の明確化を図り，その上で相続可能性を考えるべきであろう。

(5)　**社員権の相続**　　株式会社の株式（社員権）は，譲渡可能であり（会社127条・174条参照），相続される。

これに対して，持分会社（合名会社，合資会社，合同会社〔会社575条1項括弧書〕）の社員は，死亡が退社事由になっているが（会社607

条1項3号），社員権は相続されない。ただし，定款で相続人が持分を承継する旨を定めることは認められている（会社608条1項）。会社法では，無限責任社員，有限責任社員の区別なく，定款で，持分の相続を認めるという立場を採った。

そして，株式や持分が複数の相続人に承継されたときには，株主としての権利を行使すべき者を一人定めて，会社に通知しなければならないことになっている（会社106条・608条5項）。

なお，民法上の組合員の地位は，死亡が脱退事由であり，相続されない（679条1号）。社団法人の社員も死亡が法定退社事由であり，一般社団法人の社員たる地位，すなわち社員権は相続されない（一般社団法人及び一般財団法人に関する法律29条3号）。団体に人的な色彩が強いからである。

4 相 続 分

相続分という語は多義である。一般に相続分とは共有でいう持分に該当する意味がある。承継する割合が本来の意味である。2分の1とか，3分の1という割合である（899条・900条等参照）。しかしながら，条文ではこの意味の他にも，その割合で計算した相続財産の実際の価額を意味したり（903条），また，遺産分割前の相続人の地位を相続分という言葉で表すこともある（905条）。

相続分には，被相続人が遺言で指定する指定相続分と，そのような指定のない場合に，民法の規定により決まる法定相続分がある。さらに，法定相続分は最終的なものでは必ずしもなく（被相続人から，相続人の一人が先に贈与を受けていた場合等），それらに修正を加え，

具体的相続分によって，平等の実現を図る。

① 指定相続分

指定相続分とは何か

被相続人は相続人間の相続分を自ら決める
ことができる（たとえば，配偶者には4分の
3とするなど）。第三者に指定を委託することも可能である（902条）。
ただ，相続人の一人に指定を委託するのは衡平の観点から問題があ
り，ここにいう第三者には相続人は含まれないと解されている。

2018（平成30）年相続法改正前の民法902条1項ただし書で，遺
留分に関する規定に違反することができない旨を定めていたが，改
正後の902条では削除されている。これは，指定相続分も，1046
条1項，1047条1項で明確に遺留分侵害額請求の対象となる処分
であることが規定されているからである。相続分の指定を受けた者
も，遺留分侵害額請求の負担を負う可能性があることは改正前と同
じである。

指定相続分の効力は
相続債務にも及ぶか

債務は相続人間で法定相続分に応じて分配
されるものであるが，上記の例で4分の3
の指定を受けた配偶者は，債務も4分の3
の責任を負うことになるのだろうか。たくさんの遺産を取得した者
が，多くの責任を負うと考えるのが一般的な感情であろう。しかし，
債権者には，相続分の指定という内部事情まではわからない。

指定相続分と債務に関して，2018（平成30）年相続法改正によっ
て民法902条の2が新設され，この問題に関して明確化が図られた。
相続債権者（被相続人の債権者）は，法定相続分に従って相続人に請
求することも，また指定相続分の割合に従って請求することも可能

であるが，いったん，指定された相続分に応じた債務の承継を承認したときは，法定相続分に基づく請求はできなくなる。これに対して，法定相続分に応じた権利行使をした後でも，指定相続分に応じた債務承継を承認することは可能である。これは，すでに判例で示されていた解釈である（最判平成21年3月24日民集63巻3号427頁）。

なお，法定相続分に応じた債務の支払をした相続人は，法定相続分を上回る相続分の指定がある相続人に対しては，求償権を行使することができると考えられている（同様の問題は，遺産分割と債務の問題でも生じうる。⇒291頁◆）。

②　法定相続分

> **法定相続分とは**

被相続人による相続分の指定のない場合，各相続人の相続分は民法典の定めるところによる（900条・901条）。

①子と配偶者が相続人であるとき　子は2分の1，配偶者は2分の1。

②直系尊属と配偶者が相続人であるとき　直系尊属は3分の1，配偶者は3分の2。

③兄弟姉妹と配偶者が相続人であるとき　兄弟姉妹は4分の1，配偶者は4分の3。

そして，子，直系尊属または兄弟姉妹が数人あるときは，それぞれの順位の相続人の間での各自の相続分は相等しいものとされている。いわゆる相続人間の平等である。かつては，嫡出でない子の相続分は，嫡出である子の相続分の2分の1であった。これは，立法者が，法律婚の尊重と嫡出でない子の保護との調整を図った結果，

設けられた規定であった。

　しかしながら，2013（平成 25）年に，嫡出でない子の相続分に関する重要な最高裁決定が公にされている（最大決平成 25 年 9 月 4 日民集 67 巻 6 号 1320 頁）。民法 900 条 4 号が規定する嫡出でない子の相続分差別は，合理的な根拠を欠き，憲法 14 条 1 項に違反し，違憲である旨の最高裁決定（前掲平成 25 年 9 月 4 日）がなされたのである。

　歴史的な背景，社会や家族の変化，人々の意識や相続財産の意味の変化それに海外の動向を考慮して，このような決定がなされた。そして，本件の相続開始時である 2001（平成 13）年 7 月当時において，嫡出子と嫡出でない子の法定相続分を差別する合理的根拠は失われていたと判示している。ただし，この当時から同決定時までの間に開始された他の相続につき，同号ただし書前段の規定を前提としてされた遺産の分割の審判その他の裁判，遺産の分割の協議その他の合意等により確定的なものとなった法律関係に影響を及ぼすものではないとして，すでになされた遺産分割には影響を与えない旨も決定の中で述べられている。

　これを受けて，2013（平成 25）年 12 月 5 日に，民法の一部を改正する法律が成立し，民法 900 条 4 号ただし書の前半部分つまり，「，嫡出でない子の相続分は，嫡出である子の相続分の 2 分の 1 とし」が削除された。その結果，嫡出でない子の相続分が嫡出子の相続分と同等になった（同年 12 月 11 日公布・施行）。また経過措置により，この最高裁決定の翌日（つまり，同年 9 月 5 日以後に開始した相続）から，新法が適用されている。

　なお，戸籍法 49 条 2 項 1 号の改正は見送られている。

　また，半血の兄弟姉妹は，父母を同じくする全血の兄弟姉妹の相

続分の2分の1である。半血とは，父母の一方を同じくする兄弟姉妹である。父母が，再婚した場合，前婚の子と後婚の子はそれぞれ半血の兄弟姉妹にあたる（「子」「兄弟姉妹」という用語について，⇒229頁の脚注）。

③ 具体的相続分——特別受益者の相続分

まんじゅうのたとえ　親が不在のときに二人の子どもが帰宅することになるので，おやつの「まんじゅう」を平等に分けて食べるようにという内容の置き手紙が机の上にあったとする。二つの皿に一つずつ同じまんじゅうがのっている。先に帰ってきた弟は，かばんをおくやいなや一つ食べてしまった。しばらくして，兄が帰ってきて，まんじゅうを食べようとしたときに，弟が置き手紙をみせて，半分くれと求めてきた。一つしかないまんじゅうを前に兄は困ってしまい，ついに二人は喧嘩になってしまった。

弟はすでに食べてしまい，自分の分のまんじゅうはもう目の前にはない。現実には一つしかないけれども，食べてしまったまんじゅうを頭の中で加えて，二つあると考える。この二つを2分の1に分ける。兄は一つ，弟は一つ。弟はすでに食べてしまっているので，一つを引くとゼロになる。引くことによって，頭の中の世界から現実の世界に戻るのである。したがって兄は平等の名のもとに堂々と，今や一つしかないまんじゅうを食べ尽くすことができる。

さて，話題を相続法に戻そう。被相続人がなくなった時に1億円相当の財産が残っており，相続人は子Aと子Bの二人であったと仮定する。相続分は平等である。生前にBは被相続人から1億円相当の財産の贈与を受けていたとする。被相続人の死亡時に残った

1億円相当の財産を目の前にして，Bは相続人として半分は自分の
ものであるといえるのであろうか。いえるとしたら，Aは不平等
感を抱くに違いない。民法典は，このような場合，Bのもらった1
億円を頭の中で，相続開始時に残っている相続財産に加算して考え，
合計2億円として計算し（これを「みなし相続財産」という）これを
分ける。Aが1億円取得し，Bはすでに1億円もらっているので，
被相続人の死亡による相続から受け取る財産はゼロということにな
る。すでにもらった財産を考慮するこのような作業を「持戻し」と
いう。このようにして，平等を実現しようとしている。

**持戻しの計算と持戻し
の対象たる財産**

民法903条には，すべての要件がぎっしり
と込められているので特に熟読されたい。
遺贈や贈与が共同相続人に対してなされた
ということがポイントである。全くの第三者に対してなされたもの
は，ここにいう共同相続人間の平等を図る持戻しの問題にならない。
被相続人の財産である以上，処分は自由だからである。ただし，こ
のような場合には，後にのべる遺留分侵害額請求（⇒373頁以下）の
対象にはなりうる。

　第一段階として，相続開始時に有した財産の価額*に，**贈与を加算
し**（先述のまんじゅうのたとえでは，食べてしまったものを頭の中で加え
る作業），**みなし相続財産**を計算する。

　贈与はすべてが加算されるのではなくて，加算されるべき贈与が

＊相続開始時に有した財産の価額とは，債務を控除しない積極財産の価額
を意味する（遺留分の算定の基礎となる財産の算定においては，債務を控
除する。1043条参照。その違いを理解することは大切である。詳しくは，
⇒360頁）。

規定されている。まず第一に「婚姻，養子縁組のため」の贈与である。被相続人の資産状態等が総合的に判断されることになるが，一般的に持参金，支度金などを意味し，通常の結納や披露宴の費用等は特別受益（遺贈と加算されるべき贈与）にならないと考えられている。

加算される第二の贈与として規定されているものに，「生計の資本」としての贈与がある。これは，商売や家の購入の資金援助，農業を営むにあたっての農地の贈与等が考えられる。大学の学資に関しては，その者だけに無理をして教育を受けさせた場合には，生計の資本にあたるとされている（特に兄弟間で不公平が生じる場合）。この種の贈与に関しては，明確な線引きができない場合があるが，被相続人の経済状態や家族の状態などを総合的に判断することになる。

生命保険金請求権は，903条1項にいう遺贈または贈与にあたらないが，不公平が著しいと評価すべき特段の事情が存する場合には，903条の類推適用により，持戻しの対象となると最高裁は判示している（最判平成16年10月29日民集58巻7号1979頁。第三者を受取人に指定した生命保険金請求権は，遺留分減殺〔当時〕の対象とならないと判示した最判平成14年11月5日民集56巻8号2069頁⇒367頁，245頁）。なお，死亡退職金や遺族年金について，持戻しや遺留分侵害額請求の対象となるかどうか説が分かれている。

第二段階として，みなし相続財産に，割合としての相続分をかけて，**頭の中での相続財産**の価額を計算する。持戻しは計算上のことがらであり，現実に返還することは必要ではない。ここにわが国の持戻し制度の特徴がある。

第三段階として，特別受益である遺贈と贈与の価額を控除して現実に戻る（これを**具体的相続分**という。特別受益者が存在する場合の各共同相続人の相続分を意味する）。すでにもらっているのだから，贈与を

控除する。**遺贈**はその相続人が被相続人の死亡時に取得するものであり，死亡時には相続財産の中に含まれている状態であると考えるので，特別受益として加える必要性はない。しかし，最終的には控除しなければならない。この点に注意を要する。

◆**例題**　遺産として1億円ある。相続人として，妻と三人の子がいる。子$_1$に遺贈で1000万円を与え，生前，子$_2$には婚姻の際に500万円を，子$_3$には家を買う資金として1500万円を与えている。それぞれの具体的相続分は以下のようになる。

みなし相続財産は，1億円＋500万円＋1500万円である。

（注意　遺贈は加算しない）

そこで，

妻は，（1億円＋500万円＋1500万円）×1／2＝6000万円

子$_1$は，（1億円＋500万円＋1500万円）×1／2×1／3＝2000万円

特別受益を控除すると　2000万円－1000万円＝1000万円（遺贈を控除している点に注意。他に遺贈1000万円を取得する。結果的には2000万円を取得することになるが，特別受益とされるので遺贈でわざわざ与えた被相続人の意思は薄れる）。

子$_2$は，（1億円＋500万円＋1500万円）×1／2×1／3＝2000万円

特別受益を控除すると　2000万円－500万円＝1500万円　（他に生前贈与500万円をすでにもらっている）。

子$_3$は，（1億円＋500万円＋1500万円）×1／2×1／3＝2000万円

特別受益を控除すると　2000万円－1500万円＝500万円　（他に生前贈与1500万円をすでにもらっている）[*]。

---

[*]特別受益が相続分を超過してしまっている事例については，本書では触れない。窪田充見・家族法（第4版）（有斐閣，2019年）422頁，島津一郎＝松川正毅編・基本法コンメンタール・相続（第5版）（日本評論社，2007年）62頁以下〔松原正明〕，松川正毅＝窪田充見編・新基本法コンメンタール相続（日本評論社，2016年）75頁以下〔木村敦子〕。

特別受益の評価基準時

特別受益が贈与であれば，もらった時期により物価変動との関連で価値に差が生じることがありうる。10年前に3000万円の土地をもらったが，現在は1億円である場合がその例である。この例で，特別受益を3000万円と考えるのか，1億円として計算するのかで，具体的相続分の計算に大きな影響を与える。これがいわゆる特別受益の評価基準時の問題である（不動産価格の下落も同様に考える）。

特別受益は以下の3種類の時期が問題になりうる。「贈与時」，「相続開始時」，「遺産分割時」である。遺産分割時が問題になるのは，死亡から遺産分割まで時間がかかる事例が多く存在するからである。

審判例（東京家審昭和33年7月4日家月10巻8号36頁等）・通説は，特別受益の評価基準時を「相続開始時」としている。903条や904条に規定されている相続開始という表現やその意味などをその根拠としている。しかし，よりよく相続人間の衡平が図られるとして，遺産分割時説も有力である。

なお，金銭の贈与に関して，最高裁は，貨幣価値の変動を考慮して，贈与時の金額を相続開始時の価値に換算した価額で評価すべきとする（最判昭和51年3月18日民集30巻2号111頁）。

評価の方法

被相続人から贈与された目的物を，被相続人の死亡までに消費してしまうことがある。また，形が変わったり，壊れてしまうこともある。民法は，「受贈者の行為」によって，受贈財産が滅失しまたはその価格の増減があったときでも，相続開始時に受贈者の行為が加えられる前の状態で存在するものとみなして評価するとしている（904条）。

◆**受贈者の行為かどうか，不可抗力か自然朽廃か**　1000万円の家を親からもらったが，その後手を入れて2000万円の価値になっていた場合や当該家を焼失した場合，さらに2000万円で売却し金銭に換えた場合などは，1000万円の状態で存在していると仮定して，相続開始時の価格で評価する。

　これに対して，「受贈者の行為」によらないで受贈財産が滅失したときは（たとえば天災など不可抗力の場合），受贈財産は加算されない（何ももらわなかったことになる）。ただし，代償財産があれば（保険金や補償金など），それが相続開始時に存在するものとして加算される。

　しかし天災などの不可抗力でなく，また「受贈者の行為」でもなく，自然朽廃の場合には，相続人間の衡平を図るために受贈時の状態で相続開始時にあるものとして評価し加算される。

| 持戻しの免除 |

被相続人は，持戻しを免除する意思表示を行うことができる（903条3項）。このような意思表示により，残った財産の分割にあたって，特別受益者に特に利益を与えることが可能となる。なお，2018（平成30）年相続法改正では，3項から「遺留分に関する規定に違反しない範囲内で，その効力を有する」との規定を削除している。遺留分の債権化に伴い，処分行為は侵害行為であってもそれ自体は有効と解されるのであり，このような特別受益者は遺留分侵害額請求の負担者となりうるにすぎないことが明確になった（最決平成24年1月26日家月64巻7号100頁参照。903条3項⇒368頁）。

| 配偶者に対する特別受益の持戻し免除推定 |

婚姻期間が20年以上の夫婦であれば，他の一方に対してした居住用の建物またはその敷地についての遺贈や贈与に関しては，特別受益としない持戻し免除の意思表示があるものと推定している

（903条4項）。この結果，配偶者は残存する財産（たとえば預金など）があれば，それを取得する可能性が生まれることになる*。なお，この持戻し免除推定は，配偶者居住権の遺贈についても準用されている（1028条3項）。

──────────
**具体的相続分が
制限される場合**
──────────
令和3年の所有者不明土地に関する民法の一部改正により，904条の3が新たに設けられ，相続開始の時から10年を経過した後にする遺産分割に関しては，具体的相続分や寄与分に関する規定は適用しないことになった。遺産分割それ自体に期限を設けることはしないで，具体的相続分の主張ができないとすることによって，遺産分割をしないまま遺産に属する土地が放置されることのないように対処した。遺産分割が容易にできるように図られている。

このように10年が経過した場合には，法定相続分または指定相続分に従い遺産が分割されることになる。

なお，10年経過しても具体的相続分に基づくことができる場合として，10年経過前に家庭裁判所に，相続人が遺産の分割を請求した場合や，やむを得ない事情のある場合が例外として規定されている（904条の3ただし書。家事199条2項）。

──────────────────────────────
＊身分関係の存否が相続権の重要な要素であったが，婚姻の期間という今までにはない基準を設けている点に特徴がある。

5 寄与分・特別寄与料

寄与分とは何か

相続人の一人が，親が病の際に世話をしたり，または親の家業を手伝い，そのおかげで，被相続人の財産を減少させなくてすんだり，また増加させることもありうる。このようなことがらを評価せずに，他の相続人と同じ扱いで，900条の規定する法定相続分に基づき相続分を算定するのであれば，いわゆる世話をした相続人は不平等と感じるであろう。このような問題に関して，その者の相続分を増加させるという相続法のレベルでの解決方法が，1980（昭和55）年の改正によって採用された。これが「寄与分」の制度である（904条の2）。しかしながら，本来は契約法のレベルでの解決を図るべきものであり，寄与分は相続人間の平等を図ろうとする制度ではあるが，わずかな調整を行う目的を有した補助的な位置づけのものと考えるのが正当と思われる（たとえば，寄与分は遺贈に劣後する。904条の2第3項参照）。

成立のための要件

相続人が寄与を行うことがまず求められている。なお，「寄与」の内容に関しては，療養看護や財産の維持・増加について行った**特別の寄与**でなければならない。扶養義務の範囲のものであったり，通常の貢献（単なる家事労働など）は，寄与とはいえない。

寄与分は相続分の修正であり，寄与者は**相続人**であることを前提としている。

| 手　続 | 共同相続人の協議で，寄与分は割合（または価額）として決められる。協議ができな |

かったり，調わないときには，家庭裁判所が決める（904条の2第2項）。家庭裁判所への審判の申立ては，遺産分割手続の中で行われる（904条の2第4項）。

| 算　定 | 寄与者は，寄与分を相続分にプラスして相続する。 |

　まず，みなし相続財産を計算する。たとえば，寄与分が5分の1とする。相続開始時に遺産が1000万円で相続人が寄与者である子と，他に一人の子がいるとする。寄与分は200万円相当であり，1000万円から200万円を控除した800万円がみなし相続財産である。非寄与者の具体的相続分は，それに法定相続分である2分の1をかけて，400万円となる。寄与者の具体的相続分は，400万円に寄与分である200万円を加えて600万円になる。

> まとめ
>
> みなし相続財産＝被相続人が相続開始時に有した財産－寄与分
> 寄与者の具体的相続分＝みなし相続財産×法定相続分＋寄与分

| 寄与分に上限はないのか | 遺贈があれば，寄与分は相続開始時に有した財産から遺贈を控除した額を超えることができない（904条の2第3項）。寄与分は |

遺贈に劣後する。

　遺留分を侵害する結果になる寄与分の審判も通説は認めている。すべての相続人の合意があれば，協議による遺産分割と同様にそのような審判も有効であると考えうる。しかし，遺留分制度は，2018

（平成 30）年相続法改正によってその効力を弱められたとは言え，遺留分制度が遺産の公平な分配を図る最終の制度であることや，寄与分が遺贈に劣後することを考慮すれば，遺留分侵害となる寄与分の審判は認められないと考えるべきであろう。寄与分は相続人間の衡平を図るために設けられた制度であるとして，遺留分を侵害する寄与分の審判を取り消した裁判例もある（東京高決平成 3 年 12 月 24 日判タ 794 号 215 頁。なお，遺留分を侵害する寄与分が認められた事例もある。和歌山家審昭和 59 年 1 月 25 日家月 37 巻 1 号 134 頁）。

**特別寄与者による
特別寄与料請求**

従前は相続人ではない者，たとえば，愛人，内妻や子の配偶者（嫁など）はいくら寄与を行っても，寄与分は認められなかった。2018（平成 30）年相続法改正により，相続編に第 10 章として，民法 1050 条が設けられた。被相続人に無償で療養看護やその他の労務の提供を行い，その財産の維持や増加について特別の寄与をした被相続人の親族（特別寄与者）に特別寄与料の支払の請求が認められた。特別寄与者は相続人でない親族である。その結果，「嫁」は寄与に応じた金銭の支払を相続開始後に請求することができることとなった。これは本来の相続権に基づくものではなく，この点において相続人に対する寄与分（904 条の 2）と異なる。なお，特別寄与料は，相続人が相続により取得した財産額を超えることはなく，相続人は，相続分または指定相続分に応じて負担することになる（1050 条 4 項・5 項）。

📖 **読書案内** 寄与分に関する深い理解に導く文献として，窪田充見・家族法（第 4 版）（有斐閣，2019 年）427 頁

6 配偶者の居住の権利

2018（平成30）年相続法改正により，相続編に第8章として，2種類の配偶者相続権が認められるに至った。一つは，民法1028条以下で規定する配偶者居住権であり，他の一つは，1037条以下で規定する配偶者短期居住権である。

① 配偶者居住権

配偶者居住権の
立法理由

相続法改正により，配偶者居住権が規定されたのは，生存配偶者にそれまで生活していた住居を確保させて，しかも生活の糧となりうる他の財産（たとえば預貯金債権）を取得する可能性を高めるためとされている。配偶者居住権の財産としての評価が居住建物の所有権を取得する場合と比較して低額であるので，このようなことが可能となる。

また加えて，遺言によっても配偶者居住権を設定することができ，このことによって，再婚などの場合に，生存配偶者の居住を確保しつつ，所有権は子に確保させることができるようにし，後継ぎ遺贈のような機能をもたせることができるようにするとの目的があった。

配偶者居住権とは

被相続人の死亡時に，生存配偶者が居住していた建物が被相続人の財産である場合に，その建物に設定される居住の権利である。配偶者は賃料を支払うことなく住み続けることができる（1028条1項）。配偶者には使用・収

益のみが認められており（1032条1項），譲渡することはできない（2項）。無断転貸は認められていない（3項）。

その存続期間は原則として終身であるが，別段の定めがあるときは，その定めるところによる（1030条）。

また，居住建物の所有者は，配偶者居住権設定の登記義務を負っている（1031条1項。2項も参照）。

| 配偶者居住権の取得 | 配偶者居住権は，遺産分割，遺贈（1028条1項1号・2号），家庭裁判所による審判 |

（1029条，家事別表第2の12の項）によって，配偶者が取得することができる。なお，特定財産承継遺言（相続させる旨の遺言）によっては，配偶者居住権を取得させることはできないとされている。配偶者が，配偶者居住権を望まない場合にこれのみを放棄する手段はないことを理由としている（⇒263頁）。

| 居住建物の改築，修繕など | 居住建物の改築，増築をしたり，第三者に居住建物を使用または収益させるには，所有者の承諾を必要とする（1032条3項。な |

お，4項も参照）。

これに対して，居住建物の使用，収益に必要な修繕をすることはできる（1033条）。なお，居住建物の通常の必要費は，配偶者の負担である（1034条）。

| 配偶者居住権の消滅 | 配偶者は配偶者居住権が消滅したときは，居住建物を返還しなければならない（1035 |

条）。消滅事由としては，たとえば以下の場合が考えられる。配偶

者が死亡した場合，存続期間の満了（1030条，1036条による597条1項の準用），居住建物の全部滅失（1036条による616条の2の準用），配偶者の用法に違反のある場合（1032条1項・594条参照）などである。

② 配偶者短期居住権

配偶者短期居住権の
立法理由

2018（平成30）年相続法改正により，被相続人の死亡に際して，生存配偶者が住み慣れた住居に直ちに住めなくなることを避けるために最低でも6カ月は居住することができる権利が認められた（1037条以下）。

　従前は，被相続人の生存中は，占有補助者にすぎない配偶者が，被相続人の死亡と同時に，無償で使用する法的根拠を失う可能性があった。また，判例には，配偶者には使用貸借契約が成立しているとしているものがあるが（最判平成8年12月17日民集50巻10号2778頁），被相続人がこれと異なる意思を表示していれば，配偶者は被相続人の死亡と同時に居住の根拠を失うことになりかねない。そこで2018（平成30）年相続法改正に際して，被相続人の意思に影響を受けずに，配偶者の短期の居住権を保護するための権利が生存配偶者に認められた。

配偶者短期居住権とは

改正後の相続法は，無償で被相続人の財産に属した建物に居住していた配偶者に，その建物を無償で使用する権利を認めた（1037条）。使用のみであり収益は認められていない。なお，「被相続人の財産に属した」という要件は，被相続人が当該居住建物に所有権または共有持分を有していたことが必要であることを意味している。

その期間は，居住建物について配偶者を含む共同相続人間で遺産分割をする場合には，遺産分割の成立した日か相続開始から6カ月を経過する日のいずれか遅い日までの期間である（同条1項1号，1号配偶者短期居住権）。遺産分割が早期に完了する場合にも，最低限，相続開始から少なくとも6カ月の期間を認めている。

　加えて，2号配偶者短期居住権として，1号配偶者短期居住権である場合以外の，すなわち遺産共有持分を有しない場合には（たとえば被相続人が当該財産を遺贈している場合や，配偶者が相続放棄をした場合），居住建物取得者から配偶者短期居住権の消滅の申入れがあった日から6カ月を経過する日までを認めている（同項2号）。

　配偶者が，短期居住権よりも効力の強い配偶者居住権を取得した場合や，相続人の欠格事由に該当したり，廃除が認められたりした場合には，配偶者短期居住権は成立しない（1037条1項ただし書）。なお，配偶者が相続放棄をすれば，1号配偶者短期居住権は取得できないと考えられる（同条1項1号で共同相続人間で遺産の分割をすべき場合と規定されていることからの解釈）。なお，相続放棄をした配偶者は，2号配偶者短期居住権が認められる可能性があり，配偶者短期居住権の消滅の申入れの日から6カ月を経過する日までは，認められることになる。この点において，必ずしも相続権としての位置づけのみに基づく権利とは言えないように思われる。

7 相続分の譲渡

　相続人は，相続開始後，遺産分割がなされるまでの間に，自らの「相続分」を第三者に譲渡することができる（905条1項参照）。これ

を，「相続分の譲渡」という。積極財産のみならず，消極財産も含めた包括した遺産全体に対する相続分の譲渡である。遺産分割まで待てず，緊急に金銭を欲する場合などに，相続分の譲渡がなされることがある。

　相続分の譲受人は，相続人と同じ地位に立ち，遺産分割手続に参加する。その結果，遺産分割に相続人でない者が参加することになり，それを防ぐ意味で，他の共同相続人に買い戻す権利（取戻権）が認められている（905条）。取戻権は，譲渡が無断でなされたときに行使しうる（同意を与えた者は行使しえないとされている）。また取戻権の行使は一方的な意思表示でできるが，現実に価額と費用を提供しなければならない。権利の行使は譲渡の時から1ヵ月以内に行わなければならない（905条2項）。なお，共同相続人のうち自己の相続分の全部を譲渡した者は，遺産確認の訴えの当事者適格を有しないと解されている（最判平成26年2月14日民集68巻2号113頁）。

　たとえば，ある相続人の法定相続分が4分の1であるとする。この場合相続人は，相続財産中に含まれている特定の不動産の4分の1の権利を，第三者に譲渡することも可能であるが，これは905条にいう相続分の譲渡とは異なる。相続分の譲渡とは，相続財産すべての4分の1の権利・義務を包括的に譲渡することである。

　905条は，本来，相続人以外の者が遺産分割に関わってくることを避けるため相続分の取戻権を規定したフランス古法に由来する条文である。実務では共同相続人間でも譲渡されており，特定の相続人に相続分を集中させる手段として用いられることがある。また，それを前提とした最高裁判決も公にされている（最判平成30年10月19日民集72巻5号900頁参照。相続人間でした無償での相続分譲渡は，遺留分算定の基礎となる財産に算入すべきかどうかに関して争われた事例で，

903条1項にいう特別受益の贈与に当たると判示している）。相続人間での相続分の譲渡は，遺産分割との関係もあり，また取戻権が行使されると権利義務関係が複雑になる可能性がある。

8 遺産共有

遺産共有の性質論と
遺産分割の対象の問題

相続が開始し遺産分割が成立するまでの間，相続人が数人あるときは，相続財産は相続人の共有に属する（898条）。原則として，遺産分割によって個々の相続人に帰属することになる。この遺産分割までの過渡的な状態を民法典は「共有」としている。かつて，この898条の共有と249条の物権法上の共有との異同が議論されたことがある。判例は古くから遺産共有の性質を物権法上の共有と解している（たとえば戦後の判例として，最判昭和30年5月31日民集9巻6号793頁）。

現在では個々の財産上の持分の処分も可能であり（909条ただし書に注意），分割に向けられた，相続に特有の共有であると考えることも可能であり，共有か合有かという共有の性質論はあまり実益がない。

相続人が**遺産を構成する個々の財産の共有物分割請求**をすることは認められず，遺産全体に関する「遺産分割の手続」によらなければならない（家庭裁判所の審判）。遺産を構成する個々の財産の共有持分権の譲受人からの分割請求についての手続は，譲受人と相続人との物権法上の共有（249条）として地方裁判所で分割訴訟を行うものとされている（最判昭和50年11月7日民集29巻10号1525頁）（⇒275

頁◆共有物分割と遺産分割，共有物が相続財産に属する場合）。なお，2018（平成 30）年相続法改正により，遺産の一部の協議分割，審判分割が認められた（907 条 1 項・2 項）。

　最高裁は，不法行為を理由とする損害賠償請求の事例で，「相続人数人ある場合において，その相続財産中に金銭その他の可分債権あるときは，その債権は法律上当然分割され各共同相続人がその相続分に応じて権利を承継するものと解するを相当とするから，所論は採用できない」と判示している（最判昭和 29 年 4 月 8 日民集 8 巻 4 号 819 頁）。また，被相続人の死亡後に彼の預貯金を解約して払戻しを受けた共同相続人の一人に対して，相続人の一人が，相続分に応じて預貯金を相続したとして不当利得返還請求をした事例において最高裁は，以下のように判示していた（最判平成 16 年 4 月 20 日家月 56 巻 10 号 48 頁）。「また，相続財産中に可分債権があるときは，その債権は，相続開始と同時に当然に相続分に応じて分割されて各共同相続人の分割単独債権となり，共有関係に立つものではないと解される……。したがって，共同相続人の一人が，相続財産中の可分債権につき，法律上の権限なく自己の債権となった分以外の債権を行使した場合には，当該権利行使は，当該債権を取得した他の共同相続人の財産に対する侵害となるから，その侵害を受けた共同相続人は，その侵害をした共同相続人に対して不法行為に基づく損害賠償又は不当利得の返還を求めることができるものというべきである」。

　いずれの事例においても，**可分債権**は相続開始と同時に当然に分割され，準共有関係にたつものではないということを明確にしていた。遺産分割が必要であるかどうかに関しては，言及していないが，債権が分割帰属する以上，遺産分割は不要と解釈され，この考え方が実務に定着しつつあった。ただ相続人間で，合意があれば，遺産

分割の対象とするというのが実務の傾向であった。

　しかしながら，後掲最大決平成 28 年 12 月 19 日に至るまでに，最高裁は，すでに，定額郵便貯金債権（最判平成 22 年 10 月 8 日民集 64 巻 7 号 1719 頁），委託者指図型投資信託の受益権，個人向けの国債（最判平成 26 年 2 月 25 日民集 68 巻 2 号 173 頁），委託者指図型投資信託の受益権につき相続開始後に発生した元本償還金等に係る預り金（最判平成 26 年 12 月 12 日判時 2251 号 35 頁）に関して，その性質を分析しつつ，当然に分割されることを否定し，遺産分割の対象となると判示していた。

　このような中にあって，最高裁は，平成 28 年 12 月 19 日に大法廷決定（民集 70 巻 8 号 2121 頁）において，**預貯金債権**に関して，その法的性質を分析した上で，当然に相続人間で分割帰属することなく遺産分割の対象となる旨を判示した。「預貯金一般の性格等を踏まえつつ以上のような各種預貯金債権の内容及び性質をみると，共同相続された普通預金債権，通常貯金債権及び定期貯金債権は，いずれも，相続開始と同時に当然に相続分に応じて分割されることはなく，遺産分割の対象となるものと解するのが相当である」。

　可分債権は，かつて相続開始と同時に，相続人間で分割し，遺産分割の対象とはならないと解釈されていた。前掲最判平成 16 年では，預貯金債権は可分債権であり，分割帰属し遺産分割の対象とはならないと解していたことに対して，最高裁は平成 28 年大法廷決定によって，預貯金債権の性質を分類しつつ，預貯金債権は，分割されることなく遺産分割の対象となるとしている。かつての判例（前掲最判昭和 29 年 4 月 8 日）のいう可分債権に預貯金債権は該当しないと解釈しているといえよう。平成 16 年の判例が変更されたのであり，可分債権は当然に分割され，遺産分割の対象とならないと

する昭和29年の判例は維持されていると解釈されている。つまり，預貯金債権（普通預金，定期貯金など）以外の金銭債権（代金債権，損害賠償債権など）は当然に分割され，遺産分割の対象とされていないと解しうる。

　可分債務（大決昭和5年12月4日民集9巻1118頁。連帯債務に関する最判昭和34年6月19日民集13巻6号757頁も参照）は，遺産分割を経ることなく法律上の相続分に応じて当然に分割されると判例は解している。

　このように，遺産分割の対象となる相続財産か，または当然に分割される相続財産かによって，手続（審判か訴訟か）や管轄（家裁か地裁か）が異なっており，相続法が複雑になっている。遺産分割の対象となるかどうかの観点の理解は重要である。

　◆共有物分割と遺産分割　898条にいう遺産共有の分割である「遺産分割」と，物権法上の256条以下の「共有物分割」には大きな相違がある。前者は審判事項であり，後者は訴訟事項である。前者は家庭裁判所の管轄であり，後者は地方裁判所の管轄となる。

　遺産共有持分と通常共有持分が併存する場合には，遺産共有持分と通常共有持分間の共有関係の解消については，物権法上の共有が問題になっており，地方裁判所で訴訟によって解決が図られる（258条。最判昭和50年11月7日民集29巻10号1525頁）。なお，このことは被相続人と相続人の一人が共有で所有していた不動産についても該当する。

　◆共有物が相続財産に属する場合　令和3年の民法一部改正によって，258条の2が設けられ，共有物の全部またはその持分が相続財産に属する場合で，それを遺産分割すべきときは，共有物分割ではなく，遺産分割によらなければならないことを明確にしている（1項）。これは判例を条文化したものである。

そして2項では，共有物の持分が相続財産に属する場合（遺産共有と通常共有が併存する場合）に関して，その例外を規定している。相続開始後10年を経過したときは，遺産共有の解消も共有物分割として手続をすることを認めている。ただし，家庭裁判所に遺産分割の請求があった場合で，相続人の異議の申出があれば，共有物分割手続によることはできないと規定された。

なお，相続財産について共有の規定を適用するときは，具体的相続分を適用せずに，法定相続分または指定相続分をもって各相続人の共有持分とする旨も明示された（898条2項）。

◆**遺産分割前の預貯金債権の行使** 2018（平成30）相続法改正によって，民法909条の2が設けられて，遺産分割の対象となり引出しが不可能になっている被相続人の預貯金に関して，遺産分割前に，裁判所の関与なしに預貯金債権を行使する遺産分割前の預貯金債権の行使が認められている。被相続人の死亡後，たちまち生活費などの支払に困ってしまう相続人（特に配偶者）を考慮し，相続開始時の債権額の3分の1に法定相続分を乗じた額（法務省令で定める限度額があり，一金融機関につき150万円までである）を，単独で権利行使することが認められた。これは遺産の一部分割である（同条後段）。なお，909条の2に基づいての払戻しではない場合には（たとえば，キャッシュカードを用いたATMでの払戻しなど），906条の2の規定が適用されて，当該処分された財産が遺産として存在するものとみなすことができることになる。

その他，家事事件手続法200条3項に基づく，預貯金債権の仮分割の制度も設けられた。

なお，**現金**に関しては，相続財産になり遺産分割の対象となる（最判平成4年4月10日家月44巻8号16頁）。金銭の価値としての側面よりも，物としての側面を重要視したと解されている。

| 遺産の管理 | 相続が開始し遺産分割までの共有状態の間には，管理の問題があるが，民法典は共同 |

相続財産の管理に関して規定を設けていない。そこで，物権法上の共有の管理の規定が適用されると解され，「使用・収益」，「保存行為」，「管理行為」，「処分行為」に分けて説明がなされる。遺産分割まで長期にわたる事例では，重要な問題が生じうるが（債権の回収，保険金の受取り，遺産の売却，被相続人との賃貸借，果実，株主の権利など），必ずしも権利・義務関係が明確であるとは言いがたい。

預金者の共同相続人の一人は，預金契約の地位に基づき，被相続人名義の預金口座の取引経過の開示を求める権利を単独で行使することができるとする判例がある（最判平成21年1月22日民集63巻1号228頁。最決平成19年12月11日民集61巻9号3364頁も参照）。判例は，相続人の行う保存行為であるととらえている。

◆遺産の管理人の選任その他の相続財産の保存に必要な処分　令和3年の改正で，相続財産の管理がおろそかになり，共有のまま放置されていたり，相続人が不明な場合などに備えて，民法897条の2を新設し，家庭裁判所による管理人の選任などの規定を統一させた。かつて，家庭裁判所による相続財産の保存に必要な処分として，熟慮期間（旧918条2項），限定承認された場合（旧926条2項，旧936条3項），相続放棄（旧940条2項）に分かれて，管理について規定されており，連続性，統一性が欠けていた。

民法897条の2により，相続開始後，相続人が一人である場合にその相続人が単純承認したとき，相続人が数人ある場合に遺産の全部の分割がされたときまで，切れ目なく統一した管理がなされる。また，952条1項の不在者の財産清算人が選任されているときには，この財産管理人は選任できない。なお，この相続財産管理人の権限などに関しては，27条以下の不在者の財産管理の規定が準用されており（2項），主として

保存行為をすることになる。

◆相続人の中に所在等が不明な者がいる場合　所在等不明の遺産共有者がいる場合には，共有者の請求により，当該所在不明の共有者を除き他の共有者の同意を得て，裁判所は，相続財産の管理に関して，変更を加えることができる旨の裁判をすることができる（251条2項）。また，同じように所在不明者を除き，残りの共有者の持分の過半数でもって，管理に関する事項を決することができる旨の裁判をすることができるようになった（252条2項1号）。そして，このような管理に関しては，具体的相続分ではなく法定相続分または指定相続分を基準とすることも規定されている（898条2項）。

　なお，所有者不明土地関係に関する令和3年の民法の一部改正により，所在等不明の遺産共有者がいる場合に相続開始の時から10年を経過したときには，新設された持分取得（262条の2第3項）や不動産全体を特定の第三者に譲渡する際の持分譲渡（262条の3第2項）の制度によって，共有状態を解消することが可能となった。この場合にも，法定相続分または指定相続分が適用される（898条2項）。

📖　**読書案内**　宮本誠子「フランス法における遺産の管理(1)，(2・完)」
　　阪大法学56巻4号1007頁，5号1219頁以下（2006年，2007年）。
　　果実や可分債権の問題を遺産管理の観点から分析している。
　松川正毅「死後事務委任契約」月報司法書士597号（2021年）4頁。
　　遺産の管理の観点から，死後事務委任契約について検討を加えている。

9 遺産分割

① 遺産分割とは何か

遺産分割の意味と
問題点

被相続人の死亡により相続財産は，相続人の間で「遺産共有」になる。遺産の中の個別の財産の帰属や配分を定め，相続人個々人の所有にするのが遺産分割であり，遺産分割によってのみ遺産共有状態を終了させることができる。遺産分割の結果，不動産を取得することになった相続人は，その者個人の名義に移転登記が可能となる。

　預貯金債権に関しては，最高裁は最大決平成28年12月19日民集70巻8号2121頁で，遺産分割の対象であると判示している。しかし，預貯金債権以外の金銭債権は，可分債権として相続人間で当然に分割されると解される。相続財産の中には，最大決平成28年にもかかわらず，このような財産も依然として存在している。遺産分割の問題であれば家庭裁判所の管轄であり，共有物の分割であれば地方裁判所の管轄になり，実務上多くの問題が潜んでいる（⇒280頁図10，275頁**◆共有物分割と遺産分割**）。

　なお，相続人間で共有とする遺産分割は可能である。

　令和3年の改正で，相続開始後10年経過した遺産分割は，法定相続分または指定相続分に基づいて行うことが規定された（904条の3）。遺産分割には，期間の制限がなく，被相続人名義のまま，遺産が放置されることがありうる。遺産分割未了のままで長期に及べ

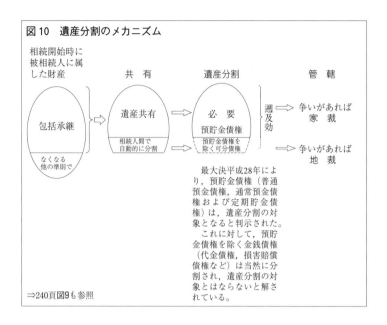

図10　遺産分割のメカニズム

相続開始時に
被相続人に属
した財産　　　　　　共　有　　　　　遺産分割　　　　　　管　轄

包括承継　⇒　遺産共有　⇒　必　要　　遡及効　⇒　争いがあれば
　　　　　　　　　　　　　預貯金債権　　　　　　　家　裁
なくなる　　相続人間で　　　預貯金債権を
他の準則で　自動的に分割　⇒　除く可分債権　⇒　争いがあれば
　　　　　　　　　　　　　　　　　　　　　　　　地　裁

最大決平成28年によ
り，預貯金債権（普通
預金債権，通常預金債
権および定期貯金債
権）は，遺産分割の対
象となると判示された。
　これに対して，預貯
金債権を除く金銭債権
（代金債権，損害賠償
債権など）は当然に分
割され，遺産分割の対
象とはならないと解さ
れている。

⇒240頁図9も参照

ば，所有者不明の土地が生じうる可能性が高まる。その対処として
の改正の一つである（⇒278頁◆）。

◆相続登記などの申請の義務と相続人である旨の申出　令和3年の不動
産登記法改正に際して，76条の2を新設し，「所有権の登記名義人につ
いて相続の開始があったときは，当該相続により所有権を取得した者は，
自己のために相続の開始があったことを知り，かつ，当該所有権を取得
したことを知った日から3年以内に，所有権の移転の登記を申請しなけ
ればならない。遺贈（相続人に対する遺贈に限る。）により所有権を取
得した者も，同様とする」（1項）と規定した。この結果，相続による
所有権移転登記は，3年以内に申請することが義務化された。相続人に
対する遺贈や特定財産承継遺言でも，同様に3年以内の登記申請が義務
付けられた。法定相続人が，法定相続分に基づく相続登記をすれば，上

記の義務は履行されたことになるが，後に遺産の分割がされ，法定相続分を超えて所有権を取得した者は，当該遺産分割の日から3年以内に，さらに所有権移転の登記をしなければならない（2項）。

また令和3年の不動産登記法改正で，「所有権の登記名義人について相続が開始した旨及び自らが当該所有権の登記名義人の相続人である旨」を申し出る制度（相続人申告登記）を設けており，この申出をすることによって登記申請義務が履行された扱いにしている（76条の3第1項・2項）。この申請をした者が，その後の遺産分割で所有権を取得したときには，当該遺産の分割の日から3年以内に登記を申請しなければならない（4項）。

遺産分割方法 | 遺産分割では，土地甲は相続人Aにというふうに現物を分けていく方法が最も多いと思われる。これを**現物分割**という。さらに土地甲を売却し，金銭にして相続人間で分ける**価額分割**（価格分割）という方法もある。土地甲をAに帰属させて，他の相続人に金銭を支払うなどの債務を負担させる方法をとることもある。これを**代償分割**という。その他，土地甲をAに帰属させて，その不動産に用益権を設定させたりすることも可能である。実際にはこれらの方法がミックスされることが多く，またこれらの方法に限定されているわけではなく，分割の方法はさまざまである。

争いのない遺産について先に遺産の一部分割を行うのが有益な場合があり，相続法の改正により，協議または審判による遺産の一部分割が認められた（907条1項・2項）。

◆**遺産分割の禁止** 遺産分割の禁止に関して，遺言（旧908条），審判（旧907条3項）そして相続人の意思（256条）による場合と3通り考

えられ，それぞれ別個に条文を有していた。令和3年の民法一部改正に際して，それらがすべて908条にまとめて規定された。審判による場合と相続人の契約による場合には，更新の可能性はあるが，5年以内の期間で，相続開始の時から10年を超えることはできない（遺言の場合には，5年を超えることができない）。

遺産分割の効力

ある人が死亡して相続が開始すると，その者の財産はいったん相続人間で遺産共有の状態になり，遺産分割によって相続人個々人に帰属することになる。民法は，遺産分割に遡及効を付与し（909条本文），その結果，被相続人の遺産は，遺産分割により，被相続人から直接，相続人に帰属し，あたかも遺産の共有状態はなかったかのような構成をとっている。これを遺産分割の「**宣言主義**」という。遡及効のはたらきにより，遺産共有時になされた処分を無権限者のした処分として，遺産分割の結果当該財産を取得した（相続した）相続人を保護しようというのが本来の目的であった。母法といえるフランス法において，このように，遡及効は相続人間の平等を実現する手段の一つとして位置づけられている。

これに対して，遺産共有状態を一般の共有状態と考えれば，遺産分割はまさに持分，権利の相互移譲，相互の交換であり，遺産分割により各相続人の単独所有となると考えることになる。つまり遺産共有を経て，取得したことになる。これを，「**移転主義**」という。世界の法制度の中では，ローマ法が採用していた主義であり，ドイツ，スイスなどの国がこの主義をとっている。

わが民法典は遺産分割に遡及効を認め，宣言主義を採用しているものの，民法909条ただし書が規定しているように，遺産分割前に

現れた第三者の権利を害することはできない。つまり，この1947（昭和22）年の改正で設けられたただし書により，相続開始後，遺産分割の間に，共同相続人の一人が遺産の個々の財産の共有持分権を第三者に譲渡したような場合，遺産分割に遡及効があるにもかかわらず，譲受人の権利が保護されることになる。このことは宣言主義の大きな例外であり，実質上，移転主義と変わらないとまで指摘されるに至っている。

📖 **読書案内** 松川正毅「遺産分割と遡及効」高木多喜男先生古稀記念・現代民法学の理論と実務の交錯（成文堂，2001年）308頁，325頁

| 共同相続人の担保責任 |

民法典は，遺産分割の結果取得した相続財産に瑕疵がある場合に共同相続人間で担保責任を負わせている（911条以下）。宣言主義を徹底させれば，被相続人から直接財産を取得することになり，共同相続人間で担保責任を負わないはずであるが，遺言で別段の意思表示をしないかぎり（914条），特に共同相続人間の衡平の観点から，売買の場合と同様の担保責任を共同相続人間に課した。これらの責任は，相続分に応じて負う（法定相続分か具体的相続分かは条文からは明らかでない）。学説の中には実際に遺産分割で取得した財産額に比例するという意味であると解するものもある。

第一に，遺産分割の結果取得した物や権利に瑕疵がある場合に，他の相続人は，売主と同じく，相続分に応じて担保責任を負う（911条）。たとえば，遺産分割の結果取得した財産に300万円の瑕疵があった場合，三人の子が相続人であるとすると，その財産を取

得しなかった二人の相続人は，その財産を取得した相続人に対して，それぞれが 100 万円の担保責任を負う。

　第二に，遺産中の債権を取得した者に対して，他の共同相続人は，分割時における債務者の資力を担保する（912 条 1 項）。たとえば，三人の子が相続人の場合，300 万円の債権を取得した相続人 A に対して，その不履行があるときには，他の二人の相続人 B，C はそれぞれ 100 万円ずつ担保することになる。

　第三に，担保責任を負うべき相続人中に無資力者がいれば，その者が負うべき負担部分は，他の相続人および求償者が相続分に応じて負担する（913 条）。たとえば，第二の例で担保責任を負うべき相続人のうち B が無資力であり，A に 100 万円を支払えない場合には，求償者である A と資力のある C とで B が負担すべきであった 100 万円を 50 万円ずつ負担することになり，この結果 A は C より担保責任として 150 万円取得することになる。

遺産分割と登記　　遺産分割の結果取得した不動産に関して，登記を懈怠していれば保護する必要性はなく，遺産分割の結果不動産を取得した相続人は登記なくしては遺産分割後に現れた第三者に対抗できないというのが判例である（最判昭和 46 年 1 月 26 日民集 25 巻 1 号 90 頁）。

　2018（平成 30）年相続法改正によって，民法 899 条の 2 が設けられ，法定相続分を超える部分については，対抗要件を備える必要があると規定された（同条 1 項）。遺産分割の結果，不動産の法定相続分を超えてすべてを承継した相続人が登記未了の間に，他の相続人の債権者が同人の法定相続分を差し押さえた場合には，その差押えは，有効なものとなる。

なお，求められている登記は，法定相続分を超える部分のみの登記ではなく，取得した権利全体についての登記である（⇒348頁）。

　債権に関しても同じく，債務者に対する通知または債務者の承諾（債務者以外の第三者に対しては確定日付のある証書。467条参照）という第三者への対抗要件の具備が求められている（899条の2第2項⇒338頁◆預貯金など債権の相続と対抗要件参照）。

　◆法定相続分の相続登記　相続開始後に，遺産分割，相続放棄や特定財産承継遺言に基づき所有権の移転登記をすることがある。つまり，被相続人から直接の移転登記である。

　これに対して，いったん相続を原因として共有登記を行うことも可能である（不登63条2項）。この共有登記は保存行為であり，共同相続人は一人ですることが可能である（252条5項）。この登記を経て，後に遺産分割，相続放棄や特定財産承継遺言に基づく所有権の移転登記をすることがある。

　かつて，前者の場合には，単独で登記権利者が移転登記を申請でき，後者に関しては，共同申請によって行われていた。しかしながら，令和3年の不動産登記法の改正により，いずれの場合でも，登記権利者が単独申請することができるように改められた（民法・不動産登記法（所有者不明土地関係）の改正等に関する要綱案第2部第1・1（5）参照）。法定相続分での相続登記が行われていれば，更正登記がなされることになる。

② 遺産分割の手続

　遺産分割の手続には指定分割，協議分割，調停分割，審判分割の四通りの方法がある。

指定分割

民法908条が規定する被相続人による分割方法の指定の本来の趣旨は，現物分割か価額分割か，代償分割かという分割の方法を指示するものである。しかしながら，特定の財産を特定の相続人に「相続させる」旨の遺言（特定財産承継遺言）は，特段の事情のないかぎり，遺産分割方法の指定であると解し，遺産分割の手続を経ることなく，直ちに当該相続人に相続によって承継取得されると最高裁は判断していた（最判平成3年4月19日民集45巻4号477頁）。このような内容の遺言は，遺産分割の実行の指定を含むと解されるようになった。したがってこの判決に従えば，遺言の中に，相続させるという文言がある場合には，遺産分割の協議を経ることなく，当該財産に関して遺産分割が終了することになる（⇒348頁）。遺贈としての効果ではなく，相続としての効果が付与されるのである（その他に，放棄，農地の場合の知事の許可の点で差が生じる）。「相続させる」旨の遺言に関して，前述の最判平成3年の判例によれば，「遺贈であることが明らかであるか又は遺贈と解すべき特段の事情のない限り」，遺産分割の方法を定めた遺言であるとしている。つまり，「相続させる」旨の遺言は，遺贈と解される余地も残されていた。そこで，相続法改正の際に，「遺産の分割の方法の指定として遺産に属する特定の財産を共同相続人の一人又は数人に承継させる旨の遺言」（1014条2項）を特定財産承継遺言とし，用語を変えて，遺贈とは解し得ない遺産分割方法の指定であることを明確にした（一問一答117頁）。

2018（平成30）年相続法改正により，今まで登記を必要とされていなかった指定相続分（最判平成5年7月19日家月46巻5号23頁参照）と特定財産承継遺言（最判平成14年6月10日家月55巻1号77頁参照）にも，対抗要件を備えることが求められた（899条の2第1項）。

また，債権に関しても対抗要件を備えるべきことが規定され，特に指定相続分，特定財産承継遺言に関しては，遺贈の場合と異なり債務者への通知の方法について特別の要件が規定されている（同条2項参照）。

◆特定財産承継遺言（「相続させる」旨の遺言）と比較法　遺贈は，相続人以外の第三者に対してなされるよりも，相続人に対してなされるものの方が多い。法解釈上の問題はさておき，相続人に対してなされた遺贈は実質上遺産分割のような機能を果たしうる。フランス法では，推定相続人に対してした遺贈・贈与と相続分に関連する規定がある。また尊属分配（partage d'ascendant）という制度が古くからあり，贈与分配と遺言分配から成り立っている。2006年の改正前は，もっぱら尊属が推定相続人たる卑属のために自らの財産を分配する制度であったが，2006年の改正により，無償処分分配（libéralités-partages）と呼び名を変えた。尊属から卑属へという権威のイメージを払拭し，また卑属たる子の間での分配のみならず，広く推定相続人間で分配する制度に改正された。また，特に一つの世代を飛ばしての贈与分配の可能性が認められ，これは大きな改正であると言われている。この制度の改正の中にも，フランス相続法が，父親の権威の時代から家族の多様性の時代へ，加えて高齢社会へと舵取りがなされているのが理解できる（⇒213頁■参照）。また遺留分減殺請求に関しても相続人間で行使される場合を念頭においた規定が存在している。相続人間の平等という基本的精神のもとで相続法体系ができているフランス法では，法定相続と相続人に対する遺贈や贈与に有機的な関連性がある。このような関連性を欠いているわが国の民法典のもとでは，解釈上の困難な問題を引き起こすことが多い。

　前掲平成3年の最高裁判決は，「相続させる」旨の遺言を用いる公証実務（2003〔平成15〕年4月1日に税率が改正され同じになったが，かつて登録免許税が遺贈であれば1000分の25，相続扱いであれば1000分の6であったので，相続扱いにし，負担を少なくしようとする傾向があった）や，単独申請で移転登記を可能とする法務省民事局長通達を認

めたものであった（最判平成7年1月24日判時1523号81頁参照。遺贈であれば相続人との共同申請であった。339頁◆）。

遺産分割方法の指定は，本来，現物分割か価額分割かなどの指定を意味するものであり，このような分配型の遺言を含めることはできないと批判されることがあった。また，遺産分割を経ずに遺言によって遺産が分配されてしまう点や，遺言執行者の権限などについても，学説から解釈上の問題点が指摘されていた。また何よりもわが国の特徴として，このような遺言が単独相続の実現に向けられていることが多い点において，相続人間の平等を指向するフランスの遺言分配の制度とも機能的に異なっている（⇒348頁）。

| 協議分割 |

(1) **協議による分割の意味**　共同相続人は，被相続人が遺言で分割を禁止した場合または は，分割しない旨の契約をした場合を除き，いつでも協議で，遺産の全部または一部の分割をすることができる（907条1項。908条2項参照）（⇒281頁◆参照）。いつまでに分割しなければならないという期間制限はない。相続税の申告期限が相続開始を知った日の翌日から10ヵ月以内である（相続税法27条1項）ことが，一応の目安ではある。しかしながら，調停分割では1年を超え，審判分割では2年を超えるものが多い。

遺産の分割の内容に関して，共同相続人は協議で，自由に決めることができる。協議が調えば，相続分が法定相続分を下回る者がいても，またそれがゼロの者があっても問題ないとされている。相続法の規定が，相続人の平等の尊重を中心に据えており，また相続放棄は3ヵ月以内に家庭裁判所に申述しなければならないことになっているにもかかわらず，協議分割において，協議の名のもとにすべて無視されてしまうことになりかねない。外国の法制度には，法の

専門家である公証人を参加させて，協議分割にも平等を図らせよう
と努力するものがある（⇒298頁☜）。多くの法的な問題が生じるお
それがあり，また各相続人の権利を守る必要性があるにもかかわら
ず，わが国では，法律の専門家の関与も義務ではなく，協議分割は
当事者間で自由に行うことができる。

(2) **協議による遺産分割の当事者**　協議による遺産分割において
は相続人の意思が重要である。そこで，相続人の全員の参加と全員
の同意が求められ，一部の相続人を除外して行った協議分割は無効
である。

遺産分割の協議に参加すべき者としては，以下の者が考えられる。

相続人が**未成年者**である場合には，法定代理人が未成年者の代わ
りに遺産分割に参加する。また，相続人が**後見**に付されている場合
には，後見人が参加する。いずれの場合にも利益相反行為にならな
いか注意を要する（826条・860条）。かかる場合に，特別代理人を
選任せずして行った遺産分割は，追認がないかぎり無効と解されて
いる（最判昭和48年4月24日家月25巻9号80頁）。

相続人の中に**胎児**がいる場合は，生きて生まれたときに，相続開
始時に遡って権利能力を認めると解するのが判例・通説である（停
止条件説）。この説によれば，胎児の間は，法定代理人となる者に
よっても胎児の権利能力の存在を前提とする遺産の分割に参加する
ことはできないことになる。胎児の出生まで遺産分割は待つべきであ
る。

協議分割は全員参加を前提とするが，相続人の中に**行方不明者**が
いるときには，遺産分割は不可能だろうか。行方不明者が財産管理
人をおいている場合にはその管理人が遺産分割に参加する。また不
在者財産管理人がいない場合には，家庭裁判所が利害関係人（推定

相続人）の請求により財産管理人を選任するなどの必要な処分を行う（25条1項）。このような財産管理人が家庭裁判所の許可審判を得て，分割協議に参加することになる（28条）。

戸籍上の相続人の相続権が遺産分割終了後に否定されたり，戸籍上相続人でない者が遺産分割終了後に相続人であると確定したりする場合には，すでになされていた遺産分割協議は無効になる。したがって，**相続人資格が現に争われている場合**には，分割協議は争われている者の相続資格が確定するまで待つか，審判分割を求めるべきである。ただし，**死後認知**や**遺言認知**によって，相続開始後相続人となったときには，民法910条が適用されるので，これらの者が参加せずして遺産分割がなされたとしても無効にはならず，当該嫡出でない子は価額による請求権のみを有する。「相続の開始後認知によって相続人となった者が他の共同相続人に対して民法910条に基づき価額の支払を請求する場合における遺産の価額算定の基準時は，価額の支払を請求した時である」（最判平成28年2月26日民集70巻2号195頁）。このように，判例によれば，遺産の価額算定の基準時は遺産分割時でないことになる。

なお，必ずしも推定相続人のみが協議分割に参加するわけではない。推定相続人以外の者として，第一に包括受遺者（⇒341頁）は相続人と同一の資格で分割協議に参加する（990条）。第二に相続分の譲受人（⇒270頁）も分割の協議に参加する。

相続債権者や**相続人の債権者**は，利害関係人であり当事者ではない。しかし，参加の請求があれば認められる。

(3) **債務を協議で分割することは可能か**　債務を遺産分割協議の中で分割することは可能であろうか。可分債務は法定相続分に応じて相続人に帰属し，遺産分割の対象とならないことは判例（大決昭和

5年12月4日民集9巻1118頁）である。しかし，遺産分割の協議で，相続人間で債務について取り決めがなされれば，相続人間では遺産分割の一環として有効であろう。ただし，債権者には対抗できず，債権者は法定相続分に基づき請求できるのを基本としている。

◆**債務の相続**　可分債務の相続について整理をしておこう。

　判例は，可分債務は相続開始時に相続分に応じて各相続人に帰属すると解しており（前掲大決昭和5年12月4日），その結果，債務は自動的に分割されていることになる。学説には，不可分債務となるとする説や，相続財産に対しては全額を請求でき，相続人の個人財産には分割債務として帰属すると解する説などがある。

　2018（平成30）年相続法改正に際して，民法902条の2が設けられたことにより，指定相続分と債権者の権利に関しては指針ができた。相続人間での出来事を知ることができない債権者にとっての権利が明らかにされている。相続人間での求償に関しては，平成21年の最高裁判決（最判平成21年3月24日民集63巻3号427頁）から演繹され，法定相続分を下回る指定がされた相続人が，相続債権者に法定相続分に応じた債務の支払をした場合には，法定相続分を超える指定がされた相続人に対して求償できると解釈されうる。このような求償のためには，相続人間での本来的な債務の負担割合という考え方が必要になってくる。判例はそれを法定相続分と解していたが，902条の2ではそれが法定相続分であることが明示された。具体的相続分で平等を図るという民法の意図は後退している。たとえば，すでに特別受益として多くの財産を取得したAがおり，残存財産は多くない事例で，この残る少しの財産に関して相続人Bに多くの指定があった場合などに問題が生じうる可能性がある。

　902条の2の新設により，**指定相続分**に関しては，以下のように整理できる。債権者は，指定相続分に従い請求することも法定相続分に従い請求することも可能である（902条の2本文）。債権者が共同相続人の一人に対して（全員に対してではない）その指定された相続分に応じた

債務の承継を「承認」したときは，もはや法定相続分を主張できなくなる（同条ただし書）。なお，相続人間では，法定相続分を下回る指定を受けたにもかかわらず法定相続分に従い債務を負担した相続人は，求償することができる（平成21年の最高裁理論から）。

債務は法定相続分に応じて帰属し，**遺産分割**を必要としないことは判例の示すところである。遺産分割で多くを取得した相続人が債務を多く負担するのかどうか，検討は必要になると思う。わが国と比較すれば，相続における平等意識の高いフランス法では，持戻しや遺留分減殺も加味して，被相続人から相続で得た財産に比例させることを基本としている（フ民870条）。わが民法もこの点についての検討が必要になろう。なお，協議分割において，共同相続人の合意で，債務を遺産分割の対象財産の中に入れて遺産分割することは可能である（免責的債務引受の一種）。この場合には，債権者に対抗できず，902条の2の類推適用が考えられる。

(4) **分割協議の無効・取消し**　　相続人の一人を除外して行った協議分割は無効である（認知に関して，⇒290頁）。同じく，相続人でない者を加えていた場合にも無効である（なお，相続回復請求権との関連性に注意。⇒312頁以下）。

また，協議は当事者間の合意を根拠にしているのであり，無効，取消しの可能性がある。遺産の範囲に関して，一部を遺産の対象に含まないで遺産分割がなされた場合には，もれていた財産が重要なものであり，知っていればこのような分割はしなかったであろうと思われる場合には，錯誤による取消しの可能性がある（ただし重大な過失によるものであった場合には，取消しを主張することはできない。95条3項）。そうでなければ，もれていた財産のみを再分割することになる。

協議に参加した当事者の意思表示に通謀虚偽表示，詐欺，強迫が

あった場合には，意思表示の原則に従う（⇒297頁）。

(5) **分割協議の解除**　遺産分割の際に，残された親の世話等を相続人の一人に約束させ，その者に他の者よりも多くの相続財産を帰属させる遺産分割が行われることがある。また一人の相続人がたとえば不動産を取得して，他の相続人に対して代償を負う遺産分割もありうる。このような遺産分割で締結された約束が守られない場合に，債務不履行によって遺産分割を解除できるかが問題になる。かつて，学説の中には遺産分割の結果の法的安定性等を考慮し，負担の不履行によっては遺産分割を解除できないと主張するものがあり，その学説を受け，裁判例は古くから，このような場合には負担の不履行を理由に解除できないと判示していた。最高裁は，これを踏襲し，債務の不履行は，債務を負担した相続人と債権を取得した相続人間の債権債務関係として解決すべきであるとし，分割協議を解除することはできないと解すべきであると判示した。またさらに，最高裁は解除を認めれば，遺産分割の法的安定性が著しく害されることも理由の一つとしている（最判平成元年2月9日民集43巻2号1頁）。このような判例に対して，最近の有力な学説の中には，協議による遺産分割は契約であり，解除を認めるべきであると主張するものがある。しかし，分割協議で約束されたことがらの不履行に関して，遺産分割の遡及効（909条）を厳格に考えれば，判例理論の結論になろう。

なお最高裁によれば，相続人全員の合意で，再分割の前提として，すでに行われた遺産分割を合意解除することは可能とされている（最判平成2年9月27日民集44巻6号995頁）。

📖 **読書案内**　星野英一「遺産分割の協議と調停」中川善之助教授還暦記念・家族法大系(6)（有斐閣，1960年）375頁

佐藤義彦「遺産分割協議の解除」村重慶一編・家族法（青林書院，1994年）284頁

沖野眞已「遺産分割後の負担不履行を理由とする解除」水野紀子＝大村敦志編・民法判例百選Ⅲ（第2版）（有斐閣，2018年）142頁。

調 停 分 割

遺産分割に関して，当事者間で合意に達しない場合には，家庭裁判所に調停の申立てができる（家事244条）。遺産分割に関する処分は家事事件手続法別表第2の事項であり，調停前置主義はとられておらず，調停を申し立ててもよいし，直接審判の申立てを行ってもよい。ただし，家庭裁判所は職権でいつでも事件を調停に付することが可能であり（家事274条），実務上は調停が試みられることが多い。このようにして調停が成立し，調書に記載すれば，「確定した審判」と同じ効力を生ずる（家事268条）。

調停は当事者の合意に基礎をおくものであり，審判による遺産分割とは異なり，法定相続分を変更することも可能であると考えられているが，確定した審判と同一の効力を付与する以上，かなりの慎重さが必要であろう。

◆**審判の効力と調停**　審判は，**形成力**と**執行力**を有する（家事75条）が「既判力」を欠く。財産の引渡しや金銭の支払などの給付を命じる審判は，執行力ある債務名義と同一の効力を有しており，確定判決と異なり執行文の付与を待つまでもなく強制執行が可能である。

調停の効力（調書に記載）は，「確定判決と同一」のものと「確定した審判」（家事別表第2に掲げる事項）と同一のものがある（家事268条1項）。

(1) 審判分割の意味　相続人間で協議が成立しない場合には，各相続人は家庭裁判所に，遺産の分割を請求することができる（907条2項）。家庭裁判所は遺産の分割の審判を行う（家事別表第2の12の項）。この審判に対する不服申立ては，2週間以内に即時抗告をすることによって可能である（家事198条・85条・86条）。

　法定の相続分に従わない遺産分割は，審判では認められず（最高裁判所事務総局家庭局「昭和42年3月開催家事審判官会同概要」家月21巻2号79頁），具体的な分割に関しては，相続人の諸事情を考慮して（906条），実質的に妥当な分割の実現を目指す。下級審の審判には，熟慮期間経過後の事実上の相続放棄の事例で相続分をゼロとする分割審判がなされたものがある（大阪高決昭和53年1月14日家月30巻8号53頁）が，この観点からは問題であろう（相続分譲渡によって特定の相続人の相続分を増やす実務の傾向について，⇒270頁参照）。

　(2) 前提問題　家庭裁判所は，相続人の範囲（相続人の身分）や遺産の範囲については，前提問題として遺産分割の審判をしている。しかしそれが争われている場合には，実体的な権利であり，本来的には人事訴訟や民事訴訟で解決が図られるものである。そこで，本質的に非訟事件であり，非公開で，職権探知主義が採られる遺産分割の審判でも，その前提となる相続権，相続財産等の権利関係の存否を審理判断できるのかどうかが問題となった。この問題につき，最高裁大法廷は以下のように決定を行った。すなわち，家庭裁判所は，このような前提たる法律関係につき当事者間に争いがあるときは，常に民事訴訟による判決の確定をまってはじめて遺産分割の審判をなすべきものであるというのではなく，審判手続において前提事項の存否を審理判断したうえで分割の処分を行うことはできる。

このことは，前提問題につき家庭裁判所が下した判断には既判力がなく，不服な当事者は再度普通裁判所で訴訟として争うことが可能であり，既判力を有する判決によって前提たる権利の存在が否定されればその限度で審判の効力は失われることを理由としている（最大決昭和41年3月2日民集20巻3号360頁）。遺産分割の審判に対して，若干の柔軟性が与えられたといえる。

(3) **遺産の範囲を確定する時──いつの財産か** 遺産の範囲を確定する時期は，被相続人の死亡時か，遺産分割時かについて考え方が分かれている。遺産分割時に現存する財産に限るとして，分割時を基準に範囲を考える説がある。しかしながら，相続開始時で遺産分割の対象となる財産が確定されると考える（896条参照）。ただし，相続開始後，遺産分割までの間に生じた遺産の変化は，考慮される（⇒248頁）。

(4) **相続財産の評価基準時──相続開始後の価値変動** 遺産分割が相続開始後直ちになされず，遺産の価値が変動する場合がある。このような場合には，現実の財産取得時点である遺産分割時に遺産を再評価し（東京家審昭和33年7月4日家月10巻8号36頁⇒261頁等），相続人の平等が図られる。つまり，相続開始時で贈与等の特別受益が持ち戻され，具体的相続分を計算し，さらに遺産分割時で遺産を再度評価しなおして，計算することになる。

事例問題（再評価を行う事例） ━━━━━━━━━━━━

　被相続人甲に妻乙，子₁，子₂がいた。相続開始時の遺産の価額が1億円であったとする。子₂に対する生前贈与が2000万円であった（相続開始時で評価）。甲の死亡5年後に遺産分割を行おうとしたところ，相続財産の価額は2億円になっていた。遺産はどのように分割されるか。
　〈解答〉

まず相続開始時で持戻し等を考慮し具体的相続分を計算する。

みなし相続財産　1億円＋2000万円＝1億2000万円

乙の相続分　　　1億2000万円×1／2＝6000万円

子$_1$の相続分　　1億2000万円×1／2×1／2＝3000万円

子$_2$の相続分　　1億2000万円×1／2×1／2＝3000万円

　　　　　　　　3000万円－2000万円＝1000万円

遺産分割時の財産価値を，相続開始時での割合で再評価する。

2億円の遺産の分け方は，乙：子$_1$：子$_2$＝6000万円：3000万円：1000万円＝6：3：1になる。乙は1億2000万円，子$_1$は6000万円，子$_2$は2000万円になる。

---

(5)　**審判分割の無効・取消し**　　裁判所の判断を容易に覆すべきではないが，遺産分割の基礎になった事実が異なってしまえば，すでになされた審判の効力が問題になりうる。

　特に，相続人でない者を加えて行った場合や相続人を除外して行った遺産分割審判は無効となり，再度審判がなされる。これに対して，戸籍に記載されていない者が被相続人との身分関係の存在を求めて争う場合には，戸籍上の相続人だけで審判分割をすることが可能であり，後に相続人に確定した者には価額の支払請求を認めればよいとして，民法910条を類推適用する説がある。しかしながら，判例は，910条を認知以外の事例に広げ類推適用することに消極的である（審判分割の例ではないが，母子関係存在確認の訴えと910条に関する最判昭和54年3月23日民集33巻2号294頁参照）。

　また，遺産分割の対象として，ある財産を加えなかったとか，遺産でないものを加えていたような場合には，その財産が重要なものである場合を除き，審判の効力を維持させ，前者では，その財産のみを再分割し，後者では担保責任として損害賠償（911条）で解決

すべきと思われる。

pause-café **フランスにおける公証人，協議による遺産分割と遺留分減殺請求** ∿∿∿∿∿∿∿∿∿∿∿∿∿

フランスでは，相続に関しても公証人が活躍する。

被相続人に配偶者がいれば，夫婦財産の清算から始まる。フランス法では，夫婦の財産は，夫婦財産制で考える。まず，その清算が行われる。仲のよい夫婦や，相手方に対して思いやりや敬意を抱いている夫婦であれば，夫婦財産の清算で，かなり多くの財産が相手方配偶者に渡ることが多く，わざわざ配偶者を相続権で保護する必要性はない。しかしながら，フランスでは，2001 年に配偶者の相続権（遺留分権も含めて）を，大幅に付与する改正を行った。これは配偶者への配慮を欠く場合（必ずしも仲のよくなかった夫婦や積極的な準備を怠った場合）の保護を想定している。

夫婦財産の清算を行って，まだ残存する財産があれば，遺産分割の手続が行われる。

遺産分割の手続は，専門的知識を必要とする。フランス法では，大きく分けて三段階の計算を行う。第一に，自由分（遺留分と対をなす概念。無償処分可能な被相続人の財産の割合）の算定，第二に，贈与や遺贈の自由分と遺留分への充当，第三に，持戻し財産や遺留分減殺の対象財産を加算して相続財産を算定し，これらの作業を経て，遺産分割が行われる。このような作業をフランス法では，相続財産の**清算**と呼んでいる。遺産分割の一連の作業である。単に遺産を**管理**し保存する作業とは区別されている（⇒306 頁**◆相続財産の清算人**参照）。

フランスの遺産分割には，わが国と比較して，三つの大きな特徴がある。第一に，贈与や遺贈で持ち戻すべきものは，現物であれ価額であれ，現実に持ち戻して相続財産を形成し，それを遺産分割の対象とする。この点，わが国の持戻しが頭の中での考えであり，実際には持ち戻さなくてもよいのとは異なる。

第二に，公証人の役割がことのほか重要である。公証人は民法典に基づくこのような計算を行い，遺産分割の手続を導く。公平な立場にある

者として公証人への信頼は厚く，ほとんどの遺産分割手続は，公証人が作成する案をもとに，ほんの少し当事者の事情を加味して現実的な修正が加えられて解決する。平等が著しく損なわれることはありえない。また，公証人側からは，法定相続に関する民法の規定に対して大いなる信頼が寄せられている。民法典に従えば，最も理にかなった平等な遺産分割ができるのだという信頼がある。民法典に平等を図る法的技術が存在していることが，フランス法を学べば理解できる。

　第三に，遺留分の扱いが異なる。相続を「劇」でたとえれば，フランスでは，すべてが演じられて幕が下りる。債権化されたと言えども，遺留分の問題も遺産分割の中で，一連のものとして，公証人の関与のもとで進められていく。遺留分の減殺請求も考慮に入れて，相続財産が算定されて，遺産分割の中で解決されていく。遺贈の問題も，相続債務の問題も一連の遺産分割の中で，公証人という法律のプロの関与のもとで手続が進んでいく。この意味において，原則として，相続のすべてが，一つの「劇」の中で行われているといえる（⇒364 頁◆遺留分と相続分）。

　フランス法においても遺留分は 2006 年に大きく改正されている。以前は第三者に対する無償処分と，相続人に対する無償処分とを区別して，現物か価額かを判断していたが，改正後は，すべて価額での支払となり，つまり遺留分は価値化（債権化）されている。その結果，無償処分は有効のままの扱いである。ただし，制限は規定されているものの，受益者に支払能力がない場合には，第三取得者に対しても減殺請求することができる（フ民 924 条の 4 参照）。この点，受遺者または受贈者の無資力によって生じた損失は遺留分権利者の負担に帰するとするわが国の遺留分（1047 条 4 項）とは異なる。

10 承認，限定承認，放棄

① 選択の権利——相続するかしないかは自由

　相続が開始すれば，被相続人の権利義務は相続人に包括承継される。この包括承継には，被相続人の意思表示は必要ではなく当然に生じる。しかしながらその効果を確定させるかどうかについて，相続人には選択する権利が認められている。それが，「承認（単純承認）」，「放棄」，「限定承認」という制度である。

　「承認」によって，プラスの財産，マイナスの財産も含めて包括承継する効果が最終的に確定する。「放棄」をすれば，相続開始時から，相続人でなかったことになる（939条）。「限定承認」をすれば，プラスの財産，マイナスの財産も包括承継されるが，責任が被相続人の積極財産に限定される（債務がその範囲で消滅したり，縮小するのではない）。

　なお選択がなされるまでの間は，相続人は相続財産を「固有財産におけるのと同一の注意」義務（自己の財産におけるのと同一の注意義務）で管理しなければならない（918条）。限定承認後，放棄後の注意義務に関しても同様である（926条1項・940条1項）。注意義務は他と比較すれば（たとえば財産管理人），軽減されている。相続放棄をした者による相続財産の管理に関しては，令和3年に民法940条が改正されている。放棄の時に現に占有している相続財産に限定して，相続人や民法952条1項の相続財産清算人に対して引き渡すまでの間に，自己の財産におけるのと同一の注意をもって，相続財産

の保存義務を負う旨を規定した。責任を負う財産の範囲を限定し，管理から保存に改正している。また，この相続財産の保存の義務は，相続人，または相続人不存在に関する 952 条 1 項の清算人に当該財産を引き渡すことによって終了することが明示された。

②　3 カ月間の熟慮期間

「相続人は，自己のために相続の開始があったことを知った時から 3 箇月以内に」，上記の三つの選択をしなければならない（915 条 1 項）。ただし，審判により，その期間を伸長させることは可能である（同項ただし書，家事別表第 1 の 89 の項）。

選択しないでこの 3 カ月の期間を徒過すれば，単純承認したことになる（921 条 2 号。このことを**法定単純承認**という）。この観点から考えれば，わが民法ではむしろ，単純承認が基本であり，放棄や限定承認をしたければ，積極的にそれらを行わなければならない。

3 カ月の期間はいつから計算するのであろうか。その**起算点**によっては，放棄，限定承認の可能性が広がる。もしも起算点が死亡時であれば，事実上最もその期間は短くなる。条文では，「自己のために相続の開始があったことを知った時から」（915 条）計算するとなっている。相続の開始とは被相続人の死亡であり，条文の言葉を忠実に解釈すれば，相続人が被相続人の**死亡の事実と自己が相続人になったことを知った時**からということになる（大決大正 15 年 8 月 3 日民集 5 巻 679 頁）。相続人が被相続人の死亡の事実を知らないこともありうるので，このような解釈を行うことにより，起算点を単に死亡時と考える場合よりは遅らせることができる。

条文の上では，相続財産の存在の認識は考慮されないが，判例は，例外的に，それを認めている。自己が相続人になった事実を知って

3 カ月以内に限定承認または放棄をしなかった事例で，被相続人に相続財産が全く存在しないと信じ，被相続人の生活歴や，相続人との交際状態など諸般の事情から相続人に相続財産の調査を期待することが著しく困難な事情にあり，相続人がこのように信ずるについて**相当な理由があると認められるとき**には，「熟慮期間は相続人が**相続財産の全部又は一部の存在を認識した時又は通常これを認識しうべき時から**」起算すると最高裁は判示している（最判昭和 59 年 4 月 27 日民集 38 巻 6 号 698 頁）。起算点がさらに遅れることになる。このような例外を認めるのは，相続人が被相続人の債務状態を知らないのを利用して，3 カ月間経過してから債務の支払を請求することがありうるからである。

　なお，いったん承認や放棄をすれば，それを撤回することはできない（919 条 1 項）。たとえ熟慮期間内であっても，もはや撤回は不可能である（なお，2 項参照）。

③ 選択の種類

単純承認

単純承認には，積極的に意思表示をして承認する方法（ただし，一定の手続を必要としない。この点において，放棄，限定承認と異なる）と，ある一定の法律行為や事実があれば，承認したものと扱われる法定単純承認がある。

　法定単純承認として，3 カ月の経過（921 条 2 号）以外に，次の二つの場合が規定されている。

　第一に，相続人が相続財産の全部または一部を，死亡の事実を知りながら「処分」したときに，単純承認したものとみなされる（921 条 1 号）。「**処分**」の判断は困難な場合がある。一般に軽微な形見分けなどは，処分に含まれないと解されている。これに対して，

経済的価値の高い形見分けは処分にあたる（大判昭和3年7月3日新聞2881号6頁）[*]。

　保存行為や、短期賃貸契約（602条）を締結しても法定単純承認にならない（921条1号）。

　相続財産を故意に破壊したりする事実行為も処分にあたるとされている。しかしながら過失で壊してしまった場合には、処分にあたらない。

　また他に、相続債権を取り立てて受領する行為は、処分にあたるとされている（最判昭和37年6月21日家月14巻10号100頁）。

　相続の開始の事実を知りながら相続財産を処分したことを、判例は求めている。死亡の事実を知らないでした処分は単純承認とはならない（最判昭和42年4月27日民集21巻3号741頁）。

　第二に隠匿、消費、悪意で財産目録に記載しなかったなど背信的行為がある場合、たとえ限定承認、放棄をした後といえども、単純承認をしたものとみなされる（921条3号）。

　また、後述の限定承認は、相続人全員でするが、その中の一人に、法定単純承認事由がある場合には、その者は相続財産をもって弁済できなかった債権額について、相続分の範囲で責任を負う（937条）。これがために、なされた限定承認が無効になることはない。

| 放　棄 | 相続放棄により、相続人は遡及的に相続の権利、義務を失う。つまり初めから相続人 |

でなかったことになる。

　＊「処分」が無効であったり取り消された場合であっても、処分の意思表示がいったんなされた以上、処分行為の有効、無効（取消し）と関係なく、単純承認の効果は変わらない（大判昭和6年8月4日民集10巻652頁）。

放棄は，限定承認と同様に，家庭裁判所への申述という一定の手続が必要である（938条・924条）。共同相続人中の一人の相続人だけが放棄をすることも可能である。

　相続放棄を相続開始前に行うことはできない。相続放棄は，必ず被相続人の死亡後に申述しなければならない（遺留分の放棄は，相続開始前に家庭裁判所の許可を得れば可能である。1049条参照）。

◆相続放棄をした者の相続分の行方　民法939条（1962〔昭和37〕年に改正）によれば，初めから相続人でなかったことになり（遡及効），その結果，放棄者の相続分は相続財産に組み込まれて，分割されることになる。たとえば，配偶者と数人の血族相続人が存在する場合，血族相続人の一人が放棄しても，配偶者の相続分は増加しない。

　相続放棄は，相続財産（負債も含めて）を相続したくないと思う相続人のための制度である。ところが社会では，相続放棄を単独相続の実現のために用いることがある。三人の相続人がいると仮定して，二人が放棄をすれば，残り一人の単独相続が実現するからである。

　また，3ヵ月の熟慮期間が経過してしまい，共同相続したことにして，生前贈与などで特別受益があるため，相続分が皆無である旨を主張する方法が用いられることがある（特別受益証明書）。さらに取得分をゼロとする遺産分割協議を作成することも実際に行われている。これらは**事実上の相続放棄**と呼ばれている。いずれも，相続放棄の制度を歪めている（放棄で相続人にならなかった意味と，共同相続によって遺産分割が行われる意味は異なる）。ここでは，わが国の相続法にみられる平等意識の欠如（また同じく家族間での契約の少なさ）を指摘することができよう。当事者の協議のみに任せておけば，平等な相続が実現されない場合も存在する。そのためには法律家の関与の必要性が考えられる。相続法の将来への一つの課題である。

◆相続放棄，遺産分割と詐害行為の可否に関する判例理論　被相続人の債権者との関係において，放棄は積極的に債務者の財産を減少させる行

為ではなくまた身分行為であるので，詐害行為の取消しの対象とはならないと最高裁は判示している（最判昭和49年9月20日民集28巻6号1202頁。学説には取消しの対象となると主張するものがある）。相続放棄によって，初めから相続人でなかったことになるだけで財産状態が今より悪くなることはない。これに対して，遺産分割は，いったん相続人の共有財産になった財産の帰属を確定させるものであり，財産権を目的とする行為であり，相続人の債権者が遺産分割協議を詐害行為取消しの対象とすることは可能である（最判平成11年6月11日民集53巻5号898頁）。

| 限定承認 |

(1) 限定承認の方法　限定承認をするには，相続人が数人あるときには，全員が共同して行わなければならない（923条）。一人でも単純承認をすれば，限定承認はできない。しかし，放棄の場合は最初から相続人とならなかったものとみなされるのであり，その者を除き他の共同相続人全員で限定承認を行うことは可能である（通説。ただし，937条参照⇒303頁）。煩雑さを避けること以外に合理的な理由がなく，全員一致で行う点を批判する学説がある。

限定承認する旨の家庭裁判所への申述は，相続開始を知った時から3ヵ月以内に，財産目録等を作成してしなければならない（924条）。

(2) 限定承認の効果　限定承認を行えば，相続人は被相続人の積極財産の範囲で相続債務の責任を負う（922条）。相続人の固有財産で，被相続人の債権者（相続債権者）に対して責任を負うことはない。

限定承認の結果，債務や義務が，相続財産の範囲で消えてしまうのではない。限定承認といえども，その根本は承認であり，プラス

財産もマイナス財産も承継されるからである。相続財産を超過している債務は「責任なき債務」となる。

　相続財産に不動産があるが，債務が積極財産を超過している場合に，相続人全員が相続放棄をすれば，不動産の管理の問題が残っていく可能性があり（相続放棄をした者の管理について⇒300頁，管理人の選任について⇒277頁◆を参照），次順位相続人へと相続の問題が波及していく。これに対して，限定承認をすれば，清算がなされて，相続問題は終了することになる。

　◆限定承認と清算手続　民法の中で相続財産が清算される場合として，**限定承認の他，相続人の不存在**がある。相続に清算的な要素が入れば，遺産分割はかなり明確なものとなる（財産分離は複雑すぎて，実務上あまり利用されることはないが）。これらには，遺産分割手続を清算的な観点から考える際のヒントが多く隠されている。令和3年の改正で，相続人が数人ある場合の限定承認の際には，清算人を必要とし（936条），相続人の不存在の際には，清算人を選任しなければならない（952条）と規定し，清算人という用語を用いている。改正前は，管理人という用語であった。

　◆相続財産の清算人　令和3年の改正で，かつて相続財産の管理人とされていた者が，清算人と用語が変わったものがある。限定承認の際に，相続人が数人ある場合には，清算人と用語が変わっている（936条）。相続人の不存在の場合も，管理人から清算人へと用語が変わっている（952条）。これらは，相続財産の管理のみならず，清算を行うことが任務とされており，単なる管理人ではなく，文字通り，清算人である。

　わが国の民法では，清算の概念が明確であるとはいえなかったが，管理と区別する用語が用いられたことにより，今後，解釈上，遺産の管理と清算がより区別されて，相続債権の弁済，遺産分割手続などの位置付

けが明確にされていくものと思われる（⇒298頁■参照）。なお，令和3年の改正では，財産分離に関しては，管理人という用語が維持されている（943条1項・2項）。

◆**再転相続** 相続人が，承認・放棄をしないで（熟慮期間内に）死亡した場合，その者の相続人（後相続人）が，死亡した前相続人の承認・放棄の権利を承継する（916条）。これを再転相続という。Aには子B，孫Cがいるとする。Cは，Aの相続（前相続）の承認・放棄をするかどうかという権利と，Bの相続（後相続）の承認・放棄をするかどうかという権利を取得することになる。

両相続とも承認することはなんら問題ない。Aの相続を放棄してBの相続を承認することも可能である。しかし，Bの相続を放棄すれば，Aの相続を承認しても意味がなく，前相続を承認することはできない。

Aの相続を放棄した後に，Bの相続を放棄することは可能である。後相続の放棄による遡及効により，前相続の放棄の根拠がなくなることはない（再転相続人としての放棄という考え方に基づいている）というのが，最高裁の考え方である（最判昭和63年6月21日家月41巻9号101頁）。

また，Aの相続に関する民法915条1項の熟慮期間経過後に遺産分割未了の状態で，Aの相続人であるBも死亡し，Cが相続人になった事例も，再転相続といわれることがある（広義の再転相続）。この種の再転相続に関しては，特別受益が問題にならないのであれば，結果的にはAの遺産，Bの遺産を一括して分割しても差は生じない。しかし，相続人が複数であり，特別受益を受けた相続人がいる場合には，異なってくる可能性がある。つまり，Aの遺産を相続分に従い，Bが相続する。Aの遺産は遺産共有状態になり，それを前提として，AとBからの特別受益をそれぞれ考慮し，AとBの遺産分割がなされる（最決平成17年10月11日民集59巻8号2243頁）。

令和3年の改正により，遺産分割されずに土地が放棄されることへの対処として，民法904条の3が新設され，具体的相続分に関する903条，904条と，寄与分に関する904条の2は，相続開始の時から10年を経

過した後にする遺産の分割については，適用しないと規定された。このような場合には，法定相続分に基づいて遺産分割が行われることになる。この結果，上記の問題が起こりうる可能性が少なくなったと言える。

11 財 産 分 離

　財産分離は，ローマ法に由来し，フランス法を経て，わが国の民法典に採用された制度である。実務上，ほとんど用いられていないが，清算の考え方を知ることができる（⇒306頁◆**相続財産の清算人**）。

　相続によって，被相続人の財産（**相続財産**）と，相続人の財産（**相続人の固有財産**）とが混合してしまう。相続債権者（被相続人の債権者のこと），受遺者，相続人の債権者が，不利益を避けるために，このような財産の混合を避けて，相続財産を清算させる制度が財産分離である。いずれかの財産（または両方の財産）が債務超過の際に問題になる。たとえば，相続財産はプラスであるが，固有財産は債務超過である場合，相続財産の債権者は，相続によって財産が混合してしまえば，不利益を被るおそれがある。このような場合に，それぞれの財産を分離させて清算を行う利点がある。

　財産分離は，債務超過と関連しているので，相続財産の破産，相続人の破産とも関係してくる。実務上は，財産分離よりも破産の手続が用いられることの方が多い（破222条以下）。

　なお，財産分離で満足を得ることができなかった相続債権者や受遺者は，相続人の固有財産についても権利行使できる点において，限定承認と異なる（948条）。

| 第一種財産分離 | 相続財産はプラスで，固有財産が債務超過である場合，相続人が単純承認をすれば， |

相続債権者または受遺者は不利益を受けるおそれがある。それを防止するために，**相続債権者**または**受遺者**（他に担保権者も申立権を有する）が家庭裁判所に，相続財産を固有財産から分離することを請求することができる。これを**第一種財産分離**という（941条）。またさらに，ともに債務超過である場合でも，固有財産と混合すれば，債権の回収率が低下してしまうおそれのあるときにも利用されうる。このような**分離の必要性**があること（つまり固有財産に債務超過のおそれのあること）は，財産分離の要件であろう。ただし，この点に関しては反対説もある。

| 第二種財産分離 | 相続財産が債務超過の事例で問題になりうる。相続人は，放棄や限定承認によって， |

そのような債務を免れることができるが，固有債権者は相続人が単純承認した場合には，不利益を被るおそれがある。そこで，固有債権者には，相続財産と固有財産とが混合しないように求める権利が認められている（950条）。なお，この第二種財産分離は，固有財産の債権者の利益を守るために行われるが，固有財産が清算されるのではない点に注意を要する。清算されるのは，相続財産である。

12 相続人の不存在・特別縁故者に対する分与

| 相続人の不存在 | 相続人がいるかどうか明らかでないときには，相続財産は法人とされ（951条），利害 |

関係人または検察官の請求によって家庭裁判所は**相続財産の清算人**を選任する（952条）。このようにして，相続財産が管理されて相続人を捜索する手続が始まり，清算がなされる。しかし，もしも相続人がいることが明らかになった場合には，法人は成立しなかったものとみなされるが，すでに相続財産の清算人のした行為は有効である（955条）。

◆**相続人不存在の際の手続の簡略化**　令和3年の改正で，時間のかかっていた相続人の不存在の際の手続が簡略化された。家庭裁判所が不在者の財産に清算人を選任したときには，清算人を選任した旨と相続人があるならばその権利を主張すべき旨を公告しなければならない。その期間は6ヵ月を下ることはできない（952条2項）。そして，その期間内で，すべての相続債権者および受遺者に対し，その請求の申し出をすべき旨の公告をしなければならず，その期間は2ヵ月以上の期間を定めなければならない（957条1項）。相続債権者や受遺者に対する公告も，952条2項の公告期間内に満了するものであることを求めている。

特別縁故者への分与

952条2項の期間内（⇒◆**相続人不存在の際の手続の簡略化**参照）に，相続人としての権利を主張する者がいないときは，相続人並びに相続財産の清算人に知れなかった相続債権者および受遺者は失権する（958条）。そして，特別縁故者に対する相続財産の分与の請求は，この952条2項の期間の満了後3ヵ月以内にしなければならない（958条の2第2項）。家庭裁判所は，相当と認めるときは，被相続人と生計を同じくしていた者，被相続人の療養看護に努めた者その他被相続人と特別の縁故があった者（たとえば，内縁の関係にある者）の請求により，清算後に残った財産の全部または一部を与えることができる。これが，

特別縁故者への分与の制度である（958条の2）。特別縁故者にあたるかどうかの判断，分与の額の決定はもっぱら家庭裁判所の判断に任されている。

＿＿＿＿＿＿＿＿＿＿＿
　　国庫帰属　　　）
＿＿＿＿＿＿＿＿＿＿＿

このような特別縁故者が現れなかったり，一部のみが分与された結果，処分されないで残った相続財産がある場合には，この相続財産は最終的に国庫に帰属する（959条）。

◆相続等により取得した土地所有権の国庫への帰属に関する法律　所有者不明土地の解消に向けた民事基本法制の見直しの一つとして，相続等により取得した土地所有権の国庫への帰属に関する法律が令和3年に公布された。相続した土地の管理に興味がなく，また費用がかかることから，その土地が放置されることがあり，一定の要件の下で，相続または相続人に対する遺贈により取得した土地を手放して，国庫に帰属させることについての承認を申請することを可能とする制度が創設された（2条1項）。

　土地が数人の共有に属する場合には，全員が共同して申請を行うことが必要としている。共有持分を相続など以外の原因で取得した共有者であっても，相続等により共有持分の全部または一部を取得した共有者と共同して，申請することができる（2条2項）。

　申請できない土地も明示されている。建物が存している土地，担保権や使用・収益を目的とする権利が設定されている土地，通路その他他人による使用が予定される土地として政令で定めるものが含まれる土地，土壌汚染対策法2条1項に規定する特定有害物質により汚染されている土地，境界が明らかでない土地その他の所有権の存否，帰属または範囲について争いがある土地は申請できない土地が規定されている（2条3項）。

13 相続回復請求権

相続回復請求権
とは何か

まず民法884条を読んで欲しい。この条文から，相続回復請求権という権利があって，それが5年または20年で時効によって消滅するということが理解できる。しかし，権利の内容を条文から知ることは難しい。

民法884条で規定されている相続回復請求権は，なぞに包まれている。権利であるという規定の仕方であるが，5年という短い期間で請求権が時効にかかってなくなってしまう。その結果，むしろ相手方に，このような権利は時効でなくなっていると主張する根拠を与える条文になるからである。

相続回復請求権は，何らかの権利が侵害された場合にその侵害から権利を回復させる「権利」だということの理解が，この難解な請求権の理解へのスタートである。

Aが自転車と土地をもっていたとする。Bがその自転車と土地を不法に占有したとすればどうなるか。これは，典型的な物権的請求権の事例である（⇒図11〔例1〕）。AはBに対して，返せと請求でき，この権利は時効によって消滅しない。

今，Aの自転車と土地が「相続財産」であり，それがB（相続とは全く関係のない第三者）によって侵害されているとしよう。このような場合であれ，問題になるのは同じように物権的請求権である（⇒図11〔例2〕）。

ところが，A，Bがともに，包括承継の資格の有無（相続人の地位

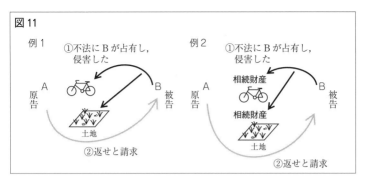

図11

例1

①不法にBが占有し，侵害した

A 原告

B 被告

土地

②返せと請求

例2

①不法にBが占有し，侵害した

A 原告

相続財産

相続財産

B 被告

土地

②返せと請求

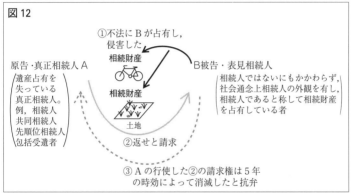

図12

①不法にBが占有し，侵害した

相続財産

相続財産

土地

原告・真正相続人A
遺産占有を
失っている
真正相続人。
例，相続人
共同相続人
先順位相続人
包括受遺者

B被告・表見相続人
相続人ではないにもかかわらず，
社会通念上相続人の外観を有し，
相続人であると称して相続財産
を占有している者

②返せと請求

③Aの行使した②の請求権は5年
の時効によって消滅したと抗弁

の確認）を根拠に争っている場合は，上記の事例と異なってくる
（⇒図12）。

(1) **言葉の意味を知る**　まずは，**図12**を参照して，原告，被告，
真正相続人，表見相続人という言葉の意味を理解してほしい。

　原告は遺産の占有を失っている真正相続人である。戸籍上の表記
はいかなるものであれ，すべての真正相続人を意味する。

(2) **判例による定義**　判例は相続回復請求権を「民法884条の相
続回復請求の制度は，いわゆる表見相続人が真正相続人の相続権を
否定し相続の目的たる権利を侵害している場合に，真正相続人が自

己の相続権を主張して表見相続人に対し侵害の排除を請求することにより，真正相続人に相続権を回復させようとするものである」（最大判昭和53年12月20日民集32巻9号1674頁）と定義している。

(3) **図の説明**　相続とは全く関係のない人が，特定の相続財産を占有している場合には，相続回復請求権は関係しない。この場合には個々の所有権に基づく「物権的請求権」により，権利の回復が図られる（⇒313頁図11）。

これに対して，「相続回復請求権」は，真正相続人から表見相続人に対して行使される（⇒図12）。表見相続人が相続人として相続財産を占有支配し，真正相続人の相続権を侵害しているときに問題になる。

A（真正相続人・原告）が相続したとする財産，たとえば土地や自転車が，相続人と称するB（表見相続人・被告）によって占有され，侵害されている場合に，相続回復請求権が問題になる。AはBに返してくれと請求する。このような相続回復請求権の行使に対して，Bは5年が経過しているので，時効で消滅していると抗弁[*]することが可能となる。この結果，Bの占有状態が保護されることになる。相続回復請求権はこのような機能を果たしている点に注意を要する。

| 表見相続人とは |

表見相続人は抗弁として，相続回復請求権の消滅時効を援用しうるのであり，結果的に，表見相続人の占有が法的に守られる場合がある。したがって表

＊抗弁とは？　「一方当事者が主張する事実にもとづく法律効果を前提としながら，相手方が，その法律効果の発生を妨げ，またはそれを消滅させる目的で，別の事実を主張することを抗弁と呼ぶ」（伊藤眞・民事訴訟法〔第7版〕（有斐閣，2020年）341頁）。

見相続人であるといえるかどうかは重要な問題となってくる。

　まず，①自称相続人が問題になりうる。自称相続人はなんら法的な根拠なしに相続人と名のっている者であり，相続回復請求権の被告たる表見相続人にはあたらない。このような者に対しては，原告は物権的請求権で権利の回復を図ることになる。

　次に，②一般的な共同相続人の場合はどうか。

　最高裁大法廷判決（前掲最大判昭和53年12月20日）は，共同相続人間にも，自己の本来の相続持分を超える部分について884条の適用を否定する理由はないとはいうものの，その適用されうる場合に絞りをかけている。他に共同相続人がいることに関して善意でありかつ善意であったことに合理的事由がある場合（前掲最大判昭和53年12月20日，および，最判平成11年7月19日民集53巻6号1138頁）にかぎり，共同相続人間でも相続回復請求権行使が認められる。したがって，たとえば，共同相続人の一人が無視されて，遺産分割協議に呼ばれず，遺産分割が終了したとする。このような遺産分割は無効であり，侵害された者は「遺産分割」を請求しうることになる。これに対して，判例の要件（もう一人の相続人の存在を知らず，かつ知らないことに合理的事由があること）を満たす表見相続人は，権利を侵害されたとする共同相続人である真正相続人の請求に対して，抗弁として5年の時効を援用し，表見相続人自らの占有を守ることが可能となる。たとえば，戸籍上知りえない共同相続人が存在しており（真正相続人），そのことを被告（表見相続人）が「知らず，かつ，知らなかったことに合理的な事由」がある場合に，このような時効を援用できる。他人の嫡出子として届けられている者が，相続権を主張してきた際に，上記の要件を満たせば他の共同相続人は時効を援用することができる。また相続放棄が無効であった場合なども考

えられるが，事例としてはかなり限定されよう（前掲最判平成11年
7月19日も参照）。

③後順位相続人，虚偽の嫡出子出生届，親子関係不存在，養子縁
組の無効，認知の無効などを主張することによって，**戸籍上は相続
人となっている被告の相続権を原告が否定している場合**が考えられる。
このような者（表見相続人）に対しては，相続回復請求権が問題に
なり，表見相続人から抗弁としてなされた時効の援用が認められ，
結果的に，表見相続人の占有を守ることになる。この類型は，相続
人としての身分を争う必要性があり，相続回復請求権の典型的な事
例であるといえる。ただし，884条の短期消滅時効の援用が被告に
認められるためには，自己に相続権がないことに善意であり，かつ，
善意であることに合理的事由がなければならない。

④**相続放棄者，欠格者，廃除された者**は，相続人でなくなった者で
ある。このような者が占有を続けることにより，真正相続人の権利
を害する場合に，短期の時効の援用権を認めるのは，それらの制度
の存在理由を歪めることになる。共同相続の事例に関してではある
が，前述の最大判は「自己に相続権がないことを知りながら，又は
その者に相続権があると信ぜられるべき合理的事由があるわけでは
ないにもかかわらず，自ら相続人と称してこれを侵害している者は，
……相続回復請求権の消滅時効の援用を認められるべき者にはあた
らないというべきである」（前掲最大判昭和53年12月20日）と判示
している。

> なぜこのような条文が
> 民法典に存在している
> のか

母法であるフランス法では，いわゆる相続
回復請求権（pétition d'hérédité）の原告と
して，先順位相続人，包括遺贈の受遺者な

どがあげられている。たとえば，先順位相続人が存在しているのに後順位相続人が遺産を占有してしまっている場合に，相続権を証明することによって遺産を侵害された先順位相続人の相続権を簡易に実現する訴えとして構成されている。つまり，相続回復請求権は，被告の時効の抗弁のためのものではなくて，積極的な請求権として位置づけられている。かつて認められていた30年の時効期間の長さは，学説によって批判されていた。そして，2006年の相続法改正後，相続開始後10年に渡り選択権を行使していない相続人は，相続放棄したものとみなすと規定するフランス民法780条2項に基づき，10年にあわせて解釈することが行われている。その結果，時効期間は10年に短縮されている。真の相続人を明らかにし，相続権を守るという点に相続回復請求権の存在の根拠がある。

　わが国の相続回復請求権は5年，20年という短期で消滅してしまい，その存在理由が変容してしまっている。このように短期の時効を定めた理由は，現行法ではすでに廃止された家督相続の法律関係の早期安定のための規定の名残であるといわれている（明治民法993条・966条）。家督相続のことは，なるべく早く決まらないと，その家の組織上または第三者の利害に影響を及ぼすことがあり，特に短い間に自己の権利を主張させて，真正の戸主権の所在が定まることが望ましい。このようにわが国の立法者は立法理由を説明している。

| 相続回復請求権の行使 | 原告は自己が相続人であることおよび回復を求める財産が被相続人の占有に属し遺産 |

を構成していたことを立証すればよい。被相続人の目的物に対する所有権や賃借権等の本権を立証する必要はない。ただし，訴えの提

起にあたっては，個々の財産を具体的に列挙しなくてもよいという学説もあるが，目的物が特定されていなければ執行できず，実務上は具体的に示すことを求める傾向がある。

相続回復請求権の消滅

民法の条文には5年と20年の期間が規定されている（884条）。この二つの期間にはどのような差があるのだろうか。

5年の時効の起算点は，「相続人又はその法定代理人が相続権を侵害された事実を知った時」である。被相続人が死亡したという事実を単に知るだけでなくて，さらに自己が真正相続人であることを知り，しかも相続から除外されていることを知った時であると解されている（大判明治38年9月19日民録11輯1210頁）。

20年の起算点は「相続開始の時」である。こちらは，相続人が相続権侵害の事実を知っていたかどうかに関係なく20年の経過で消滅する。相続人の側の事情とは関係なく期間が進行するのである。学説はこれを除斥期間としているが，判例は時効と解している（大判昭和8年12月1日民集12巻2790頁，最判昭和23年11月6日民集2巻12号397頁）。

効　果

相続回復請求が認められた場合，真正相続人は相続権を回復し，相続財産も回復する。

審判による分割がすでになされていれば，それはその相続人を除外してしたものであり，無効となろう。

協議分割がなされていれば，分割は無効としてやり直すことになる。

占有により時効取得が
可能か　表見相続人は，相続回復請求の目的となる
物をすでに占有しているのであり，相続回
復請求権の時効進行中であっても，占有に
より時効取得することが可能かという問題が生じる。判例は，相続
回復請求権の消滅時効は一般の取得時効の規定に優先するものであ
るとし，相続回復が可能な間は表見相続人が不動産を占有していて
も時効取得することはないと否定的に解している（大判明治 44 年 7
月 10 日民録 17 輯 468 頁，大判昭和 7 年 2 月 9 日民集 11 巻 192 頁）。

　しかしながら，**表見相続人からの第三取得者**には時効取得を認めて
おり，前主たる表見相続人の占有と自己の占有とをあわせて取得時
効を主張することもできると解している（大判昭和 13 年 4 月 12 日民
集 17 巻 675 頁）。これは，真正相続人の第三取得者に対する請求が
相続回復請求権でないと判例は解しているからだと思われる。

　物権的請求権の行使に対しては，取得時効によって土地明渡しな
どを拒むことができることとの対比から，学説は，表見相続人の事
例にも取得時効の可能性を主張している。

第三取得者は相続回復
請求権の消滅時効の援
用が可能か　表見相続人から相続財産を譲り受けた**第三
取得者**にも 884 条が適用され，相続回復請
求権の消滅時効を主張できるかについて，
判例は否定していた（大判大正 5 年 2 月 8 日民録 22 輯 267 頁。被告適格
を否定）。

　しかし，近年，第三取得者に 884 条が適用されなくても，表見相
続人のもとで完成した消滅時効を援用することができると解する余
地を暗示する最高裁判決が現れた（最判平成 7 年 12 月 5 日家月 48 巻 7
号 52 頁。他の共同相続に対して相続回復請求権の消滅時効を援用できな

い共同相続人から，当該不動産を譲り受けた第三者は，たとえ自らが善意無過失であっても，時効を援用できないと判示している。したがって，表見相続人が援用できる場合には第三者も援用できると解しうる）。

学説の中には，取引安全の理由から援用を認めるものや，94条2項の類推適用の問題で解決するべきだという説などがあり，いずれにしろ相続人から財産を取得した第三取得者の権利の安定に向けて理論化を試みている。

◆**共同相続人中の一人の占有による時効取得の可能性**　共同相続人中の一人が遺産を占有している場合，共有である以上自己の物でもあり，また同時に他の共同相続人の持分に関しては他主占有である。しかしながら，このような者が単独で相続したと疑わず，相続財産を現実に占有しており，また他の相続人がなんら関心を示さず，異議も述べていないような事例では，占有する当該相続人は相続開始時から自主占有を取得したものであると解し，最高裁は時効取得を認めている（最判昭和47年9月8日民集26巻7号1348頁。否定事例として，最判昭和54年4月17日判時929号67頁があり，自主占有が認められるためには，単独の所有権があると信じる合理的な事由があることを求めている）。遺産共有財産でも，時効取得が認められる可能性はあるが，共同相続人の存在を知りつつ占有していた場合には，判例の見解では，自主占有にならず，時効は成立しない。共同相続人の一人の占有によって時効が完成するのは例外的な場合であるといえよう。

◆**相続回復請求権の性質**　現在では大きく分けて三つの説がある。まず第一に，所有物返還請求権等の個別の請求権が相続権の争いを前提として行使される場合に，相続回復請求権と呼ばれるにすぎず，個別の権利の集まりにすぎないと説く説がある（**集合権利説**）。この説では，884条は合理的な規定ではないと考え，その適用範囲を狭める解釈を導き出す傾向がある。そして，個別的な請求に相続関係の早期確定のために期

間制限を課したのが相続回復請求権であると解し，もっぱら短期間に権利が消滅するという点に意味があると考える。なお，判例は集合権利説に近いといわれている。

第二に，個々の請求権とは異なる包括的な請求権であると解する説がある。いずれが真の相続人であるかという包括承継資格の存否を問題にし，特別の包括的な請求権であるとする（**独立権利説**）。この説では，立証の緩和がなされ，訴えの段階での目的物の特定を不要とし，口頭弁論時までに特定すればよいことになる。

第三に，包括承継資格の存否を争点とする給付を求める特殊な訴権と解し，請求権ではないと主張する学説がある（**訴権説**）。もっぱら，原告の権利性を中心に位置づけを試みるのである。

しかしながら，必ずしも性質論から統一的に説明できるものではないのが現状である。

📖 **読書案内**　日本近代立法資料叢書 7 法典調査会民法議事速記録 7（176 回）250 頁〔穂積陳重〕（商事法務研究会，1984 年）

水野紀子「共同相続人間における相続回復請求」星野英一編・判例に学ぶ民法（有斐閣，1994 年）294 頁以下

副田隆重「相続回復請求権」星野英一ほか編・民法講座 7 親族・相続（有斐閣，1984 年）433 頁，同「共同相続人間における相続回復請求」水野紀子＝大村敦志編・民法判例百選Ⅲ（第 2 版）（有斐閣，2018 年）120 頁

吉田克己・判例評論 498 号（判例時報 1712 号，2000 年）15 頁

| 第2章 | *遺言と相続* |

遺言のある場合の相続

被相続人が自らの財産を処分するのが遺言である。被相続人が遺言を作成していれば、法定相続の原則が修正されうる。うまく機能すれば、紛争の予防に役立つが、修正の方法に合理性を欠く場合等には、紛争の原因になりかねない。

遺言の方式性、効力、遺贈、遺言の執行等を学ぶ。遺贈は、特に重要であるが、未解決の問題が山積している。

1 遺言とは何か

概　説

被相続人が自分の財産の相続に関して、このようにして欲しいとか、誰々に与えて欲しいとか希望をもつことがある。このことは、当該財産がその人の物である以上、むしろ自然なことがらである。このような望みが、相続人によって協議分割に反映されることもある。しかし、生前に口頭で相続人に対して述べられたという希望には、曖昧さがある。また、相続人に抱かせた期待が原因で争いを引き起こし、紛争を複雑にすることもある。

このような被相続人の希望は、法的な保護の対象とはならない。これを法的により確実なものとさせるものとして、遺言がある。

遺言は、被相続人の死亡後に効力を発生させる（985条1項）、相

手方のいない単独行為である。そして，被相続人の生存中はいつでも撤回することができる。

　効力が発生するときには遺言者は存在しておらず，真意を本人に確認することはできない。そこで，その意思を法的に確かなものとするために厳格な方式にかなった書面をローマ法の時代から求めている。遺言は要式行為であるといわれるゆえんである。口頭で述べられただけであれば（後述の遺言の方式の一つとしてなされたものでないかぎり），法的な効力はない。

　また，遺言によって無制限に何もかもが可能というわけではなく，法律が認めた行為のみを遺言ですることができる。このように，撤回の可能性，要式行為，遺言の内容の制限は，遺言の大きな特徴である。

遺言制度の起源と機能　その時代の所有権概念，さらに相続人の平等の考え方等をも反映しつつ，遺言の制度，機能は大きく変遷した。

　かつて，ローマ法では，「相続人の指定」が遺言の重要な役割であった。そこでは，身分相続的な要素が強かった。これに対して，ゲルマン法では，遺言制度は知られておらず，教会の勧めた霊魂救済のための死因贈与から遺言が発生していったといわれている。つまり，現在のフランス法に大きく影響を与えたゲルマン法のもとでは，遺言は財産的な「遺贈」が中心であった。

　またさらに，遺言自由と推定法定相続人の相続権との関係も無視できない。遺言の自由に対する制限として，推定法定相続人のための「遺留分制度」が存在する。遺言自由と遺留分制度は，自由と制限（修正）という関係で，古くから興味深い変遷を経ている。遺言

は相続人の平等を害するとして敵視されていた時代や国もある。

　現在では，「所有権の絶対」や「意思自治の原理」の確立と並行して家産意識が薄れ，財産の最終処分である遺贈が重要となっている。そして，法定相続の形式的な平等を修正し，実質的な平等を実現するための機能を遺言が果たすように期待されている。しかしながらわが国では，かつての単独相続の残滓であると思われる単独集中を図る型の遺言もあいかわらず多い。

　本来の実質的な平等をわが国では充分には知ることなく遺言処分の自由が謳われている点は，ヨーロッパ諸国との法の文化的な土台の相違を示している。いわゆる生活支援や夫婦の財産など，家庭内の行為が財産的に明確に評価されることが少ないわが国では，被相続人の財産であるとはいえ，配偶者や子などの相続人のさまざまな期待が混在し，遺言処分をめぐる問題を複雑化させることがある。

　2018（平成30）年相続法改正では，遺言の利用を促進するための方策が盛り込まれており，さらに遺留分の価値化（債権化）により，遺言処分の法的効果が一段と大きくなるように改正されている。

| 遺言事項 | 遺言者の真意を確保するという理由や遺言が一方的に効力を発生させうるものであることを考慮し，遺言で定めることのできる事項は，限定的に明確に規定されている。相続や財産処分に関することがらだけではなく，認知など身分に関することがらもある。

◆**遺言でなしうる事項**　遺言でのみなしうる行為と，遺言以外の他の行為でもなしうるものがある。
　(1)　遺言でのみなしうる行為

①未成年後見人・未成年後見監督人の指定（839条1項・848条）

②相続分の指定・指定の委託（902条）

③遺産分割方法の指定・指定の委託（908条1項）

④遺産分割の禁止（908条2項）

⑤共同相続人間の担保責任の指定（914条）

⑥受遺者または受贈者による遺留分侵害額の負担方法の指定（1047条1項2号）

⑦遺贈（964条）

⑧遺贈に関することがら（988条・992条・994条2項・995条・997条2項・1002条2項・1003条）

⑨遺言執行者の指定・指定の委託（1006条1項）

⑩遺言執行に関することがら（1016条1項・1017条1項・1018条1項）

⑪負担付遺贈の受遺者が放棄した場合の指示や，限定承認や遺留分回復の訴えによって負担付遺贈の目的の価額が減少した場合の指示（1002条2項・1003条）

(2)　生前行為でも遺言でもなしうる行為

⑫嫡出でない子の認知（781条2項）

⑬推定相続人の廃除とその取消し（892条〜894条）

⑭一般財団法人設立の意思表示（定款の作成）（一般社団法人及び一般財団法人に関する法律152条2項）

⑮信託の設定（信託法3条2号）

⑯特別受益者の相続分に関する事項（903条3項）

⑰祭祀承継者の指定（897条1項）

⑱遺言の撤回（1022条）

⑲保険金受取人の変更（保険法44条1項・73条1項）

⑯では，被相続人が異なった意思表示をしたときは，その意思に従うという規定の仕方であるが，類推解釈により遺言事項とされている。⑰も，897条1項の解釈により認められている。なお，葬儀の方法，墓のこと，供養のことなどは遺言事項といえるかどうかは問題があろう。たとえ葬儀の方法（自然葬など），親族間の交際，家事の整理など遺言事

項以外のことを書いても，書かれているその他の法定遺言事項と分離独立して解釈することができるのであれば，遺言全体が無効になることはないと解されている（大阪高判昭和44年11月17日下民20巻11＝12号824頁）。これらは，単なる希望や訓示にすぎない。

2 遺言には方式が必要

① 遺言と方式

遺言の効力発生時には，遺言者は存在しないのであるから，真意を確保し偽造を防ぐために，古くから法が定める方式を遵守することが求められている。しかし，方式に関して知識が必ずしも充分ではなく，不完全な方式による遺言が存在することがある。このような場合に，方式を厳格に解すれば，真意を無視することにもなりかねないし，またそれだからといって，緩和しすぎるとかえって真意が疑わしくなってくる。遺言の方式緩和は，まさに真意確保との関連で問題になることが多い。

また，科学技術の発展した現在でも，最終意思の確保のために，それが応用されているとはいえない。真意確保のための手段として，古くから書面が中心であるのは興味深い。

② すべての方式に共通のことがら

共同遺言の禁止

遺言は一人ひとり別々に作成しなければならない。これを共同遺言の禁止という（975条）。

方式の種類

遺言の方式は大きく二種類に分かれる。普通方式と特別方式である。

```
                    ┌ 自筆証書遺言
            普通方式 ┤ 公正証書遺言
            │        └ 秘密証書遺言
遺言の方式 ┤
            │        ┌ 危急時遺言 ┌ 一般危急時遺言
            特別方式 ┤            └ 難船危急時遺言
                     └ 隔絶地遺言 ┌ 一般隔絶地遺言
                                  └ 船舶隔絶地遺言
```

　AとBが互いに遺贈しあう内容の遺言を共同で作成したものは，共同遺言である。また，AからBに遺贈をなし，B死亡後の分配まで定めた内容の遺言をAとBが共同で作成する（最判昭和56年9月11日民集35巻6号1013頁）のも共同遺言の典型的な例である。もしも共同遺言を認めれば，遺言の特質である撤回の自由に影響を与えるおそれがあり，結果的に契約と類似する。また，意思解釈をめぐって法律関係が紛糾する可能性がある。

　しかしながら，別々の用紙でAが作成した遺言とBが作成した遺言が合綴され，各葉ごとにAの契印が押されていても，それぞれの遺言を容易に切り離すことができ，全く独立の遺言である場合には，共同遺言にあたらないとする最高裁判決がある（最判平成5年10月19日家月46巻4号27頁参照。この判決では，筆跡が残るので，カーボン複写による遺言を自書として有効とした）。

| 証人・立会人 | 遺言の方式として，証人や立会人が必要な場合がある。民法974条は未成年者，推定 |

相続人，受遺者等を証人・立会欠格者として規定している。

なお判例によれば，遺言執行者は証人になることができる（大判大正7年3月15日民録24輯414頁）。

| 加除・訂正 | 加除・訂正の方法は民法で定められている（968条3項・970条2項・982条）。公正証書 |

遺言を除くすべての方式の遺言に適用される。加除・訂正は，問題を引き起こすおそれが高く，遺言の偽造，変造と区別する必要があり，厳格な方式に従わせたのである。

3 遺言の方式①——普通方式

| 自筆証書遺言 | 遺言者が，全文，日付，氏名を自書し，これに押印することが要件である（968条1 |

項）。

全文自書に関して，全文が自筆で書かれていることが重要であり，言語等は問題でない。ワープロ，タイプ，点字機等の機械類を用いた遺言書は，自筆証書遺言にはならない（カーボン紙を用いた遺言は有効と判示されている。最判平成5年10月19日家月46巻4号27頁）。遺言書が数枚から成り立っていてもよい。契印や編綴がなくても一連のものであるということが確認できれば，遺言書として有効である（最判昭和36年6月22日民集15巻6号1622頁）。添え手で作成された遺言に関しては遺言者の意思との関連，つまり遺言者の筆記を単に補助したのか，他人が主導したのかで判断が分かれる（無効と判示するものがある。最判昭和62年10月8日民集41巻7号1471頁等）。な

お，日付や氏名も自書が求められており，ゴム印は認められない。

日付は，複数の遺言が存在する場合等に遺言の効力を判断する上で重要な要件である。年月日の記載が求められる。ただし年月日が特定できる記載方法であれば，必ずしも年月日スタイルによる記載にこだわらないのが判例である。たとえば，「何歳の誕生日」とか，「古稀の日」とか正確に年月日を知ることができる記載であれば有効である。しかしながら，「昭和41年7月吉日」という記載は，日付が特定できず無効とされた（最判昭和54年5月31日民集33巻4号445頁）。

氏名の自書に関しては，氏と名を書くのが普通であるが，その一方だけでも，記載が本人との同一性を示す場合には有効であると解されている（親治郎兵衛との氏名の自書に関して大判大正4年7月3日民録21輯1176頁）。ペンネームでも同一性がわかれば有効である。

押印に関して，実印でも認印でも有効である。拇印，指印に関しては判例，学説上判断が分かれていたが，最高裁は日本の慣習を考慮し有効と判示するに至った（最判平成元年2月16日民集43巻2号45頁。押印の場所に関して最判平成6年6月24日家月47巻3号60頁は，封筒の封じ目にされた押印は要件を満たすと判示する）。また，花押を書くことは印章による押印とは異なり，押印の要件を満たさないと判示されている（最判平成28年6月3日民集70巻5号1263頁）。

2018（平成30）年相続法改正で，自筆証書遺言に，毎葉ごとに署名・押印することにより自書でない財産目録を添付することが認められた（968条2項）。

また，自筆証書遺言の偽造や変造，紛失などのリスクを避け，相続をめぐる紛争を防止するという観点から，法務局での遺言書の保管制度が設けられた（法務局における遺言書の保管等に関する法律〔令

和 2 年 7 月 10 日施行〕参照）。

<hr />
公正証書遺言

公正証書によって遺言を作成するには，証人二人以上の立会いが必要であり，遺言者が遺言の趣旨を口授（くじゅ）し，公証人が遺言者の口述を筆記し，これを遺言者および証人に読み聞かせること（または閲覧させること）が必要である。そして，遺言者および証人が，筆記の正しいことを承認した後，各自がこれに署名し，印を押す。公証人はこれらの方式に従って遺言書が作成されている旨を付記して，署名し印を押す（969条）。このように公証人が遺言作成に関与するのが大きな特徴である。遺言者が署名できない場合には，公証人はその事由を付記し，署名に代えることができる。

公正証書遺言作成にあたって，前もって遺言者の意思を聞きながら案を準備する実務慣行があるが，裁判所は，筆記，口授，読み聞かせの順で作成された遺言を有効と判示している（大判昭和 6 年 11 月 27 日民集 10 巻 1125 頁）。筆記，読み聞かせ，口授の順で作成された公正証書遺言も有効とされたことがある（最判昭和 43 年 12 月 20 日民集 22 巻 13 号 3017 頁等）。

口授や読み聞かせがあるために，かつては口がきけない者や耳が聞こえない者は，公正証書遺言の作成ができなかったが，1999（平成 11）年の民法改正によって，手話通訳や自書（筆談）の可能性が認められ（969 条の 2），これらの者も公正証書遺言作成が可能となった。

目の見えない者であっても，口授と読み聞かせを確認するのが証人の役目であるという理由で，最高裁は証人適格を認めている（最判昭和 55 年 12 月 4 日民集 34 巻 7 号 835 頁）。

なお，公正証書遺言の場合には，遺産分割の内容や遺言者が高齢で病である場合に，意思能力との関連で問題を生じる事例もある（口授の要件を巡って争われる事例がある。東京高判平成 27 年 8 月 27 日判時 2352 号 61 頁参照）。

秘密証書遺言
　秘密証書遺言は，封筒に入れるということと公証人の参加が特徴である。民法 970 条が方式を規定している。

　秘密証書遺言では，全文の自書，日付の自書は要求されておらず，ただ，遺言書に遺言者の署名と印だけが求められている。その結果，ワープロによって全文が書かれた遺言でも有効になる。また，民法 970 条 1 項 3 号にいう「筆者」とは，実際に筆記した者を意味する（最判平成 14 年 9 月 24 日家月 55 巻 3 号 72 頁）。

　◆秘密証書遺言と受遺者の立会い　受遺者が証人になった場合の秘密証書遺言の効力が争われたことがある。秘密証書遺言では，遺言の内容がわからないことが多く，受遺者が誰であるのか不明であることが多い。しかしながら，公正証書遺言の場合と同じように，秘密証書遺言でも，証人となって作成された遺言によって遺贈を受けた者は，証人欠格者である（大判昭和 6 年 6 月 10 日民集 10 巻 409 頁）。

④　遺言の方式②——特別方式

　遺言者が普通の方式によって遺言をすることができるようになった時から（たとえば，一般危急時遺言では，死亡の危急を脱した時から）6 ヵ月間生存すれば，特別方式の遺言は効力がなくなる（983 条）。

一般危急時遺言

疾病その他の事由で死亡の危急に迫った者が遺言をするときには，証人三人以上の立会いをもって，その一人に遺言の趣旨を口授してすることができる。そして，その口授を受けた者がこれを筆記して，遺言者および証人に読み聞かせ，または閲覧させ，各証人がその筆記の正確なことを承認した後，これに署名し，印を押す。このようにして作成される遺言を一般危急時遺言という（976条）。この遺言は，遺言の日から20日以内に家庭裁判所に請求して確認（⇒350頁）の手続を経なければ効力がない（976条4項・5項）。

口がきけない者は，通訳人の通訳により申述して口授に代え，耳が聞こえない者は通訳人の通訳によって読み聞かせに代えることができる（同条2項・3項）。

一般危急時遺言は，日本独特の遺言の方式であり，口頭遺言である。死期が迫って遺言をすることが多いことを考慮して設けられた方式であるが，死期が近ければ，それだけ意思能力が疑われる場合が多く，問題が生じることが多い。

難船危急時遺言

船舶遭難で，かつ船舶中で死亡の危急に迫った者が口頭でする遺言である。一般危急時遺言よりも要件が緩和されている（要件は979条参照）。証人が筆記した遺言は，遅滞なく家庭裁判所に確認の手続をとらなければならない。

船舶中にあっても難船の場合でなければ，死亡の危急にある者がする遺言は，一般危急時遺言である（976条）。また，船舶中にあっても，死亡の危急に迫られていない場合には，後述の船舶隔絶地遺言による。

一般隔絶地遺言

伝染病のために行政処分によって交通を断たれた場所にいる者がすることができる遺言の方式であり，民法977条が規定している。隔絶地遺言は書面でするので，家庭裁判所の確認は不要である（⇒350頁）。

船舶隔絶地遺言

船舶中にある者がすることができる遺言の方式があり，民法978条が規定している。

3 遺言をする能力

●遺言能力

遺言をするには，遺言能力，意思能力があればよい。現代の遺言では財産処分的な要素が重要である。これに対して，ローマ法での遺言は相続人指定のためのものであり，身分的な要素が強かった。行為能力まで求めないのは，この名残の一つである。フランス民法の立法過程では，遺言による処分の危険性のゆえ，未成年者は遺言ができないようにする考えもあった。しかし，結果的に遺言では行為能力は求められなかった（ただし，フランス法では無制限に認められているのではなく，16歳に達しない未成年者は遺言ができず，しかも，処分できるのは財産の半分に制限されている。フ民904条1項。未成年者の遺言の可能性について現在でも危険性が指摘されている）。

未成年者であっても，15歳に達した者は誰でも自由に単独で遺言をすることができる（961条）。遺言には民法総則が規定する行為能力は求められていない（962条）。**成年被後見人**は，意思能力を欠く場合には遺言能力を有さない。しかしながら，事理を弁識する能力を一時回復した時に，二人以上の医師の立会いをもって，単独で遺

言をすることができる（962条・973条）。**被保佐人**は，保佐人の同意なしに，有効な遺言を作成でき，**被補助人**も補助人の同意なく単独で遺言を作成できる（962条）。

　心神喪失の状態にあった場合とか，老衰や病で判断能力がなくなっていた場合には，能力を欠き遺言作成は不可能である。現在では，遺言は財産的な処分が中心であり，自己の財産に関係する遺言を作成するには，明晰な判断力が必要であろう。この意味において，遺言能力は緩く解するべきではない。

4 遺言の効力

効力発生時期 | 遺言の効力発生時期は，遺言者が死亡した時である（985条）。遺言によって利益を受けることになっている者（受遺者など）は，遺言者が生きているかぎりなんら利益を取得しない（大判明治39年10月10日民録12輯1253頁）。このことは，遺言撤回の自由という遺言の基本的な性質とも関連する。

　最高裁は遺言者の生前の遺言無効確認を認めていない（最判昭和31年10月4日民集10巻10号1229頁）。さらに，公正証書遺言作成から4年後にアルツハイマー病により禁治産宣告（当時）を受け，回復の見込みがないという状況のもとで，当該公正証書遺言の無効確認訴訟に関して，取消しや変更の可能性がないとしても遺言者の生存中は，受遺者は確認の訴えの対象となる権利を有さず，または法律関係にないと判示されている（最判平成11年6月11日家月52巻1号81頁）。遺言の効力が発生する前には，受遺者には何の確定的な

権利もないのである。

遺言の撤回，取消し，
無効

(1) **撤回の自由**　契約等の法律行為と異なり，遺言者はいつでも遺言のすべてまたは一部を自由に撤回することができる（1022条）。これは遺言者の最終の意思を尊重しようとする中から生まれてきたものであり，遺言の最も重要な性質の一つである（撤回権はあらかじめ放棄することはできない。1026条）。

(2) **遺言の撤回の方法**　撤回の方法は大きく二通りある。第一に，撤回する旨の遺言を新たに作成することによって，遺言の全部または一部を撤回できる（1022条）。第二に，遺言者が遺言の内容と抵触する行為をしたときには，抵触した部分は撤回したものとみなされる。民法典は以下の四つの場合を規定している。

①遺言者が遺言書を破るなど，故意に破棄した場合は，撤回されたとみなされる（1024条前段）。また判例は，遺言書の文面全体の左上から右下にかけて赤色のボールペンで斜線が引かれていた場合に，「故意に遺言書を破棄したとき」に該当するとして，遺言を撤回したものとみなしている（最判平成27年11月20日民集69巻7号2021頁）。

②遺言者が遺贈の目的物を故意に破棄した場合，その目的物に関しては遺言は撤回されたものとみなされる（1024条後段）。

③上記の破棄という行為とは異なり，後に抵触する内容の遺言を作成した場合にも遺言を撤回したものとみなされている（1023条1項）。不動産甲をAに与える旨の遺言を作成していたが，後に不動産甲をBに与える旨の遺言を作成する事例である。

④遺言作成後，抵触する生前処分やその他の法律行為をした場合，

4　遺言の効力　335

遺言は撤回されたとみなされる（1023条2項）。遺贈の目的物を，生前に売却してしまったような場合である。

なお，他人物の遺贈（996条ただし書）や物上代位（999条）等と，上述の遺言の撤回との相違に注意が必要である（⇒342頁以下）。

◆**抵触する行為かどうかが問題となる事例——身分行為**　終生扶養するという約束のもとで養子縁組を締結し，不動産の大部分を養子に遺贈したが，その後関係が悪化して離縁した事例で，最高裁は，遺言が明示的に撤回されていなくても，協議離縁は遺贈と両立しない趣旨のもとになされたとし，遺言の撤回を認めた（最判昭和56年11月13日民集35巻8号1251頁）。抵触する行為に身分行為をも含めうることが示されている。

わが国の民法典には，フランス法と比較すれば，無償行為の基礎となった友好な関係の変化に配慮した規定（身分関係の変化に基づく撤回や，忘恩行為を原因とする撤回など）や理論（フランス法のコーズ理論）を欠いており，遺言の効力を否定する理論が充分ではなく，解釈上の問題が生じる可能性がある。

◆**撤回された遺言の復活**　撤回された遺言は，その撤回する行為が錯誤，詐欺または強迫による場合を除き，原則として復活しない（1025条）。いったん撤回する意思を有した以上，撤回行為が撤回されたり取り消されたり効力がなくなったりしても，遺言は復活しないとされている。

しかし，第一遺言を第二遺言で撤回し，さらに第三遺言で第二遺言を撤回した事例で，最高裁は，第一遺言を復活させる意思が明らかである場合には，復活すると判示した（最判平成9年11月13日民集51巻10号4144頁）。遺言意思の解釈の問題と考えたのである。

(3)　**遺言の無効・取消し**　遺言も法律行為であり，法律行為一般の無効・取消しが問題となる。たとえば，公序良俗（90条）に反す

る内容の遺言（⇒347頁◆）は無効である。錯誤（95条），詐欺，強迫（96条）による遺言は取消しができる（取消権は相続される）。

遺言に特有の無効原因としては以下のものが考えられる（⇒347頁）。遺言能力のない者の遺言は無効である（961条・963条）。方式違背（960条。971条と973条も参照），共同遺言（975条），被後見人が，後見の計算の終了前に後見人またはその配偶者もしくはその直系卑属の利益となる遺言をしたときの遺言は無効である（966条1項）。ただし2項でその例外が規定されている。第三者後見人のみならず親族後見人に関しても，後見事務での不正防止が問題となっている現在において，この2項の規定には疑問が残る。

5 遺言と対抗要件

遺贈では，遺言者の死亡と同時に権利移転が当然生じるとする物権的効力が認められているのか，それとも権利の移転を相続人に求めることができるという債権的効力が認められているのかが問題になる。

包括遺贈に関していえば，受遺者は相続人と同一の地位に立つのであるから（990条），法定相続人と同じように，遺言者の死亡と同時に権利・義務が承継されることになると解されている。**特定遺贈**には，特定物や不特定物などの遺贈がある。前者の場合に関して，判例・通説は，物権変動の原因（死亡）があれば，当然に所有権は移転すると考えている（物権的効力が生じる。大判大正5年11月8日民録22輯2078頁等）。しかし，不特定物の場合には，目的物が特定されてはじめて物権的効力が生じるのであり，相続開始時には債権的

効力しか生じないとする裁判例がある（東京高判昭和23年3月26日高民1巻1号78頁）。遺贈の対抗力としては，**包括遺贈によって不動産を取得する場合にも，**通説（包括遺贈に関する最高裁判例はない）は，登記を求めている（大阪高判平成18年8月29日判時1963号77頁参照）。

◆**共同相続における不動産の対抗要件**　2018（平成30）年改正（相続法改正）前の民法下では，「特定財産承継遺言」や「相続分指定」のように遺言による権利変動で相続を原因とするものは，対抗要件を具備しなくても第三者に対抗できるとしていた（前者に関して最判平成14年6月10日家月55巻1号77頁。後者に関して最判昭和38年2月22日民集17巻1号235頁，最判平成5年7月19日家月46巻5号23頁）。

　しかし，第三者は遺言の内容を知ることが困難であることなどが考慮されて，相続法の改正により，民法899条の2が新設された。相続による権利の承継についても対抗要件を備えることを必要とした。その結果，「特定財産承継遺言」や「相続分指定」の場合にも対抗要件として登記が必要となった。なお，「遺産分割」に関しては，登記を必要とすることや，「法定相続分」に関しては（前掲最判昭和38年2月22日），登記なくして対抗できることは，以前と同じである。

　899条の2は，権利の譲渡について対抗要件を求められているものには，相続による権利承継にも対抗要件を備えることを求めていると言える。このことから動産に関しては引渡しが対抗要件として求められることになる。

◆**預貯金など債権の相続と対抗要件**　2018（平成30）年の民法（相続法）改正以前から，債権の遺贈は譲渡であり，債権譲渡に関する467条が適用されている。これに対して，同改正前は「特定財産承継遺言」や「相続分指定」では，相続を原因とする承継であり，対抗要件を必要としないと解釈されていた。また，「遺産分割協議」に関しては，467条の対抗要件の具備が必要とされていた。

　相続による債権の承継に関して，相続法改正で民法899条の2第2項

が新設されて，対抗要件の具備が求められた。この結果，「特定財産承継遺言」や「相続分指定」の場合にも，対抗要件の具備が必要となった。遺贈であれば，他の相続人は対抗要件具備に協力する義務を負うが，特定財産承継遺言や相続分指定の相続を原因とする権利の承継の場合には，受益相続人以外の共同相続人は対抗要件具備に協力する義務を負わないとされている（一問一答166頁）。そこで，協力が得られない時のために，467条の規定に加えて，受益相続人が単独でも債権譲渡の対抗要件を得る手続を行うことができるように規定された。つまり，「遺言の内容……を明らかにして債務者にその承継の通知をしたときは，共同相続人の全員が債務者に通知をしたものとみな」す（899条の2第2項）とした。

このことは，「遺産分割」の場合にも該当する。遺産分割においては，当該債権に関する遺産の分割の内容を明らかにして債務者に通知をすることによって，共同相続人の全員が債務者に通知をしたものとみなされることになった（2項括弧書）。

債権の承継に関する対抗要件を具備しなければ，相続による権利取得を第三者に対抗できない。その結果，たとえば，相続人の債権者の一人が，その者の法定相続分に相当する債権を差し押さえれば，特定財産承継遺言で債権を承継していても，相続分を超える部分に関しては，対抗できなくなる。

◆遺贈と登記　遺贈に関しては，かつて，登記権利者と登記義務者の共同申請であったが（不登60条），令和3年の不動産登記法の改正により，**相続人に対する遺贈**の場合には，受遺者が単独で所有権移転の登記を申請することができるようになった（不登63条3項）。特定財産承継遺言では，受益相続人が単独で所有権移転の登記を申請することができることと同じ扱いになった。なお，遺贈に関する相続登記の申請義務に関しては，⇒280頁◆を参照。

6 遺　贈

⓵　遺贈とは何か

　遺贈は遺言による財産処分である。たとえば、「不動産甲をAに与える」と遺言で書く場合がそれにあたる。民法964条によれば、遺言者は包括または特定の名義で、その財産の全部または一部を処分することができる（⇒342頁以下）。

　遺贈は、契約である贈与と異なり、単独行為かつ死後処分であり、撤回が自由である。

　遺贈は、遺言者の死亡以前に受遺者が死亡したときは、その効力を生じない（994条）。遺贈にも同時存在の原則がはたらくからである。

　遺贈は大きく分ければ二種類ある。まず第一に、遺贈の対象を具体的に特定するものとして**特定遺贈**がある。これには、特定物を対象とするもの（特定物遺贈）もあれば、不特定物を対象とするもの（不特定物遺贈）もある。遺贈の目的は、金銭や無体物や債権（特定債権や金銭債権など）にも及びうる。

　第二に、**包括遺贈**がある。これは目的を特定しないで2分の1とか3分の1という割合によってなす遺贈である。

　包括遺贈にあっては消極財産も承継する。これに対して、特定遺贈では消極財産は承継しない。

②　受遺者と遺贈義務者

　遺贈によって権利を受ける者を**受遺者**という。これに対して，遺贈を実行すべき義務を有する者を**遺贈義務者**という。遺贈義務者は，相続人である（包括受遺者も含むと解されている）。相続人が不存在であれば，相続財産法人の相続財産の清算人が遺贈義務者となる（952条・953条）。なお，遺言執行者があれば，相続人に代わって遺贈義務者になり，遺贈の履行は，遺言執行者のみが行うことができる（1012条1項・2項）。

③　受遺者の権利

　受遺者の法的な地位，権利・義務は，通説に従えば包括遺贈と特定遺贈とで異なる。

　　　　　　　　　　　　　基本的に受遺者の地位は相続人と同じであ
　包括遺贈　　　　　　る。ただし，遺留分権が認められず，代襲
相続も問題にならず，さらに包括受遺者の持分は登記がなければ第三者に対抗できない。

　以下の点において受遺者は相続人と同じ地位であると解されている。第一に，債務を承継すること。第二に，915条以下の相続の承認・放棄についての規定が適用され（990条），包括遺贈による遺産の承継が確定するのは，単純承認がなされた後である（この点に関して，986条が適用されるべきであるという説がある）。なお，包括受遺者である相続人は，包括遺贈を放棄して相続を承認することは可能と解されている。第三に，遺産分割までは共有の状態であり，遺産分割により最終的に権利が帰属する。

特定遺贈

特定遺贈の効力は以下の通りである。

（1）**承認・放棄**　民法は986条以下で特定遺贈の承認・放棄を規定している。遺言者の死亡後，受遺者はいつでも遺贈を放棄することができる（986条）。放棄は遺贈義務者，遺言執行者に対する意思表示で行う。いつでも放棄できるが，遺贈義務者やその他の利害関係人は相当の期間を定めて，承認するか放棄するかの催告をすることができる。その期間内に意思表示がない場合には，遺贈を承認したものとみなされる（987条。また受遺者が死亡した場合に関して988条参照）。

（2）**遺贈義務者の引渡義務**　債権法改正で贈与の担保責任に関する民法551条の規定が改正されたことに伴い，特定物，不特定物とを区別して規定していた担保責任に関する民法998条，1000条が改正された（1000条は，998条の規定で明らかになったので，削除された）。

　贈与に関する規定内容と同じく，遺言者が別段の意思表示をしていないときには，遺贈義務者は，遺贈の目的である物または権利を相続開始時の状態で引き渡し，または移転する義務を負うことになった（998条）。特定物であれば，遺贈義務者は，そのままの状態で履行すればよいのであり，追完や損害賠償の責任は負わないことになった。不特定物であれば，特定された状態で引き渡せばよく，瑕疵のない物をもってこれに代える必要はなくなった。

　なお，他人物の遺贈は，原則は無効であるが（996条。561条参照），例外的に，その権利が相続財産に属するかどうかにかかわらず，これを遺贈の目的としたものと認められるときは，有効とされている（996条ただし書。997条も参照）。この規定に基づき，遺産分割未了の数世代にわたる遺産が，遺言で処分（分配）されることがありうる。

なお，遺贈の目的物に，遺言者の死亡時において，たとえば抵当権や借地権が設定されている場合には，抵当権や借地権付きの不動産を取得することになる。このことを規定していた民法1000条は，998条の改正によって明確になっており，上記の通り2018（平成30）年相続法改正に際して削除された。

　(3)　**受遺者の担保請求権**　　遺贈に条件や期限が付いている場合，履行期前であれば，権利を保全するために遺贈義務者に相当の担保を請求することができる（991条）。担保として，たとえば，保証人，質権，抵当権等が考えられる。

　(4)　**受遺者の果実取得権**　　特定遺贈の受遺者は，遺贈の履行を請求することができる時から果実を取得する（992条）。天然果実のみならず法定果実も含まれる。つまり，預金の利子とか，土地の賃料などを取得できる。

　(5)　**遺贈義務者の費用償還請求権**　　遺贈義務者が遺言者の死亡後に遺贈の目的物に関して費用を支出した場合には，民法993条1項により299条が準用されて，その費用が受遺者から償還される。果実を収取するための通常の必要費は果実の価格を超えない範囲で全額を（993条2項），有益費に関しては現存する増加額を受遺者に請求できる。

　(6)　**遺贈の目的物についての物上代位**　　遺贈の目的物の滅失，変造またはその占有の喪失によって，遺言者が第三者に対して償金を請求する権利を有するときには，その権利を遺贈の目的としたと推定する（999条1項）。目的物がなくなっていても，遺言者が第三者に対して，不法行為に対する損害賠償請求権，損害保険の請求権，占有侵奪による損害賠償請求権等を有していれば受遺者はそれを取得する。

目的物の滅失等が遺言作成後に生じ，償金請求権が存続している場合が999条1項の例である。遺言者が弁済を受けてすでに償金請求権が消滅していれば，遺贈の目的物がなくなっており，通説は遺贈を無効と考えている。また，遺言作成前にすでに消滅していた場合も同様の理由により無効である。

　(7)　**添付（付合・混和）**　　目的物が他の物と付合または混和した場合で，遺言者が合成物の単独の所有者または共有者になったときには，その全部の所有権または共有権を遺贈の目的としたと推定する（999条2項）。加工も学説は同様に考えている。

　(8)　**債権の遺贈に関することがら――債権の遺贈の物上代位**　　遺言者がある絵を引き渡せという債権を有している場合に，その債権を遺贈した後に，遺言者が引渡しを受けたならば，その物が相続財産中に存在する場合にのみ，絵を遺贈の目的としたと推定する（1001条1項）。遺言者がその絵を売却して，すでになくなっている場合には，もはや引渡しを請求できない。

　しかし，**金銭債権**に関しては，相続財産中になくなっていても，その金額を遺贈の目的としたと推定される（1001条2項）。

　たとえば，債権額が明示されている定期預金や貸付債権を遺贈した遺言者が，それを受け取った場合，相続財産の中に残っていなくても，その金額を遺贈したと推定される。これに対して，定期預金を第三者に譲渡してしまった場合には，撤回がなされたと解される（1023条2項）。

4　負担と条件

> **負担とは**

　負担付遺贈とは，受遺者にある一定の債務を課してする遺贈である。たとえば，「A

に甲という不動産を遺贈するが，AはBに毎月2万円を支払うこと」が，負担付遺贈の例である。「Aが弁護士となれば，甲不動産をAに与える」という内容の遺言の場合，弁護士になるということは法律的な義務ではなく，条件付きの遺贈である。つまり，負担は法律上の義務である点において条件と異なる。

　しかし条件と負担は類似し，区別が困難な場合が生じる。その区別は，当事者の意思解釈の問題である。負担が受遺者に債務を負わせるもので特殊なものであり，区別が困難な場合には条件と考えるべきであろう（負担説もある）。なお，条件であれば，その成就によって，効力が発生したり消滅したりするが，負担付遺贈であれば，不履行があっても遺贈の効力は生じており，後述の履行請求または取消権の問題になる（1027条⇒346頁）。

負担は遺贈の範囲内で

　　　　　　　　　　　　　負担は，遺贈の範囲内で履行すればよいのであって，それを超える負担の履行はありえない（1002条1項）。負担付きといえどもその本質は無償行為だからである。またさらに，負担付遺贈の目的の価額が相続の限定承認または遺留分回復の訴えにより減少したときには，その減少の割合に応じて負担の義務を免れる（1003条）。

　わが国では，負担を先履行させる遺贈を内容とする遺言書を作成することがあるが，負担付遺贈とは，本来，無償行為を受けた上で，その範囲で負担の履行をするものである（負担付贈与に関しても同様）。この意味において，そもそも負担の先履行はありえない。負担の先履行が問題になる場合には，もはや負担付きの無償行為ではなく，有償行為と考えられる。しかしながら，最高裁は，死因贈与の例ではあるが，先履行の負担付きという前提のもとで，遺言者の撤回権

を制限する解釈を示している（最判昭和57年4月30日民集36巻4号763頁）（先履行が認められた負担付贈与に関して古くは，大判大正8年10月28日民録25輯1921頁がある）。

負担付遺贈の放棄　受遺者が遺贈を放棄すれば，遺言者の別段の意思表示がない場合には，負担の利益を受けるべき者が，自ら受遺者となることができる（1002条2項）。

負担の不履行　負担の不履行の際の**履行請求権者**は，民法1027条によれば，相続人である。受益者（④〔⇒344頁〕の例でいえばB）が履行請求をなしうるかどうかについては，説が分かれている。第三者のためにする契約を類推して考えれば，受益者は履行請求権を有していると解することができよう（537条1項参照）。

負担の不履行がある場合，家庭裁判所の審判で負担付遺贈を取り消すことができる（家事別表第1の108の項）。その際の**取消権者**は相続人である（1027条）。受益者は取り消すことができない。

　📖　**読書案内**　負担に関して，松川正毅・遺言意思の研究（成文堂，1983年）

⑤　遺贈の無効・取消し

法律行為一般の無効・取消し　遺贈は法律行為であり，法律行為の無効・取消しの規定が適用される（遺言の無効，取消しと同じ。⇒335頁）。

◆**遺贈と公序良俗**　愛人に対する遺贈の効力が公序良俗に反し無効ではないか争われた事例がある。最高裁は，不倫な関係を維持継続するものではないとし，遺言者を取り巻くさまざまな状況を総合的に判断して，有効と判示している（最判昭和61年11月20日民集40巻7号1167頁）。愛人なのかどうか，姦通的であるのかどうかなど当事者の関係のみならず，遺贈の額も考慮されている。当事者の関係については時代とともに，公序良俗に反する要素が薄まるものと思われる。これに対して，遺贈の額や遺言者を取り巻く状況という要素に関して，公序良俗違反の可能性は残る。遺留分の範囲外であれば，常に遺言者は全く自由に処分できるとは限らず，遺言処分に妥当性が求められる（慈善施設に全財産の遺贈がなされた場合や子の職業を無視して行った遺贈の妥当性など）。別産・別管理制によって現実に夫婦の財産関係にアンバランスがあり，また親子間の権利関係が明確でない以上（たとえば，親に対して特別世話をしたなど），現在の状況では，遺言処分にはある程度の妥当性が求められよう。それに反する処分に対しては，公序良俗の概念が用いられる可能性がある。

| 遺贈に特有の無効原因 |

遺贈に特有の無効原因をまとめておこう。

第一に，遺言者の死亡以前に受遺者が死亡した場合には，遺贈は無効になる（994条1項）。

第二に，停止条件付きの遺贈に関して，条件成就前に受遺者が死亡した場合には，遺贈は無効である（994条2項）。

第三に，遺贈の目的たる権利が遺言者の死亡時において相続財産に属していなかった場合には，その遺贈は無効である（996条）。ただし，これらの場合に遺言者の別段の意思表示があれば，その意思に従う（なお，第一の場合に，特段の意思表示をなすことができるかどうかに関して，学説は分かれている）。

7 特定財産承継遺言(「相続させる」旨の遺言)

特定財産承継遺言
のまとめ

特定財産承継遺言は，遺贈の規定と遺産分割の規定のいずれが適用されるか解釈上の問題が生じうる。以下のように整理することができる。

特定財産承継遺言は908条にいう遺産分割方法の指定と解され，遺産分割の手続を要することなく（遺産共有や分割手続を経ることなく）当然に当該遺産が特定の相続人に帰属する（最判平成3年4月19日民集45巻4号477頁）。遺産，遺産の一部が分割されたのと同じ効果を生じる。相続を原因として所有権が移転する。

放棄に関しては，「相続放棄」が適用される。相続放棄すれば，特定財産承継遺言による財産取得も放棄したことになる（前掲最判平成3年4月19日）。

対抗問題に関しては，かつて相続を原因とする権利移転として，法定相続の場合に登記なくして第三者に対抗できるのと同様に解されて，登記不要とされていたが（最判平成14年6月10日家月55巻1号77頁参照），2018（平成30）年相続法改正により民法899条の2が設けられ，特定財産承継遺言についても対抗要件として，相続分を超える部分については登記その他の対抗要件が必要とされた（同条1項）。債権に関しても対抗要件を備えなければならないが，債務者への通知方法などに特別の手段が設けられている（899条の2第1項・第2項参照）。（⇒338頁◆共同相続における不動産の対抗要件，同頁◆預貯金など債権の相続と対抗要件，339頁◆遺贈と登記参照）

かつて遺言執行者は，登記手続の義務を負わない（最判平成7年1月24日判時1523号81頁，最判平成10年2月27日民集52巻1号299頁）と解されていた。しかし，相続法改正により，民法1014条2項で，不動産の場合には，移転登記手続が可能である旨が規定された。なお，受益相続人は被相続人からの相続登記を単独で申請することもできる（不登63条2項）。

　特定財産承継遺言の対象財産が預貯金債権である場合には，遺言執行者は対抗要件を備えるために必要な行為をしたり，預貯金の払戻しを請求したり，預貯金債権の全部が特定財産承継遺言の目的である場合には契約の解約を申し入れたりすることができる（1014条3項）。本条文は預貯金債権が遺贈された場合には適用されないとされている。

　特定財産承継遺言が遺留分を侵害することがあれば，遺留分権利者は，この遺言による受益相続人に対して，侵害額に相当する金銭の支払を請求することができる（1046条1項）。相続法改正で，この条文が設けられて，特定財産承継遺言の受益相続人は受遺者と同視されている。最判平成10年2月26日民集52巻1号274頁参照。

　また，遺留分侵害額請求によって，侵害額相当の金銭債権が生じ，それは固有の権利であると位置づけられたので，その給付された金銭が相続財産を構成すると考える余地はなくなった。

　受益相続人が被相続人の死亡以前に死亡した場合には，当該推定相続人の代襲者その他の者に遺産を相続させる旨の意思を有していたとみるべき特段の事情のないかぎり，代襲相続せずに，特定財産承継遺言は失効する。これは遺贈としての性質を前提とした解釈である（最判平成23年2月22日民集65巻2号699頁）。

8 遺言の執行

執 行 と は

遺言の内容によっては，その実現のために特別の行為を必要とするものと必要としないものがある。たとえば，相続分の指定などは特別の行為を要しない。これに対して，認知とか特定遺贈等では，特別の行為を要する。認知であれば届出が必要である。不動産の特定遺贈であれば移転登記をしたり引渡しをする必要性がある。このように，遺言の内容を実現する手続を遺言の執行という。

執行の準備手続
──検認と開封

(1) **検 認** 公正証書遺言を除き，遺言書の保管者や遺言書を発見した相続人は，相続の開始を知った後，遅滞なく家庭裁判所に遺言書を提出して，検認を請求しなければならない（1004条1項・2項）。検認は，遺言書の形式，状態を調査し，遺言書の偽造，変造を防止し，かつその保存を確実にするためになされる。検認があったからといって，遺言書が有効なものであるとは必ずしもいえない。また検認を欠けば5万円以下の過料に処せられるが（1005条），遺言の効力に影響することはない。

　危急時遺言の作成の手続の一つである**確認手続**と検認手続は異なる。危急時遺言では，遺言が遺言者の真意に出たものであることの家庭裁判所の「確認」の手続が必要であり，確認されないと遺言は効力がない（976条4項・5項。979条3項・4項参照。隔絶地遺言では求められていないことに注意）。なお，確認手続を経た遺言書も，さら

に検認が必要かどうかは，通説は法的根拠が異なることを理由にさらに検認が必要であると解しているが，不要であるという考え方もある。

(2) **開 封**　遺言書の偽造，変造を防止するために，封印のある遺言書の開封には，家庭裁判所において相続人またはその代理人の立会いを求めている（1004条3項）。なお，開封の手続に違反すれば5万円以下の過料に処せられるが（1005条），遺言の効力には影響ない。

遺言執行者

(1) **意 義**　規定上，遺言執行者を求めている場合を除き，遺言の執行を相続人が行うことは可能である。認知（781条2項，戸64条），相続人の廃除・廃除の取消し（893条・894条2項，戸97条）の届出等は，遺言執行者が行うことを前提としている。これらは相続人と利害が対立するからである。

(2) **遺言執行者となりうる資格**　民法1009条により，未成年者および破産者は，遺言執行者になれない。その他，資格に制限はない。法人も可能とされている。相続人も受遺者も遺言執行者になれるが，利害が対立することがある。

また，遺言執行者が任務を怠ったり，解任に正当な事由がある場合には，利害関係人は，家庭裁判所に解任を請求することができる（1019条）。そして，利害関係人が新たに遺言執行者の選任を求めることもできる（1010条）。

(3) **選 任**　選任の方法は二通りある。遺言者が遺言で指定する場合（1006条）と，利害関係人の請求によって家庭裁判所が選任する場合（1010条）である。前者の場合，遺言執行者が就職を承諾

することにより，任務は開始する（1007条1項）。そして，2018（平成30）年相続法改正により，任務が開始したときは，遅滞なく，遺言の内容を相続人に通知しなければならないこととなった（同条2項）。

遺言執行者に指定された者は，就職を拒絶することもできる（1007条1項参照）。就職を承諾するかどうか不確かな場合に，確答を求める催告権が相続人その他の利害関係人に与えられている（1008条）。

(4) **任　務**　　まず第一に，財産目録を作成して，これを相続人に交付しなければならない（1011条1項）。

第二に，相続財産の管理，執行に必要なすべての行為をなす権利義務を有する（1012条1項）。遺言執行者がある場合には，遺贈の履行は，遺言執行者のみが行うことができる（同条2項）。遺贈には，包括遺贈も含まれている（⇒337頁，354頁(10)参照）。

遺言執行者が行う財産の管理に関しては，委任に関する規定が準用される（同条3項）。相続人との間で委任類似の関係といえるからである。

(5) **相続人の処分権の制限**　　民法1013条1項によれば，遺言執行者がある場合には，相続人は，相続財産の**処分**その他遺言の**執行を妨げるべき行為**をすることができない。

処分制限に違反した行為は，判例は絶対的無効であると解していた（大判昭和5年6月16日民集9巻550頁）。この判例に関して，第三者にとって遺言執行者の存在は確認の手段がなく，第三者保護の観点からの問題点が学説によって指摘されていた。学説の中には，1013条の規定の範囲を限定して解釈しようとする説があった。

そこで，2018（平成30）年相続法改正で，処分制限に違反した行為は無効である旨を規定した（1013条2項）。ただし，遺贈がなされ

て遺言執行者がいる場合に，相続人から不動産を譲渡された第三者が不測の損害を被るおそれがある。そこで同項ただし書で，善意の第三者に対抗することができないと規定した。その結果，第三者が善意である場合には，処分行為は有効となる。なお，この第三者と受遺者とは対抗関係にあり，受遺者は登記がなければ対抗できない。

　なお，動産であれば，第三者は善意取得（192条）で保護される可能性があり，債権の弁済であれば，受領権者としての外観を有する者に対する弁済（478条）として保護される可能性はある。

　(6)　**復任権**　遺言執行者が第三者に任務を負わせることができるのは，遺言で定めている場合またはやむをえない事由のある場合に限られていた。これは，遺言執行者の任意代理人としての性質に重点を置いていたからである。この点に関して，遺言者はすでに死亡しており，復代理のため代行者を選任するに際して相続人全員の同意を得ることは困難であることや，家庭裁判所が選任することもありえ，法定代理の要素もあることから，相続法改正によって，民法1016条が改正されて，法定代理人の場合のように，遺言執行者が自己の責任において復代理人を選任することができると規定された（1016条1項）。

　(7)　**報　酬**　遺言執行者は報酬を受けることができる（1018条1項）。

　なお，遺言執行に関する費用，たとえば，開封，検認の費用，財産目録作成費用，相続財産管理費用，遺言執行者への報酬等は，1021条に従い，相続財産が負担する。

　(8)　**任務の終了**　遺言執行者の解任（1019条1項），辞任（同条2項），遺言執行の終了，遺言執行者の死亡，破産によって，遺言執行者の任務は終了する（1020条・1009条参照）。

(9) **法的地位**　民法は遺言執行者の地位を相続人の代理人とみなしていた（2018〔平成30〕年相続法改正前1015条）。しかしながら，遺留分に関する権利行使がなされた場合や廃除の申立てがなされた場合などに，相続人との利害が対立することがあり，1015条の規定は改正された。1015条では「相続人に対して直接にその効力を生ずる」と改正された（1012条1項参照）。

なお，「遺言の内容を実現するため」といえども，遺言事項でないことに関しては，効力を有しておらず，遺言執行者は権利義務を有していない。この点から考えれば，遺言事項でない債務の支払を内容とする遺言事項に関しては，問題が存している。

(10) **特定財産承継遺言と登記**　すでに述べたように，遺言執行者は特定財産承継遺言がある場合に，対抗要件を備えるために必要な登記をすることができる旨が規定された（1014条2項。899条の2第1項参照）。この改正により，遺言執行者はこのような遺産に不動産が含まれている場合には，単独で相続による移転登記を申請することができることになる。なお，受益相続人も自ら，移転登記の申請を行うことができると解されている（1013条1項参照。「その他遺言の執行を妨げるべき行為」に該当しないとされている。一問一答117頁参照）。

なお，特定財産承継遺言に預金債権がある場合には，遺言執行者は，預金の払戻しや，預金債権の全部が特定財産承継遺言の目的である場合には解約をすることができる（1014条3項）。相続法の改正により，遺言執行者にこの権限があることが明確化された（⇒348頁参照）。

(11) **訴訟追行権**　判例によれば，受遺者が不動産の移転登記を求める訴えにおいて被告適格を有する者は，遺言執行者がある場合には，遺言執行者に限られ，相続人ではない（最判昭和43年5月31

日民集 22 巻 5 号 1137 頁)。実体法上の権利義務のみならず訴訟追行に関して，自己の名において，原告，被告となる。つまり，遺言執行者は法定訴訟担当と解されている（最判昭和 51 年 7 月 19 日民集 30 巻 7 号 706 頁）。

| 第3章 | *法定相続と遺言の調整* |

遺留分

遺留分は，法定相続と被相続人の処分との調整を図り，被相続人の処分から最低限の相続人の相続権を保護する制度である。遺留分は，2018（平成30）年の相続法改正で，最も大きく変わった。減殺という考え方を廃止して侵害額請求権という位置づけで，立法された。

1 遺留分の意義

　現代の法律のもとでは，人は自らの財産を自由に処分することができる。贈与や遺贈によってある相続人に多くの財産を与えることも可能である。その結果，別の相続人には全く相続財産が残らなくなってしまうことがありうる。このような場合に，全く相続財産を取得することのできなかった相続人は，相続財産の一定の割合を留保するように求めることができる。この意味において被相続人と一定の親族関係にある者の間では，被相続人の自由な処分が制限される。相続人である以上，被相続人の財産に関して，生活保障や潜在的持分に対応する何らかの権利を有していると考えられており，被相続人がなした処分を否定して，この最低限の財産を取得すること（取り返すこと）ができた。2018（平成30）年の相続法改正で，遺贈や贈与の効力は維持しつつ，債権的な権利として請求できるように

改正された。これが，遺留分の権利である。

　この制度は，被相続人の財産処分の自由とその制限（私有財産制度のあり方）や，相続人指定の制度，また同時に，遺産の性質が家産的なものであるかどうかなどとも関連しており，歴史上興味深い変遷を示している。以下で代表的な二つの型であるローマ法型とゲルマン法型を通して検討する。

ローマ法型　ローマ法では，相続財産の帰属を被相続人の意思に求め，相続人の指定が相続の必須の要件であった。このような制度では，法定相続人の地位つまり相続権が守られることはない。ここでは，相続権が保障されておらず，近親者への配慮を欠く相続人指定から家族を保護する方法として，処分を否定するという手段によることはできない。処分行為自体の効力を問題にすることなく相続財産の一部に相当する金銭債権を，相続分の代償として与え，家族構成員の保護を実現している。この流れにあるものはドイツの制度であり，「義務分」と呼ばれている。

ゲルマン法型　遺言で相続人を指定することは認められておらず，遺贈があっても，法定相続人は相続人の地位を失うことはない。もともと，被相続人は自由に家産を処分しえなかった。この制限が緩和されていき，自由分という，処分できる割合が認められるに至った。ここでは，遺留分制度は，法定相続人である遺留分権利者の法定相続分の一部を遺贈や贈与から保護する相続権としての制度になっている。法定相続人としての地位そのものが保護されており，家族の外に財産が出ていかないようにする構造をもっていた（このような制度では，相続人でなくなれば遺

留分の権利も失う。たとえば放棄すれば遺留分の権利を失う）。遺留分権利者は権利を行使して，金銭債権を取得するのではなくて，むしろ出ていった相続財産を遺留分減殺請求により取り戻す制度になっている。このゲルマン型の遺留分制度を代表するのがフランス法である。

一方で，相続分は保障されず，被相続人の自由な処分を前提とする法制度があった。ここでは，金銭債権を近親者に残す方法で保護を図った。また他方で，相続分が保障され，被相続人の処分に対し，相続人として処分の対象（家産）を取り戻す権利を付与する制度があった。しかしながら，現在では，この二つの大陸法系の制度はかなり似た内容になってきているのも事実である。

その他に，死後処分の自由を貫徹するイギリス法では，「死後扶養法」によって，被扶養者に相当な扶養料が残されていない場合には，扶養料が請求でき，制定法上遺言処分の自由が制限される。このように，相続人の扶養との関連で，遺言処分の自由を考える法制度もある。

わが国の遺留分制度は，2018（平成30）年の相続法改正前は，ゲルマン＝フランス型であり，現物返還主義を原則として採用していた（相続法改正前1041条）。しかし，改正により，価額返還主義になった。

また，現在では，遺言書作成の増加と並行して，遺留分の主張も増えている。遺留分を無視する遺言の存在と，相続人の相続権の意識の向上が特徴となっている。

2008（平成20）年には，中小企業における経営の承継の円滑化に関する法律が制定され，同年10月1日から施行されている。遺留分に関する民法の特例を設けて，円滑な経営承継が困難になる事例

を避けることを考慮した。旧代表者が死亡する前に，遺留分を有する推定相続人全員の書面による合意について家庭裁判所の許可（同法8条）を受けると，たとえば，後継者が受けた株式の贈与などによって取得した株式の全部または一部を遺留分算定の基礎となる財産に算入しないことなどを決めることができるようになった（同法4条）。

2 遺留分の範囲

●誰が，どれほど

1️⃣ 遺留分権利者

遺留分権利者は，民法1042条1項によれば，「兄弟姉妹以外の相続人」，すなわち，**配偶者，子，直系尊属**である。そしてさらに遺留分権利者であるためには相続人であることが前提である。相続放棄をした者は，相続人でなくなり（939条），その結果，遺留分権利者でもなくなる。相続欠格，廃除により相続資格を失った者も同様である。

◆**相続の放棄と遺留分の放棄の相違**　遺留分を放棄した者は，遺留分権利者でなくなる（1049条）が，それだけでは相続権までは放棄していない。遺産分割で自分の相続分を主張することは可能である。しかし，相続を放棄した者は遺留分権利者とはならない。この相違には注意を要す。

子が欠格，廃除によって，相続資格を失った場合には，代襲相続

の可能性があり，代襲相続人が遺留分権利者になる。しかし，被代襲者がすでに遺留分を放棄していれば，代襲者は被代襲者の有していた権利を取得するのみであるから，もはや遺留分権を有さない（⇒383頁）。

② 遺留分の率

民法1042条1項によれば，遺留分は，直系尊属のみが相続人である場合には，被相続人の財産の3分の1であり，その他の場合，2分の1である。遺留分権利者は配偶者，子（代襲相続の可能性はある），直系尊属であるから，その他の場合とは，つまり，配偶者のみの場合，子のみの場合，配偶者と子の場合，配偶者と直系尊属の場合である。

この率は，遺留分権利者たる相続人全員の遺留分率であり，各相続人の遺留分率は，各自の法定相続分率をかけて計算する（1042条2項）。たとえば，相続人が配偶者と子三人であれば，全体の遺留分率は2分の1である。配偶者の遺留分率は，1／2（相続人全員の遺留分率）×1／2（法定相続分）＝1／4になる。子は各自，1／2（相続人全員の遺留分率）×1／2（子全体の法定相続分）×1／3（子の相続分は平等）＝1／12になる。

③ 遺留分の算定方法

遺留分算定の基礎となる財産

遺留分率だけでは，遺留分が侵害されたのかどうかはわからない。それを知るためには，本来，「遺産」はどれだけであったかを知らなければならない。

かりに，相続人として子二人，遺産として1000万円残っていた

とする。これだけの事実では，その子達の遺留分が侵害されたかどうかは全くわからない。もしも，被相続人が生前に莫大な財産（たとえば2億円）を慈善団体に贈与していたならば，子達は，目の前にある1000万円を分けることで満足するのであろうか。また，被相続人の死の直前に，子の一方に2億円相当の贈与がなされていた場合には，他の一方の子は残った1000万円相当の財産を取得することになっても相続権が侵害されたとか不公平であると感じないだろうか。そこで，遺産がすでに贈与等で減少してしまっている場合には，それを算入して計算する作業が必要になる。

　民法1043条1項によれば，被相続人が相続開始時に有した財産の価額にその贈与した財産の価額を加え，その中から債務の全額を控除して，遺留分算定の基礎となる財産を計算する。

　遺贈や**死因贈与**は相続開始時にはまだ相続財産の中に含まれているので，受遺者たる相続人はそれらを「贈与財産」のように加えて計算する必要性はない。なお，**債務**を控除するのは，遺留分では現実に取得することになる価額を問題にするからである。この「**遺留分算定の基礎となる財産**」に各人の遺留分率をかけたものが**各相続人の遺留分額**である。

　そして，遺留分が侵害されたかどうか，どれほど侵害されているのか（遺留分侵害額）は，2018（平成30）年相続法改正により設けられた民法1046条2項に従って算定される。同条によれば，次のように計算することになる。

　まず民法1046条2項が規定する「1042条の規定による遺留分」という表現は，前述の遺留分の割合規定である。この条文と遺留分算定の前提となる遺留分算定の基礎財産の算定方法を規定している1043条の意味を理解することから始めなければならない。

1043条は上述したように,「相続開始時に有した財産＋贈与した財産の価額－債務の全額」を遺留分算定のための基礎財産としている。これに各相続人の遺留分率をかけて,遺留分権利者各人の遺留分額が算出される。

1046条2項によれば,各相続人の遺留分額から,①「遺留分権利者が受けた遺贈又は第903条第1項に規定する贈与の価額」(1号) と②「第900条から第902条まで,第903条及び第904条の規定により算定した相続分に応じて遺留分権利者が取得すべき遺産の価額」(2号) を控除し,③「被相続人が相続開始の時において有した債務のうち,第899条の規定により遺留分権利者が承継する債務……の額」(3号) を加算して侵害額が計算される (⇒369頁の ジャンプ の図示参照)。

1046条2項を図式化すれば以下の通りである。

①は,遺留分権利者が受けた遺贈や特別受益である贈与である。

②は,残存する遺産分割の対象財産を法定相続として分割することによって,得られる価額である。ここでは,遺産分割がすでに終了しているかどうかを問わず,残存財産が具体的相続分に従い計算される。遺産分割が終了していても,「遺留分権利者が遺産分割において取得すべき財産の価額」に関しては,具体的相続分に従って計算された額になると説明されている。遺産分割の進行状況によって遺留分侵害額が変動し,権利の内容も変動することになり相当でないことを理由にしている (一問一答143〜144頁)。なお,904条の2は除かれており,寄与分はここでは考慮されていない。特別受益とはその性質を異にすることを理由としている。

③は,相続人が負うべき債務である。遺留分権利者承継債務と言われる。一般的には,債務は法定相続分に応じて相続人間で分割さ

れる。ここでは，相続分指定があれば，それが考慮される。これは最判平成21年3月24日民集63巻3号427頁の考え方に基づいている。なお，相続人間での債務負担の合意は考慮されない。

①と②を控除し，③を加算する意味は何であろうか。①と②の財産は，被相続人から得た財産と残った遺産から取得すべき財産であり，被相続人の財産から得ているのであるから，遺留分算定の基礎財産から控除する。③の債務に関しては，「遺留分の額は，遺留分権利者の手元に最終的に残る額を意味するものであるため，……遺留分権利者がその債務を弁済した後に遺留分に相当する財産が残るようにする必要がある」（一問一答133頁参照）と説明されており，このために加算される。

このようにして算定される侵害額は，侵害されている場合にはプラスとして計算されることになる。この結果，各相続人の遺留分額（④）は，民法が規定している遺留分を満たすのかどうか，また侵害されているのかどうかが判明し，またその額が明らかになる。

◆加算や控除について　民法1046条2項が規定する侵害額の算定方法の説明とは異なり，侵害額がマイナスとなって現れる説明の方法もある。これによれば，遺留分権利者が被相続人から得た財産（残存財産のある場合には，具体的相続分に応じて得るであろう財産が加わる）から遺留分権利者が負担した債務を控除した価額を考える。これは被相続人からプラスとして得た（得るであろう）財産を意味することになる。本来，当該遺留分権利者に権利として認められている遺留分額がこの被相続人からプラスとして得た（得るであろう）財産を満たさない場合には，遺留分侵害があることになる。このような説明方法であれば，遺留分侵害額はマイナスとして現れてくる。

しかしながら，侵害額がマイナスになって表れるか，プラスとなって表れるかの相違はあるものの，民法1046条2項の規定する算定方法と，その意味するところは同じである。この説明の方法を図示すれば以下の

通りである（⇒1046条2項の規定に基づく説明は，369頁の ジャンプ の図示を参照）。

遺留分侵害額＝（①「遺留分権利者が受けた遺贈または特別受益である贈与」＋②「900条から902条まで，903条および904条の規定により算定した相続分に応じて遺留分権利者が取得すべき遺産の価額」－③「遺留分権利者が負担する債務の額」）－④「遺留分権利者の遺留分額」

簡略化すると，（①＋②－③）－④となる。

◆**遺留分と相続分**　具体的相続分算定の際の持戻しと遺留分算定の基礎となる財産の算入とを混同してはならない。

わが国の民法においては，相続分算定のための持戻しは，遺産の分割のためのものであり，被相続人が死亡したときに，現実に遺産として目の前に残っているものをいかに平等に分割するかという次元での問題である。すでに特別受益として贈与がなされて，わずかの財産しか残っていない場合には，その残った財産の分割のみが問題となる。持戻しは頭の中だけの話であり，現実には返還する必要性がない。

これに対して，遺留分は，かりに遺留分の侵害があれば，遺留分侵害額請求を行うことにより，侵害額に相当する金銭が現実に返ってくる可能性がある。すなわち，相続財産から出てしまった財産を価値的に取り戻すに等しいのである。ここでは，頭の中で算入するだけではなく，現実に金銭の支払を請求することができることになる。

相続法の領域では，遺産分割と遺留分という二つの異なる手続がある。たとえて言えば，目の前に現実に残っている遺産の分割で相続の幕は下りかかるが，それでは満たされない相続人のために，幕が再び上がりエピローグとして遺留分侵害額の請求が始まり，被相続人のした処分に関して修正がなされる（フランス法での遺留分のとらえ方に関しては，⇒298頁■）。ただし，このエピローグは舞台をかえて行われる。つまり，遺産分割は審判事項であり，家庭裁判所で行われる。これに対して，遺留分侵害額請求は訴訟事項であり，地方裁判所で行われる。

| 贈与財産 |

遺留分算定の基礎となる財産に算入される贈与に関して民法1044条が規定している（基礎となる財産の算入のための贈与は，無償の出捐を意味するが，通説はその他に，債務免除や財団法人設立のための寄附行為も含めている）。以下で順次検討していこう。

第一に，民法1044条1項前段によれば，贈与は相続開始前1年間にしたものにかぎり算入する。この期間になされた贈与は，誰に対してなされたものであろうとすべて算入される。履行期ではなくて，契約がなされた時つまり契約成立時が相続開始前の1年間にあるという意味である。

第二に，民法1044条1項後段によれば，当事者双方が遺留分権利者に損害を加えることを知ってしたときは，1年前の日よりも前の贈与でも算入することになる。

「損害を加えることを知って」の意味は，判例・通説的見解に従えば，「加害の意図」（害意）までは必要ではない。さらに，誰が遺留分権利者であるかを知る必要性もない。客観的に遺留分権利者に損害を与えるという事実関係（遺留分を侵害するという事実）を認識していれば足りる（大判昭和4年6月22日民集8巻618頁，大判昭和9年9月15日新聞3801号9頁）。さらに，贈与のときに侵害していても，将来被相続人の財産が増加するので問題ないと思っている場合もあり，判例は**加害の認識**に加えて，**将来において被相続人の財産が増加しないという予見**のもとになしたということも求めている（大判昭和11年6月17日民集15巻1246頁）。通説もこれを支持している。このような予見の例として，被相続人が高齢であること，病弱であることなどが考えられる。

第三に，民法1044条2項，3項によって，特別受益は，相続開

始前の 10 年間にしたものにかぎりすべて加算する。つまり，この期間内に婚姻，養子縁組のためもしくは生計の資本として受けた贈与（持戻しを免除された特別受益も含む）の価額はすべて加算される（最判昭和 51 年 3 月 18 日民集 30 巻 2 号 111 頁。最判平成 10 年 3 月 24 日民集 52 巻 2 号 433 頁も同じ立場に立つ。持戻しの免除につき 903 条 3 項参照）。

第四に，負担付贈与も算定の基礎財産に算入されうるが，贈与の価額から負担の価額を控除した額が算入される（1045 条 1 項）。

第五に，不相当な対価でなした有償の財産処分は，当事者双方に遺留分権利者に損害を加えることを知ってした場合には，その対価を負担とする価額の負担付贈与として算入される（同条 2 項）。たとえば，5 億円の価値のある財産を 1 億円で売却する場合，4 億円を贈与したものとみなして遺留分算定の基礎財産に算入する。

まとめ

算入される贈与

1. 相続開始前の 1 年間にした贈与
2. 当事者双方が遺留分権利者を害することを知ってした贈与
3. 相続開始前の 10 年間にした特別受益
4. 負担の価額を控除した負担付贈与
5. 不相当な対価でした有償行為

その他算入が問題になる財産

　　　自己以外の者を受取人に指定した死亡退職金，遺族給付金，生命保険金の請求権等の被相続人の死亡によって取得した相続外の利益について問題になりうる。

(1) **死亡退職金**については，判例・通説ともに受給者の生活保障のための固有の権利であると考え（最判昭和 55 年 11 月 27 日民集 34

巻 6 号 815 頁)，相続財産でないと解している（最判昭和 62 年 3 月 3 日家月 39 巻 10 号 61 頁）。遺留分の算定のための基礎財産への算入や減殺（現行法では，遺留分侵害額請求に相当）を認めない傾向があるが，賃金の後払的性質を強調し，算入や減殺を認める説もある。

(2) **遺族給付金**に関しては，生活保障的要素が強く，基礎財産に算入されず，減殺（現行法では，遺留分侵害額請求に相当）の対象にもならない（東京家審昭和 55 年 2 月 12 日家月 32 巻 5 号 46 頁）。なお，高額の弔慰金に関して，功労報酬的性質を有するとして，遺留分算定にあたり，特別受益と考え算入を認めた事例がある（東京地判昭和 55 年 9 月 19 日家月 34 巻 8 号 74 頁）。

(3) **生命保険金請求権**は，受取人の固有の利益であることを強調すれば，相続財産でなく特別受益にもあたらず，また遺留分の算定に算入することもなくなる。生命保険に関しては，学説が分かれている。一方で，被相続人が保険料を払っていた事実と受取人である相続人とほかの相続人間での不公平が生じる可能性があることから，保険には贈与類似の無償処分の性質もあると考え，受取金の全額ではなくても特別受益や遺留分として考慮すべきであると主張する学説がある。また，他方で，受取人の固有の権利であることを強調し，算入を認めない学説もある。これに対して，保険金受取人として相続人や被相続人以外の第三者を指定する場合に関して，判例は贈与や遺贈に準じるものとすることはできないし，減殺（現行法では遺留分侵害額請求に相当）の対象にもならないとする（最判平成 14 年 11 月 5 日民集 56 巻 8 号 2069 頁）。相続人の一人を受取人にした場合に関しては，この平成 14 年の判例は触れていない。しかし，共同相続人との間に生ずる不公平が民法 903 条の趣旨に照らし到底是認することができないほどに著しいものであると評価すべき特段の事情が

存する場合には，特別受益に準じて持戻しの対象となると判示する判例が公にされた（最決平成16年10月29日民集58巻7号1979頁⇒259頁。なお，本件では，特段の事情があるとまではいえないとし，持戻しの対象とすべきものということはできないとしている点に注意）。このように特別受益と解される場合には，民法1044条2項，3項により，遺留分算定の基礎財産に算入されうることになる。

(4) **持戻し免除**がなされた特別受益も，遺留分算定の基礎となる財産に算入されて計算され，遺留分侵害額請求の対象となりうる（最決平成24年1月26日家月64巻7号100頁）。

遺留分算定の基礎となる財産の評価基準時 判例は特別受益としてなされ，遺留分の算定の基礎となる財産に算入される贈与の価額の評価基準時は相続開始時であるとする（最判昭和51年3月18日民集30巻2号111頁）。

贈与の多くは過去になされたものであり，時の経過とともに貨幣価値の変動の影響を受けるのは明らかである。より公平を図るため遺産分割と関連させて，遺産分割時に評価すべきと主張する学説もあるが，通説も相続開始時説を支持している。

贈与された物が，受贈者の行為で滅失または価格を増減している場合には，相続開始時に原状のままで存在するものとみなして，相続開始時を基準として評価する（1044条2項）。

◆**遺留分侵害額の算定**　遺留分侵害額の算定は複雑に思われるが，順を追って考えてみよう。

ホップ　　基本は，相続にあたって，「被相続人から取得した財産額（遺留分権利者が取得すべき遺産を含む)*」がその相続人の「遺留分額」を下回ることがあれば，遺留分が満たされておらず，遺留分が侵害されていると考える点にある。

ステップ　　各相続人の遺留分額を知る。

「遺留分算定の基礎となる財産」＝「相続開始時に存した財産」＋「贈与財産」－「債務」（1043 条 1 項）

（注意－1）
遺贈を加算しないことの意味を理解すること。また，残った財産から控除もしない。通説に従えば，遺贈には不動産の遺贈のように，物権的な効力を有するものもある。しかしながら，遺留分算定の基礎となる財産の計算では，まだ遺贈は執行されておらず，相続財産の中に存在しているものとして位置づけて考えられている。遺贈は，あたかも流出していない財産と理解し，未だ残存する相続財産の中にあり，加算されない。
またさらに，遺贈は債務と似ているが，債務ではなくここにいう債務には含まれない。

（注意－2）
加算される贈与の中身を知ること。相続人以外の者への贈与も含む点において持戻しとは異なる。

「遺留分算定の基礎となる財産」×「遺留分率」＝「遺留分額」（1042 条）

ジャンプ　　遺留分がどれだけ侵害されているかを民法 1046 条 2 項に従って知る。

相続法改正の際に規定された民法 1046 条 2 項に従って説明すれば以下のようになる（なお，362～364 頁で用いた①～④をここでも付す）。

＊2018（平成 30）年相続法改正により，遺産分割すべき財産が残っている場合には，遺留分権利者が取得すべき遺産の範囲に含まれ，たとえ遺産分割がされていても具体的相続分になることが明らかにされている。したがって遺産分割の対象財産が残されている場合もあり，「被相続人から取得した財産額（遺留分権利者が取得すべき遺産を含む)」と表現することになる。

遺留分侵害額＝④遺留分権利者の遺留分額－①「遺留分権利者が受けた遺贈または特別受益である贈与」－②「900 条から 902 条まで，903 条および 904 条の規定により算定した相続分に応じて遺留分権利者が取得すべき遺産の価額」＋③「遺留分権利者が負担する債務の額」

この計算の方法では，侵害額がプラスとして現れる。

条文がいう控除や加算をする意味は，ひとまとめにするために，式の右辺に（　）を補って考えれば④－（①＋②－③）となり，（　）内は，被相続人から取得する（残存財産のあるときには，取得すべき遺産が加わる）財産額であることが理解できよう（⇒363 頁◆参照）。

（注意－3）　遺留分侵害額算定における遺贈の扱いについて

遺留分侵害額算定する際に，遺贈が含まれているかどうかに関して注意が必要である（1043 条 1 項，1046 条 2 項に関係している）。

1. ステップ で述べたように，遺留分算定の基礎財産の計算（1043 条）の際に問題となる被相続人が相続開始時に有した財産は，通常は遺贈を含めて考えられている（従って加算する必要はない）。

2. これに対して，ジャンプ で問題になる遺留分侵害額を算定する際に問題となる残存財産（1046 条 2 項）に関しては，通常は遺贈はすでに除かれて考えられている。もしも履行されていることを前提としないで，その財産を含めて計算されていれば，その財産の分割を考える際に，履行すべき遺贈に相当する分はここから除かれることになる（贈与であれば，すでに財産は相続財産から逸失していると考える）。

このように，残っている財産という場合には，遺贈に相当する財産が含まれているのか，生前贈与のようにすでに含まれていないのか不明瞭な場合があり，注意しなければならない。

たとえば，相続人の一人 A に対して 3000 万円相当の遺贈がなされ，第三者 B に対して 1 億円相当の財産の遺贈がなされるという事例で，被相続人死亡時に 1000 万円（他に上記の遺贈の履行のための財産として 1 億 3000 万円がある）が残っていたという場合を考えてみる。1. の遺留分算定の基礎財産の計算に際しての相続開始時において有した財産の価額は，遺贈を含めて考える。もしも検討する事例で遺贈が含まれていれば，そのままで良いし，含まれていなければ加算しなければならない。上記の例では含まれていないという事例であるので，基礎財産は 3000 万円＋1 億円＋1000 万円＝1 億 4000 万円が相続開始時において有した財産となる。

これに対して，2. の遺留分侵害額算定の際に問題となる残存財産は遺贈を履行しなければならず，その価額を控除したものである。控除されていなければ，残っているとされる財産から控除しなければならない。死亡時

に存する財産として，すでに控除された金額が示されていればそのままでよいことになる。上記の例であれば，1000万円である。(事例問題1と2を参照)。

　なお，特別受益の持戻し財産に関する903条のみなし相続財産には，遺贈がある場合でも，その対象財産は未だ相続財産の中にあると解されて，加算されないことにも注意しなければならない。

◆指定相続分と遺留分侵害　指定相続分に関しても，遺留分侵害額請求の対象となることが明らかになった(1046条1項)。遺留分の債権化に伴い，指定相続分も侵害額に対する金銭の支払の請求権へと改められている。

◆遺産分割と遺留分侵害　贈与や遺贈がなされており，残存財産に関して遺産分割が成立したとしても，結果的に遺留分侵害があれば，受遺者や受贈者に対する遺留分侵害額請求が可能である。

　これに対して，遺贈や贈与がなく，遺産分割の協議が成立した場合，結果的に遺留分を侵害するような遺産分割であっても，遺留分侵害額請求は不可能である。遺産分割それ自体は贈与や遺贈と異なり，遺留分侵害額請求の対象にならないからである。

事例問題1（相続人に対する贈与がある事例）

　Aには相続人として子B，Cがいる。相続財産として1000万円相当の財産が残っている。Aは死亡の1カ月前にBに2億円相当の不動産の贈与を行っている。Cは残存する財産を取得することができるか？またBに対して遺留分侵害額請求をすることができるか？

　〈解答〉　まず，遺留分の算定の基礎となる財産を計算する。1000万円（相続開始時に存した財産）に2億円（贈与財産）を加えた2億1000万円である（この事例では債務はないとする）。

　この2億1000万円に4分の1（Cの遺留分率）をかけた，5250万円がCの遺留分額である。

　残存する1000万円は具体的相続分に従い，贈与を受けていないCが遺産分割により取得すべき価額となる（1046条2項2号参照）。そこで，1000万円（相続で得べき財産）を控除して遺留分侵害額が算出される

（Cには特別受益はない）。5250万円－1000万円＝4250万円。Cは4250万円の遺留分侵害額請求権がある。

事例問題2（相続人に対する遺贈がある場合）

　Aには相続人として子B，Cがいる。相続財産として1000万円相当の財産が残っている（他に，遺贈を履行する額相当は残っている）。AはBに2億円相当の不動産の遺贈をしている。Cは残存する財産を取得することができるか？　またBに対して遺留分侵害額請求をすることができるか？

　〈解答〉　相続財産として残っている財産の額と遺贈の額に注意が必要である。

　遺留分算定の基礎財産の算定（1043条1項）のための相続開始時に有した財産は，遺贈を含めて考えられている。したがって，残存財産が1000万円という場合に，それが含まれていない額であるとすれば，加算しなければならなくなる。遺留分算定の基礎財産は，（1000万円＋2億円）となる。各相続人の遺留分額は5250万円となる。Cは残存する1000万円を，具体的相続分に従い，遺産分割で取得すべき価額として計算されて，侵害額が具体化される。5250万円－1000万円＝4250万円。Cは4250万円の遺留分侵害額請求権を有する。

事例問題3（第三者に対して，贈与や遺贈のある事例）

　Aには相続人として子B，Cがいる。相続財産として5000万円相当の財産が残っている（遺贈に必要な額を含む）。債務は1000万円ある。

　Aは生前（死亡6ヵ月前）にDに5000万円を贈与し，Eに4000万円相当の財産の遺贈をしている。B，Cは，遺留分が侵害されているか？

　〈解答〉　まず1043条に従い，遺留分算定の基礎財産の算定を行う。1043条にいう「相続開始の時において有した財産の価額」には，遺贈の対象額を含めて計算する。これを確認する必要がある。事例では，含まれていると記載されているので，遺留分算定の基礎財産の計算は以下の通りである。

5000 万円＋5000 万円－1000 万円＝　　　9000 万円
　↑残存財産　　↑贈与　　　↑債務　　　遺留分算定の基礎財産

　B，C の各人の遺留分額は，9000 万円×(1/2×1/2)＝2250 万円

　次に，B，C の遺留分が侵害されているかどうかを知るためには，民法 1046 条 2 項に基づいて計算をする。この事例では，同項 2 号の計算が問題となる。つまり，B，C の取得しうる額を計算することが必要となる。

　すると，(5000 万円－4000 万円)＝1000 万円が遺産分割の対象となる財産として残されたもの（残存財産）となり，遺留分権利者が取得すべき遺産の価額（同条 2 項 2 号）となる。ここでは，遺贈の価額を控除する必要性がある。

　各人の遺留分額から，特別受益と残存財産の遺産分割で取得すべき額を控除し，債務を加算して侵害額が計算される。

2250 万円－(1000 万円×1/2)＋(1000 万円×1/2)＝2250 万円
　↑各人の遺留分額　↑残存財産の分割による取得　↑各人の相続する債務

　B は 2250 万円，C は 2250 万円の遺留分侵害額請求権を有する。

---

3 遺留分侵害額請求権

遺留分侵害額請求とは
何か

遺留分侵害額請求権は，被相続人がした贈与や遺贈によって，遺留分が侵害された相続人が，自らの遺留分額を満たすために，受贈者や受遺者に対して，その侵害額に相当する金銭の支払を請求する権利である。かつては減殺請求権と呼ばれ，物権的な効力をもつ権利とされていたが，2018（平成 30）年相続法改正によって，債権化された。遺贈や贈与の効力は維持しつつ，債権的な権利として

位置づけられた（1046条1項）。相続法改正での最も大きな改正であると言えよう。遺留分制度は，その減殺請求という土台を維持しつつ改正するのではなく，その基本的な土台を入れ替えて根本的に変わったと言える。たとえば，前述の**事例問題1**（⇒371頁）では，Cは4250万円の遺留分が侵害されている。その範囲で，2億円相当の不動産の贈与を受けたBに対して金銭の支払を請求することが可能である。

遺留分侵害額請求権者

遺留分侵害額請求権を行使しうるのは，遺留分を侵害された遺留分権利者とその承継人である（1046条1項）。承継人としては，特定承継人と包括承継人がある。前者の例として，処分行為に対する遺留分侵害額請求権を遺留分権利者から譲り受けた者が考えられる。後者の例としては，遺留分権利者の相続人が考えられる。

◆**遺留分侵害額請求と債権者代位権**　最高裁は，特段の事情がある場合を除き，債権者代位の目的とすることはできないと判示した（最判平成13年11月22日民集55巻6号1033頁）。遺留分を回復するかどうかは，もっぱら遺留分権利者の自律的決定にゆだねられており（相続放棄する可能性もある），減殺請求権（当時）は行使上の一身専属性を有すると解し（423条1項ただし書），遺留分権利者の債権者が遺留分権行使の意思決定に介入することは許されないとしていた。改正後の民法でも遺留分侵害額請求権は一身専属性を有すると解される。

遺留分侵害額請求の相手方

遺留分侵害額請求の対象となる財産の受贈者，受遺者である（1046条1項）。
遺留分の金銭債権化に伴い，受遺者や受贈

者からの特定承継人に対する減殺請求を認める規定（2018〔平成30〕年相続法改正前1040条）は廃止された。

　なお，受贈者や受遺者が，弁済などで遺留分権利者承継債務を消滅させる行為をした場合，消滅した債務の額の限度において，遺留分侵害額請求により負担する債務を消滅させたり減額させたりすることができる規定が設けられた（金銭給付義務の消滅請求。1047条3項）。たとえば，遺留分権利者である子二人が，それぞれ200万円ずつ合計400万円の遺留分侵害額請求権を第三者である受遺者に対して有している場合で，子二人が負担すべき相続債務として200万円が残っていたとする。この受遺者が，相続債務200万円を弁済した場合には，子二人が遺留分侵害額として200万円ずつ請求してきた際に，第三者弁済した200万円分を遺留分侵害額請求額から消滅させることができる。この結果，本来ならば各々200万円の請求が可能なところ，受遺者が代わって債務弁済した200万円を遺留分侵害額請求額から消滅させることができることになる。子達はそれぞれ100万円の請求権を有することになる。

遺留分侵害額請求の方法

　(1)　意思表示　　遺留分侵害額請求権は形成権であり，その行使は相手方に対する，裁判外の一方的な意思表示で可能である。受遺者，受贈者に対する意思表示によって法律上当然に減殺（当時）の効力が生じる（最判昭和41年7月14日民集20巻6号1183頁）と判示されていたが，改正後も同じである。

　遺産分割協議との関連で遺留分減殺（当時）請求の意思表示があったかどうか，解釈上争われる場合がある。たとえば，被相続人の全財産が相続人の一部の者に遺贈された事例（最判平成10年6月11

日民集 52 巻 4 号 1034 頁）では，特段の事情のないかぎり，遺贈の効
力を争うことなくなした遺産分割協議の申入れには，遺留分減殺
（当時）請求の意思表示は含まれると判示している。これに対して，
遺言や遺贈の無効を主張しつつ，遺産分割の申入れをすることには，
遺留分減殺（当時）請求の意思表示は含まれていないとされている
（東京高判平成 4 年 7 月 20 日判時 1432 号 73 頁）。贈与や遺贈が無効で
あれば，遺留分の前提を欠くからである。

　2018（平成 30）年相続法改正後の遺留分では，被相続人がした遺
贈や贈与の効力を維持しつつ，受遺者や受贈者に遺留分侵害額に対
して金銭的な債務を負わせることになる（相続法改正前は，遺留分減
殺請求権は当該無償処分の効力を否定して，不動産であれば共有関係にな
る制度であった）。したがって，無償処分の効力を争っている場合に
は，遺留分の主張の根拠を欠くことになる。上記改正前の判例は，
改正後も適用されることになる。

　(2) **順序と割合**　　遺留分侵害額請求の対象となりうる遺贈と贈
与が併存する場合には，どれから請求すればよいのだろうか。遺留
分侵害額請求の対象となりうる贈与と遺贈が併存する場合には，ま
ずは受遺者が負担する（1047 条 1 項 1 号）。

　次に，被相続人が，複数の遺贈をしてその結果遺留分を侵害する
場合には，遺言者が別段の意思表示をしたときはその意思に従うが，
そのような意思表示のないかぎり，その目的の価額の割合に応じて
遺留分侵害額を負担する（1047 条 1 項 2 号）。

事例問題 4

　A は，相続人として子 B を残して死亡した。遺産は 1000 万円相当の
財産（遺贈の履行はこの財産から行う）であったが，遺言により，A

はＣに300万円相当の財産の遺贈を行い，Ｄに700万円相当の財産の遺贈を行っていた。Ｂは，遺留分侵害額請求が可能か？　可能とすれば遺留分侵害額を負担するのは誰か。

　〈解答〉　遺留分算定の基礎となる財産は，被相続人が相続開始時に有した財産であり，遺贈分を含めて考える。したがって，遺留分算定の基礎財産は，1000万円である。Ｂの遺留分率は2分の1。遺留分額は500万円で，遺留分侵害額も500万円である。そこで，遺留分侵害額を受遺者に請求する。300万円相当の遺贈と700万円相当の遺贈がなされており，500万円相当の遺留分侵害額について，3対7の割合での請求となるため，Ｃに対して150万円，Ｄに対して350万円をＢは請求することになる。

　受遺者に請求してもなお遺留分侵害額に満たない場合には，受贈者に請求する。

　受贈者が複数ある場合で贈与が同時にされたものであるときは，受贈者はその目的の価額の割合に応じて負担する（民1047条1項2号）。

　そして請求の対象となる贈与が複数存在する場合には，民法1047条1項3号により，後の（新しい）贈与の受贈者から始め，順に前の（古い）贈与の受贈者が遺留分侵害額を負担することになる。つまり，時期的に新しい贈与に係る受贈者から負担し，それでも遺留分侵害額が満たされない場合には，その前にされた贈与に係る受贈者が負担する。贈与の前後を決める基準は，登記時や契約の履行時ではなくて契約締結時である。なお2018（平成30）年相続法改正前民法の下で，死因贈与は「遺贈に近い贈与として，遺贈に次いで」，贈与の中では一番初めに減殺されると判示する下級審判決（東京高判平成12年3月8日高民53巻1号93頁）があるように，死因

贈与の受贈者は，受遺者に次いで，贈与者の中では先に負担することになる。

なお，遺留分が侵害された者が数人いれば，請求をするかどうかは各自の自由であり，それぞれの侵害額に応じて各自が受遺者や受贈者に請求することができる。

事例問題5

　相続人Aは200万円の遺留分が侵害されており，相続人Bは400万円の遺留分が侵害されていたとする。遺留分侵害額請求の対象となる処分として，Cに対する300万円の遺贈と，Dに対する300万円の贈与がある。AとBがともに遺留分侵害額請求をする場合，どのように負担がなされるか。遺留分侵害額請求権者が複数存在する場合の問題である。

　〈解答〉　200万円の遺留分を侵害されたAと，400万円の遺留分を侵害されたBがいる場合，AとBはそれぞれ1対2の割合で，本文で述べた順序で受遺者と受贈者に侵害額を請求することになる。Aは受遺者Cに100万円を請求し，受贈者Dに100万円を請求する。Bは受遺者Cに200万円を請求し，受贈者Dに200万円を請求する。

　この割合と請求額は，BがAに先んじて，遺留分侵害額請求する場合も同じである。Bは，受遺者Cに対して300万円を請求し，残り100万円を受贈者Dに対して請求することは認められないと解されている。遺留分侵害額を負担する受贈者の無資力によって生じた損失は，遺留分権利者の負担となる（1047条4項）。そこで，請求の遅れた者との公平を図るために，割合に応じて割り振る計算を行うのである。

（3）**無資力によって生じた損失**　民法1047条4項は，受遺者または受贈者の無資力によって生じた損失は，遺留分権利者の負担とすることを規定している。遺留分侵害額の支払義務を負った受遺者や受贈者が無資力によって支払ができない場合，他の同順位者や次順位の者に遺留分侵害額を負担させることはできないことになる（相

続法改正前1037条参照）。

遺留分侵害額請求の
効果

(1)　2018（平成30）年相続法改正前の減殺請
求権の行使と遺贈・贈与の効力　　相続法改
正前は，減殺請求権の行使により，遺留分
侵害の処分行為は当然に効力を失い（失効），目的物上の権利は遺
留分権利者に復帰すると考えられていた（判例・通説。最判昭和51年
8月30日民集30巻7号768頁も参照）。贈与の一部の減殺で足りる場
合には，不可分物であれば，減殺請求権者と受贈者の間で物権法上
の共有関係が生じた（⇒373頁）。いわゆる形成権・物権説であっ
た。

(2)　2018（平成30）年相続法改正後の遺留分侵害額請求　　①遺留分
に関して，法的性質が大きく変わった。改正によって，遺留分侵害
による遺留分権利者の権利行使は，侵害額に相当する金銭の支払を，
受贈者や受遺者に対して請求する「金銭債権」として位置づけられ
た。明治以来の遺留分制度の物権的効力を維持しつつ改正を図るこ
とはせずに，その根底から入れ替えた改正である。この請求権は形
成権であり，意思表示により金銭給付を目的とする債権が発生する
ことになった（1046条1項参照）。

　金銭債務は形成権の行使によって発生し，期限の定めのない債務
となり，具体的な金額を示して履行を請求した時点で履行遅滞に陥
るとされている。遺留分に関する権利行使をする旨と金銭債務の履
行請求を同時にすれば，その時点から履行遅滞に陥ることになる。
この金銭債権には優先権はなく，遺留分権はかなり弱められたと位
置づけることができる。

　このような改正は，かつて物権的に共有になる場合の当該財産の

処分に困難を伴うことがあり，また事業承継で共有が生じてしまう事態を問題としたことによるとされている。

この結果，物権的な効果を前提とする「価額弁償」（相続法改正前1041条）や「受贈者が贈与の目的を譲渡した場合の遺留分権利者の減殺」に関する相続法改正前1040条は，遺留分が債権化され不要のものとなり廃止された。また受贈者の取得時効の可能性を問題とする必要性もなくなった（最判平成11年6月24日民集53巻5号918頁参照）。

遺留分侵害額請求権の行使の結果の金銭債権は，遺留分権利者の固有の財産として位置づけられ，すでに遺産から流出した財産の問題として捉えられている。侵害額として給付された金銭は，遺産を構成することなく，つまり相続財産に復帰することはなく，民事訴訟で争われることが，債権化に伴い理論的に明確になったと言える。この結果，遺留分侵害額請求権を遺産分割の中に位置付けて解釈することによる一元的解決は遠のいてしまったと言える*。

②相手方である受贈者・受遺者の現物返還など

遺留分侵害額請求の当事者が，金銭の支払ではなく，現物の提供をすることの合意は有効である（代物弁済。482条）。手元に金銭の余裕のない場合には，この合意を得るようにする可能性がある。

もしもこの合意が得られない場合には，金銭の支払を原則とすることになる。なお，負担する債務の全部または一部の支払につき，相当の期限を裁判所に求めることは可能である。このようにして，

＊かつて，遺留分減殺請求により取り戻した財産を含めて遺産分割を行うという合意が得られれば，遺産分割の対象となりうるとする考え方もあったが，債権化に伴い，遺産性は完全になくなってしまいこのような合意はできないことになろう。

支払延期が認められれば，遅延損害金の支払を免れることができることになる。

(3) **受遺者または受贈者が遺留分権利者である場合**　被相続人は第三者よりも，共同相続人中の特定の者に遺贈や贈与をすることが多い。このことから，遺留分侵害額請求権が，共同相続人間で行使されることが多い。この点に関して，民法1047条1項柱書で，受遺者または受贈者である相続人は，自らの遺留分額を控除した額について，遺留分侵害額を負担すると規定された。つまり，自らの遺留分額を保持し，それを超える部分について遺留分侵害額について責任を負うことが明確になった（最判平成10年2月26日民集52巻1号274頁，最決平成24年1月26日家月64巻7号100頁も同旨）。

事例問題6

(1) 被相続人Aには，相続人としてB，C，Dの三名の子がいる。死亡の6ヵ月前，AはBに6000万円相当の財産を贈与している。残存財産はゼロである。C，Dは遺留分侵害額請求が可能か。

〈解答〉　可能である。C，Dの遺留分はそれぞれ6分の1。Bに対してC，Dはそれぞれ1000万円の遺留分侵害額請求ができる。

(2) 被相続人Aには，相続人としてB，C，Dの三名の子がいる。Bに4000万円相当の財産を遺贈し，また死亡の6ヵ月前，第三者Eに8000万円相当の財産の贈与を行っている。残存財産は遺贈の目的財産である4000万円相当の財産のみである。C，Dは遺留分侵害額請求が可能か。

〈解答〉　C，Dはそれぞれ（4000万円＋8000万円）×1/6＝2000万円の遺留分侵害額請求が可能である。受遺者であるBが，受贈者よりも先に負担することになる。もしもBが全額負担することになれば，Bはゼロになってしまう。このような場合には，民法1047条1項により，Bは自らの遺留分額を保持して，それを超える額について，負担することになる。その結果，Bは自らの遺留分額である2000万円を超える2000万円の遺留分侵害額を負担することになる。CとDは，Bに対し

て各々1000万円を請求でき，不足分である2000万円について，それぞれ1000万円をEに請求することになる。

遺留分侵害額請求権
の期間制限

(1) **1年の短期消滅時効**　①相続の開始および遺留分を侵害する贈与または遺贈があったことを知った時から1年間行使しないときは，遺留分侵害額請求権は時効によって消滅する（1048条前段）。法律関係の早期安定を図るための制度である。

起算点にいう，「知った」とは，相続開始と贈与や遺贈がなされていることを知ることに加えて，贈与や遺贈が遺留分を侵害し，遺留分侵害額請求をすることができるということまでを知ることの意味である（判例・通説。大判明治38年4月26日民録11輯611頁参照）。

②「遺留分を侵害する贈与又は遺贈があったことを知った時」に関して，遺贈や贈与の無効の主張が遺留分権利者から提起されている場合に問題になる。このような無効主張がなされたときには，敗訴するまでは，侵害する贈与があったと思っていないことになり，無効主張することにより時効の完成を遅らせることが可能になってしまう。判例は，遺留分減殺（2018〔平成30〕年相続法改正前）できるということを的確に知るべきであると考え，無効を主張している間は時効は進行せずに，無効の主張に敗訴した時から進行すると解していた（大判昭和13年2月26日民集17巻275頁）。しかし，最高裁は，遺留分権利者が被相続人のなしたほとんど全財産の贈与の無効を信じており，遺留分減殺請求をなさなかったことがもっともであると認められる特段の事情がないかぎり，当該贈与が減殺しうるものであったと知っていたと推認するのが相当と判示していた（最判

昭和57年11月12日民集36巻11号2193頁），消滅時効と無効主張の
バランスをとっていると言える。このことは，相続法改正後の遺留
分侵害額請求権に関しても同様に考えられる。

　③かつて，遺留分減殺請求権行使の結果生じる目的物の返還請求
権は，物権的請求権であり時効にかからないと判示されていた（最
判平成7年6月9日判時1539号68頁は，減殺請求の結果取得した不動産
の登記手続請求権は時効にかからないとする）。相続法改正によって遺
留分は債権化され，1年の消滅時効で，遺留分侵害額請求権は消滅
する。この制限された期間内に請求権が行使されて生じた金銭債権
には，債権の消滅時効に関する規定（166条）が適用されることに
なる（5年または10年の時効期間）。

　(2)　**10年の除斥期間**　　相続開始の時から10年を経過すれば遺留
分侵害額請求権は消滅する。相続の開始や遺留分を侵害する贈与ま
たは遺贈があったことを知らなくても，この期間の経過で消滅する。
この10年は除斥期間である（1048条後段）。

4　遺留分の放棄

　遺留分は，被相続人の行った財産処分から，相続人の相続権を守
る最後の砦であるといえるが，民法典はこの権利の放棄を認めてい
る（1049条）。遺留分侵害がある場合に遺留分を放棄すれば，もは
や遺留分相当額まで金銭債権を取得する手段はなくなる。その結果，
被相続人の処分を確定させることになる。

相続開始後の
遺留分放棄

相続開始後，遺留分放棄は自由である。個々の遺留分侵害額請求権，また遺留分権全体を放棄するのも自由である。放棄には家庭裁判所の許可を必要としない。前述したように，遺留分侵害額請求権は１年の時効で消滅してしまい，現実には，このような消滅が多い。

相続開始前の放棄

相続開始前に家庭裁判所の許可審判を得れば，遺留分を放棄することができる（1049条１項）。放棄は，一部でもまた，特定の無償行為に関して，将来発生する可能性のある遺留分侵害額請求権の放棄も可能である。

　家庭裁判所の許可がなければ事前放棄はできない。被相続人の圧力によって強要されないよう後見的な役割を家庭裁判所が果たしているといえる。裁判所は放棄の意思が確かなものであるかを確認すると同時に，放棄が妥当なものであるか，諸般の事情から考慮する*。

　民法 1049 条 2 項によれば，相続人の一人がした遺留分放棄により，他の共同相続人の遺留分は影響を受けない。つまり，他の相続人の遺留分は増加することはなく，被相続人の処分可能な財産の範囲が増えることになる。

　遺留分を放棄した者は，遺留分を有さない相続人になる。相続開始前に遺留分を放棄しても相続放棄ではなく，相続権は有しているので，残存財産を遺産分割により取得することは可能である。かりに積極財産がない場合には債務のみを相続することがありうる。な

---

　*相続開始前の遺留分の放棄は家庭裁判所の許可審判を得れば可能であるのに対して，相続開始前の「相続放棄」は認められていないことに注意しなければならない（⇒304 頁）。

お，許可の申立てを却下する審判に対しては，申立人は即時抗告ができる（家事 216 条 2 項）。

📖 **読書案内** 高木多喜男・遺留分制度の研究（成文堂，1981 年）

西希代子「遺留分制度の再検討(1)～(10・完)」法学協会雑誌 123 巻 9 号 1 頁，10 号 1 頁，12 号 89 頁，124 巻 4 号 71 頁，6 号 1 頁，7 号 1 頁，8 号 1 頁，9 号 30 頁，10 号 87 頁，125 巻 6 号 130 頁（2006 ～2008 年）

松川正毅「遺留分減殺請求」論究ジュリスト 10 号（2014 年）126 頁，同「フランス法における自由分と遺留分」戸籍時報 740 号（2016 年）13 頁

事項索引

ま　行

や・ら・わ行

判 例 索 引

大 審 院

最高裁判所

控 訴 院

高等裁判所

●著者紹介

松川　正毅（まつかわ　ただき）

1952 年　大阪に生まれる
1984 年　神戸大学大学院法学研究科博士後期課程修了
1986 年　トゥールーズ第一大学博士課程修了
現　在　大阪学院大学法学部教授，大阪大学名誉教授

《主著》
『遺言意思の研究』（成文堂，1983），Études comparatives du partage d'ascendant en droit français et en droit japonais (thèse Toulouse, 1986), La famille et le droit au Japon (Economica, Paris, 1991)，『変貌する現代の家族と法』（大阪大学出版会，2001），『医学の発展と親子法』（有斐閣，2008），『人事訴訟法・家事事件手続法』（別冊法学セミナー225――新基本法コンメンタール）（共編著，日本評論社，2013），『相続』（別冊法学セミナー245――新基本法コンメンタール）（共編著，日本評論社，2016），『新・成年後見における死後の事務』（編著，日本加除出版，2019），『親族（第2版）』（別冊法学セミナー240――新基本法コンメンタール）（共編，日本評論社，2019）

ARMA

民法　親族・相続（第7版）　　　有斐閣アルマ

2004 年 1 月 30 日　初　版第1刷発行
2008 年 4 月 10 日　第2版第1刷発行
2012 年 3 月 30 日　第3版第1刷発行
2014 年 12 月 10 日　第4版第1刷発行
2018 年 2 月 25 日　第5版第1刷発行
2019 年 12 月 15 日　第6版第1刷発行
2022 年 4 月 15 日　第7版第1刷発行
2023 年 6 月 30 日　第7版第2刷発行

著　者　　松　川　正　毅

発 行 者　　江　草　貞　治

発 行 所　　株式会社　有　斐　閣
　　　　　　郵便番号 101-0051
　　　　　　東京都千代田区神田神保町 2-17
　　　　　　https://www.yuhikaku.co.jp/

印刷・大日本法令印刷株式会社／製本・大口製本印刷株式会社
©2022, 松川正毅. Printed in Japan
落丁・乱丁本はお取替えいたします。
★定価はカバーに表示してあります。
ISBN 978-4-641-22189-5